Ingeborg Bachmann
Das Buch Franza

D1562438

SERIE

PIPER

Zu diesem Buch

Der bekannte Wiener Psychiater Leopold Jordan hat seine Frau
Franza seelisch und körperlich zugrunde gerichtet. Aber warum
hat sie sich so zerstören lassen und was hat sie vernichtet? Diese
Fragen stellt sich Franzas Bruder, der sie in ihrem Heimatdorf in
Kärnten widerfindet und auf eine Reise nach Ägypten mit-
nimmt, von der er allein zurückkehren wird. – In dem faszinie-
renden Romanfragment, das zuerst 1978 unter dem Titel »Der
Fall Franza« aus dem Nachlaß veröffentlicht wurde, hat Ingeborg Bachmann in der Mitte der sechziger Jahre grundlegende
Erfahrungen sozialer Gewalt miteinander verbunden: die Aus-
grenzung und Unterwerfung des anderen sowohl im Verhältnis
von Mann und Frau als auch in der neokolonialen Beziehung von
westlicher und ägyptischer Kultur und außerdem in der ge-
schichtlichen Katastrophe des Nationalsozialismus. Diese Taschenbuchausgabe eröffnet eine Reihe von Einzelausgaben, die
auf dem Text der kritischen Edition von Ingeborg Bachmanns
»Todesarten«-Projekt (1995) basieren und die dort erstmals
edierten oder völlig neu rekonstruierten Texte auch im Taschen-
buch zugänglich machen.

Ingeborg Bachmann, am 25. Juni 1926 in Klagenfurt geboren,
Lyrikerin, Erzählerin, Hörspielautorin, Essayistin. 1952 erste
Lesung bei der Gruppe 47. Zahlreiche Preise. Sie lebte nach Auf-
enthalten in München und Zürich viele Jahre in Rom, wo sie am
17. Oktober 1973 starb.

Ingeborg Bachmann

Das Buch Franza

Das »Todesarten«-Projekt in Einzelausgaben

Herausgegeben von
Monika Albrecht und Dirk Göttsche

Piper München Zürich

Die vorliegende Neuausgabe beruht in bearbeiteter Form auf
der Edition: Ingeborg Bachmann, »Todesarten«-Projekt.
Kritische Ausgabe. Unter Leitung von Robert Pichl
herausgegeben von Monika Albrecht und Dirk Göttsche.
4 Bände in 5 Bänden, Piper Verlag, München 1995.

Von Ingeborg Bachmann liegen in der Serie Piper
außerdem vor:
Die Hörspiele (139)
Frankfurter Vorlesungen (205)
Die gestundete Zeit. Gedichte (306)
Anrufung des Großen Bären. Gedichte (307)
Liebe: Dunkler Erdteil. Gedichte (330)
Wir müssen wahre Sätze finden. Gespräche und
Interviews (1105)
Die Fähre. Erzählungen (1182)
Simultan. Erzählungen (1296)
Mein erstgeborenes Land. Gedichte und Prosa
aus Italien (1354)
Das dreißigste Jahr (1509)
Werke (4 Bände, 1700)
Von den Linien der Wirklichkeit (1747)
Gedichte, Erzählungen, Hörspiel, Essays (2028)
Sämtliche Erzählungen (2218)
Sämtliche Gedichte (2644)

Taschenbuchausgabe
April 1998
© 1995 Piper Verlag GmbH, München
Umschlag: Büro Hamburg
Simone Leitenberger, Susanne Schmitt, Annette Hartwig
Umschlagabbildung: Francis Picabia (»Habia«, 1937/38,
Detail, © VG Bild-Kunst, Bonn 1998)
Satz: pagina GmbH, Tübingen
Druck und Bindung: Clausen & Bosse, Leck
Printed in Germany   ISBN 3-492-22608-6

Inhalt

Das Buch Franza

Heimkehr nach Galicien *(Hauptfassung)*

Heimkehr nach Galicien

Der Professor, das Fossil, hatte ihm die Schwester zugrunde gerichtet. Zu dieser Vermutung war er schon gekommen, ehe er den geringsten Beweis in der Hand hatte, und auf der Fahrt nach Wien, als der Zug über Bruck an der Mur hinausholperte, auf Mürzzuschlag zu und noch vor dem Semmeringtunnel, der ihm einmal als der längste der Welt erschienen war, meinte er, Franzas Mitteilung verstanden zu haben, wenn man das eine Mitteilung nennen konnte und er der Champollion sein sollte, der erstmals Helle in eine Schrift brachte, mit der er sich lieber beschäftigen wollte. Vor dem Tunnel, eh er die Königskartuschen einerseits (»Kleines Wörterbuch der Ägyptologie«) und ein Telegramm der österreichischen Bundespost andererseits zu studieren aufhören mußte, hatte er die Gewißheit. Er steckte Franzas dreiseitenlanges Telegramm in die Rocktasche und bereitete sich auf die Durchfahrt vor, denn eins war ja geblieben, daß die Bundesbahnen für ihre Tagzüge noch immer mit dem Strom geizten, die blaue Lampe war zwar eingestellt, Licht aber keins in das Coupé zu bringen, in dem er dachte, typisch Franza, und ein Telegramm mußte es sein, einen Brief hatte sie nicht schreiben können, und mindestens ein paar Jahre lang war es auch ohne ihn gegangen, nein, schon zehn Jahre lang, genau genommen, seit sie das Fossil, durch welchen Ratschluß wohl? seit sie überhaupt nicht mehr war wie früher und fort aus seinem Leben, verschwunden nicht nur aus Baden bei Wien jetzt, in dem Sinn, in dem Verschwinden wirklich aufzufassen ist, sondern entwichen wie aus Galicien, so auch in Wien ihm entwichen und vor ihm zurückgewichen, seit sie... Wer war sie geworden, sie, die, er dachte wohl nur an jemand, der nicht mehr sie war und nicht mehr die. Und: typisch, sagte er sich, obwohl sie ihm gewiß nur wenige Telegramme geschickt hatte, vielleicht war das sogar erst das zweite oder dritte in zehn Jahren, aber typisch sollte es sein, so wollte er es in der Dunkelheit, in der ihm die Zigarette nicht mehr schmeckte, und ⟨er⟩ zerdrückte sie, typisch, im Aschenbecher, der klemmte.

Wenn ein Zug durch den Semmeringtunnel fährt, wenn die Rede davon ist, daß er nach Wien fährt, etwas genannt wird, eine Stadt, die so heißt, und ein Ort, der Galicien heißt, wenn von einem jungen Mann die Rede ist, der sich ausweisen können sollte als ein Martin Ranner, aber ebensogut Gasparin heißen könnte, und man wird sehen, wenn nicht überhaupt noch ganz anders – wenn also... Und da sich beweisen läßt, daß es Wien gibt, man es aber mit einem Wort nicht treffen kann, weil Wien hier auf dem Papier ist und die Stadt Wien immerzu woanders, nämlich 48° 14′ 54″ nördlicher Breite und 16° 21′ 42″ östlicher Länge, und Wien hier also nicht Wien sein kann, weil hier nur Worte sind, die anspielen und insistieren auf etwas, das es gibt, und auf anderes, das es nicht gibt, schon einmal diesen bestimmten Zug nicht, der durch den genannten Tunnel fährt, und nicht den jungen Mann, der in dem Zug durch den Tunnel fährt – was ist dann? Obwohl die Zugauskunft zugeben würde, daß hier (wo hier?) jeden Tag Züge durch den Tunnel fahren und auch nachts, aber diesen hier könnte sie ja nicht zugeben, den hier auf dem Papier: dann kann also kein Zug fahren und niemand darin sein, dann kann das Ganze nicht sein und auch nicht: er dachte, las, rauchte, schaute, sah, ging, steckte ein Telegramm weg, später: er sagte – dann kann doch niemand reden, wenn es alles zusammen nicht gibt. Nur das Wortgeröll rollt, nur das Papier läßt sich wenden mit einem Geräusch, sonst tut sich nichts, wendet sich nichts, wendet sich keiner um und sagt etwas. Wer also wird etwas sagen und was sich zusammensetzen lassen aus Worten – alles, was es beinahe gibt, und vieles, was es nicht gibt. Das Papier aber will durch den Tunnel, und eh es einfährt (aber da ist es schon eingefahren!), eh es, da ist es noch unbedeckt mit Worten, und wenn es herauskommt, ist es bedeckt und beziffert und eingeteilt, die Worte formieren sich, und mitgebracht aus der Finsternis der Durchfahrt (bei nur blauer

Lampe) rollen die Einbildungen und Nachbildungen, die Wahn-
bildungen und Wahrbildungen ans Licht, rollen heraus aus einem
Kopf, kommen über einen Mund, der von ihnen spricht und be-
hauptet und es verläßlich tut wegen des Tunnels im Kopf, aber
auch dieser Tunnel ist ja nicht da, ein Bild nur, von Zeit zu Zeit
unter einer bestimmten Schädeldecke, die aufzuklappen auch wenig Sinn hätte, denn da wäre noch einmal nichts, keiner der beiden Tunnel.

Was also soll das? Und ein Exkurs, während ein Zug durch den
Semmering-Tunnel fährt, müßte enden damit, daß es sich bei dem
Zug, aber allem anderen ebenso gut, um einen Irrtum handelt,
und nun kann der Zug unserthalben fahren, indem von ihm geschrieben, gesprochen wird, er wird jetzt fahren, weil auf ihm
bestanden wird. Denn die Tatsachen, die die Welt ausmachen – sie
brauchen das Nichttatsächliche, um von ihm aus erkannt zu werden.

Auch der Semmering-Tunnel hat einmal ein Ende und schon
einmal eins gehabt. Damals war er achtzehn gewesen und sie dreiundzwanzig, sie schon bereit, aufzugeben, angeblich ohnmächtig
geworden im Anatomiesaal, oder eine ähnlich romantische Geschichte hatte sie dem Fossil in die Arme getrieben, und der Sem-
mering, fast noch ganz zugeschneit bis auf die Gegend um die
Gleise, hängte sich nichtssagend, zu bekannt in seine Augen, dafür
hatte er die Fahrkarte verlegt, als der Schaffner durchkam, dem er
das Telegramm hinstreckte, es mechanisch zurücksteckte mit einer
Entschuldigung, er kramte in allen Taschen und suchte zweimal in
der Brieftasche zwischen Zetteln und Banknoten, alles wegen
Franza, und fand die verdammte Fahrkarte endlich doch. Alles
wegen dieses Telegramms, stop und stop und stop, meinte sie
denn, er könne nicht lesen ohne Verkehrszeichen, und er riet und
rätselte und bildete sich wieder eine andre Gewißheit ein, die wie-
vielte schon? durch diese stops aufgehalten. Zuletzt stand ein Wort
allein da. Franza. Also war sie wohl zur Vernunft gekommen, denn
letztesmal hatte es bestimmt noch geheißen: Deine Franziska.
Oder: Deine alte Franziska. Das hatte sie nun davon, er war so
mißgelaunt, weil ihm jetzt erst einfiel, er hätte tun können, als
habe er dieses Telegramm gar nicht erhalten, und später, von un-

terwegs dann eine Ansichtskarte, am besten aus Alexandria, das stellte er sich eindrucksvoll vor, Alexandria, warum mußte er das Telegramm denn überhaupt noch bekommen haben. Wenn je etwas nicht in seine Pläne, in eine genau eingeteilte Zeit gepaßt hatte, dann war es jedenfalls dieses Telegramm. Und er fuhr nach Wien, nachdem er so peinlich vorbereitet abgereist war aus Wien, Miete vorausbezahlt, Hände geschüttelt, Institutssachen geregelt, und da fuhr er nun wieder hin, während der Aufbruch schon stattgehabt hatte. Wiener Neustadt in seiner nagelneuen Häßlichkeit, endlich Baden, dann wieder Wien, Südbahnhof. Südbahn. Das war eben die Bahn, die immer die ihre sein würde, seine und Franzas Bahn, man kommt eben nur über eine ins Leben und über eine zurück, sie hatten immer nur die Südbahn wirklich gekannt, daneben waren alle anderen Bahnlinien der Welt zweitrangig und nie mehr zu erlernen gewesen.

Martin ging in der Halle in eine Telefonzelle, mit abgezählten Schillingen in der Hand, und während er im Telefonbuch blätterte und dann wählte, hätte er mit den Augen am liebsten den ganzen verunglückten Bahnhof noch einmal in Trümmer gelegt, damit ihm wieder einfiele, wie der Bau wirklich gewesen sein mußte, etwas Windiges, Zugiges, Schwarzes, etwas Bedrohliches, das einem den Atem gleich bei der Ankunft genommen hatte, so mußte er gewesen sein noch zur Schulzeit, als Franza ihn einmal für ein paar Tage hatte kommen lassen. Denn dieser Südbahnhof, auf dem man nicht mehr fror und sich fürchtete, das war natürlich nicht der wirkliche Südbahnhof, und nun hatte er die Verbindung mit der Klinik, und seine wiederholten Sätze wurden zwischen dem Leitungsknacken weitergereicht von einer Frauenstimme zur anderen, der ersten sterilen, verleierten, die hundertmal hintereinander zu sagen hatte, welche Klinik da war und daß es die Klinik war, bis zu der zweiten, überanstrengt devoten, da war er wohl schon im Vorzimmer bei der rechten Hand, wenn es sowas wie Vorzimmer dort geben sollte, und dann war tatsächlich das Fossil an den Apparat gekommen, das patzig bescheiden seinen Namen ins Telefon warf, im Bewußtsein seiner Bedeutung, mit dieser leicht nasalen Färbung, die nur einige Wiener auf der höchsten Leitersprosse und ehemalige k. und k.-Offiziere noch zu produzieren wußten, aber bei dem Fossil war es eine Spezialmischung aus Bildungsnasal und Autoritätsnasal, während Martin sich auf ein jüngeres, schon gereinigtes Deutsch verlassen mußte, voller Sprödigkeit, von einigen aufgeweichten Konsonanten durchsetzt, immer noch zu milde, diese Milde war aus dieser Sprache einfach nicht herauszubekommen, auch wenn man so kurz angebunden und verärgert und zur Genauigkeit entschlossen war wie Martin in diesem Moment. Das Fossil fertigte ihn ab wie einen Kassenpatienten oder eingebildeten Kranken, der ihn dauernd belästigte, mit einer genau dosierten Mischung aus professioneller Güte und Schärfe, und wenn Martin, der nur einmal eine Zwischenfrage stellte, die übergangen wurde, überhaupt etwas verstanden hatte, so war es, daß er sich nicht einmischen solle und die Scheidungswas? formalitäten, modalitäten? von einem Anwalt. Und als eingehängt worden war, kam ihm zum Bewußtsein, daß er noch weniger verstand, als er schon früher nicht verstanden hatte, da er sich in gar nichts einmischte und noch weniger etwas wußte von einer Scheidung. Er war gekommen, um seine verschwundene Schwester zu suchen, und nun wußte er noch immer nicht, wo seine Schwester war, und wozu war er gekommen, wenn er nicht einmal über ihren Aufenthalt Auskunft erhielt. Er warf noch einmal einen Schilling ein und kam wieder bis zu der ersten Stimme, dann zu dem ersten Knacken. Er hängte ein. Mit der zweiten und der dritten Stimme wollte er nichts mehr zu tun haben, sein Gehör vertrug das jetzt nicht. Er nahm sich ein Taxi und gab die Adresse in Hietzing an. Fuhr, gedemütigt, ja, wenn er es besah, war er gedemütigt worden, verwiesen, in welche Grenzen, von dieser Welt, in der ein Bruder offenbar kein Recht hatte, eine Frage zu stellen, die eine Kapazität in Verlegenheit bringen konnte, und wenn er überhaupt noch etwas zu tun hatte, dann war es, und sei's mit Gewalt und ohne Weiterfragen, die Person wenigstens abzuholen, die ihm ihren SOS-Ruf zukommen hatte lassen, ganz gleich, ob er sich in etwas einmischte damit oder nicht.

Das »Jesus, der Herr Doktor« der Köchin klang nicht unehrlich, aber auch nicht undiplomatisch, er erriet nicht, ob sein Kommen sie bestürzte oder erfreute, und noch war nicht sicher, ob sie ihn einen Schritt in die Wohnung tun lassen würde, aber er ging hin-

ein und machte selber die Tür zu. Zum Glück fiel ihm ein, daß sie
»Frau Rosi« hieß, und indem er mit ihrem Namen zu operieren
anfing, erreichte er noch, daß sie ein »Maria und Josef« herausbrachte, das ihm bewies, daß Franza nicht hier war. Wenn Frau
Rosi sprach, handelte es sich immer um eine qualvolle Übersetzung des Wienerischen ins Hochdeutsche, so daß einem sofort die
Worte einfielen, die sie sagen wollte, Jessas Marandjosef, wahrscheinlich meinte sie, das ihren Herrschaften schuldig zu sein, obwohl sie sich natürlich nicht bei einer Herrschaft im Dienst fühlte,
sondern sich gern als Angestellte und sogar als Arbeitnehmerin zu
erkennen gab, die versichert war und sich auf eine Sozialgesetz-
gebung verließ, keineswegs die treue Seele des Hauses, wie der
Professor sie vor anderen ausgab, oder die dumme Person, die oft
einen mühsam unterdrückten Zorn herausforderte. Daß die Gnädige nicht mehr in Baden zur Kur war, wußte sie offenbar wirklich nicht, und hinter ihrer Stirn arbeitete es, da sie wohl begriff,
daß man sie über alles mögliche im Unklaren gelassen hatte, und
an einem Morgen einmal ein billiger Schlüpfer, bestimmt nicht
von der Gnädigen, und einmal im Bad ein Plastikbeutel und ein
Steckkamm gefunden worden waren von ihr, natürlich kam so
etwas in den besten Häusern vor, und daß sie nur in den besten
war und immer gewesen war, und was alles vorkommen konnte,
darüber würde sie sich natürlich nicht verbreiten vor dem Bruder
der Gnädigen, aber Martin, der nur die Gedankenarbeit sah, war
sowieso nicht auf Erkundigungen dieser Art aus, sondern ging
einen Schritt weiter, wie unter einem Zwang, wie ein Kriminal-
inspektor, der einen Haussuchungsbefehl hat, er ging einfach in
den Salon, in den sie ihm folgte, und den kannte er allerdings, aber
nicht mit offenstehenden Fenstern und angelehntem Besen und
einer Art Reinigungsordnung, die nichts mit der Abendordnung
zu tun hatte. Hier hatten die Abende stattgefunden, der letzte vor
mehr als einem halben Jahr, an dem er Franza nicht einmal mehr
enttäuscht, sondern mit vollkommener Gleichgültigkeit zugesehen
hatte, eine defektgewordene Registriermaschine, die miteingela-
den worden war und sich ostentativ nur mit Mahler, der die Prä-
sidentenstelle in der Ärztekammer doch losgeworden war und
Martin die verwickelten Ereignisse berichtete, unterhielt. Er stand

da, wirklich wie ein Detektiv, als müßte er jetzt zuerst einmal
Kreidestriche machen und Fuß- und Gläserspuren sichern, um sich
genau erinnern zu können, wo jeder gestanden war, wo jemand
gesessen war und mit wem, wo die zwei berühmtesten Psychiater
Wiens und die drei zweitberühmtesten und das Fußvolk und die
miteingeladenen Clowns, ein Schriftsteller, den er nicht kannte,
und ein Reisender, der seine Reisen zu Lichtbildervorträgen ver-
arbeitete, dann die Gebauer im Mittelpunkt, eine Pianistin, und
von allen Herren natürlich die Damen, dieser Ministerialrat aus
dem Unterrichtsministerium, aber das genügte ihm noch nicht, er
mußte noch die Fäden zwischen alle hängen, weiße Genauigkeits-
fäden, die Rivalitäten und Animositäten bezeichneten, und er
hatte sich mit Mahler, vor der Bibliothek stehend, amüsiert über
soviel grimmig herrschende Einigkeit, die nur von Detailmutig-
keiten leicht erschüttert wurde und erst auf dem Nachhausweg
wieder die offenkundigen Formen von Süffisanz und Detailver-
achtung für alle anderen von allen anderen annehmen würde. Da
stand er in dem Salon, der eine Menge sagen konnte, aber nichts
über Franza, die, Gläser hin- und hertragend, herumgegangen und
überall gewesen war, nimmst du nicht lieber einen Whisky, Martin, das war das letzte Wort und so ziemlich das einzige, an das er
sich erinnerte. Frau Rosi hatte ein Staubtuch in der Hand, das
mußte sie erst jetzt in die Hand genommen haben, wie eine Waffe, die ihn an etwas hindern sollte, woran? Er ging weiter, in ein
Nebenzimmer, und sie ging hinter ihm her, dann öffnete er die
Tür zum Schlafzimmer, das er nie betreten hatte und von dem er
nicht einmal wissen konnte, wo es lag, machte den Kleiderkasten
auf und nahm ein paar Kleider heraus, denn da hingen doch wohl
Franzas Kleider, und mit den Kleidern über dem Arm sagte er
nebenhin, er müsse jetzt noch telefonieren. Das schien Frau Rosi
mehr zu beunruhigen, als daß er Franzas Kleider herausgenommen
hatte, sie sagte, ohne weiteres könne sie das nicht und bekanntlich,
und das Telefon sei doch im Arbeitszimmer, also ging er in das
Arbeitszimmer, immer mit den Kleidern auf dem Arm, er setzte
sich an den Schreibtisch und mußte nicht einmal ein Telefonbuch
aufschlagen, es lag auch keines hier, aber ein privates Verzeichnis,
Geheimnummer, Kliniknummer, Ärztekammer, die Badener

Nummer am Rand, er rief zuerst noch einmal Baden an, um sich zu vergewissern, sie war also weg, nach wie vor, nur ihre Sachen waren noch dort, mit Ausnahme von Kleid und Mantel und dem Zubehör, das ausreichte, damit eine weibliche Person auf die Straße gehen konnte, so ungefähr, und verständigt war niemand worden außer dem Herrn Professor, aber der hatte es offenbar nicht nötig gefunden, noch jemand zu verständigen. Die Polizei blieb also aus dem Spiel, das war bei dem Namen Jordan eine Selbstverständlichkeit. Die Gnädige war auch Frau Jordan, das tröpfelte in Martins Bewußtsein, und er wunderte sich, wieviel jemand gewesen war, der doch bloß seine Schwester war. Er kümmerte sich nicht darum, daß diese Frau Rosi noch immer in der Tür stand, was sie später vermutlich als »wie ein angemalter Türke dagestanden bin ich« dem Professor erzählen würde, das war also der Schreibtisch des großen Seelenhirten, eine neue Bosheit, die Martin einfiel, weil er meinte, in einem Aufsatz irgendwas von theologisch fundierter Seelsorge und Psychotherapie und überspanntem Bogen gelesen zu haben, aber es war ihm nun schon gleichgültig, wieviel besser Herr Jordan das formuliert hatte, Krankheit und Zeit und Zeitkrankheit, und unter welche Hüte Naturwissenschaft und ihre Grenzfragen und die Seelsorgerei gebracht wurden. In seiner starren Wut, mit dem Arm, der zu lahmen anfing, dachte er nur, daß Franza in dieser Jahreszeit vielleicht ganz andre Kleider brauchte, wie sollte er sich da auskennen, es war bloß eine Geste, dieses Kleiderherausnehmen, er wollte etwas mitnehmen von ihr, und dann befreite ihn Frau Rosi von diesen Kleidern am Arm, um etwas zu tun, die Kleider, sagte sie, die wolle sie in einen Plastikumhang tun, weil der Kleiderkoffer, der war nicht da, und sie wolle noch einen anderen Koffer packen, das war ihm auch recht und gleichgültig, denn nun sollte er doch die Nemec anrufen und ihr sagen, was sollte er der Elfi Nemec, er wußte es nicht, jedenfalls konnte er nicht sagen, daß er in Wien war und in einem wildfremden Haus saß und an einem Schreibtisch, zu dem er keinen Zutritt hatte, und daß ihn sein Arm noch schmerzte, und die Nummer von der Nemec stand natürlich nicht auf dem Verzeichnis des Fossils und auswendig wußte Martin die Nummer seiner Elfi auch nicht. Er konnte aber auch den Professor noch einmal anrufen und ihm mitteilen, aber diesmal kalt, kalt, daß er hier in der Wohnung sei und sich überlege, ob er nicht die Polizei verständigen solle, im Namen, ja, in wessen Namen, in dem der Familie, welcher Familie, soviel wußte das Fossil auch, daß da keine mehr war, also in seinem, Martins Namen, dem eine ältere und obendrein einzige Schwester abhanden gekommen war. Dieses Konzept verwarf er wieder, und da Frau Rosi jetzt wohl im Schlafzimmer packte, riß er die Schreibtischladen auf, er sah sie ganz rasch durch, Mappen, Steuerunterlagen, Mappen, Krankengeschichten, Manuskriptseiten, Belegexemplare, alles von Franzas Kinderhandschrift säuberlich beschriftet, immer wieder Mappen, dann kam er zur letzten rechten unteren Lade, und in der fand er das, was er auch nicht gesucht hatte. Es lagen ein paar Blätter da, von ihr beschrieben, nein, Briefanfänge, immer ganz kurze, Hand war gut, denn Franzas Hand, ihre steile Schülerinnenschrift aus dem Villacher Gymnasium, die hatte offenbar keine Entwicklung mehr durchgemacht, die war noch fünfzehnjährig, als hätte das Kriegsende die Schrift abgeschlossen. Aufsatzschrift, sehr deutlich, aber nichts, was zu erkennen gab, wer dieser Mensch war. Lieber Martin, ich muß Dir schreiben. Lieber Martin, ich weiß nicht, wo ich anfangen und wie ich es sagen soll. Mein lieber Martin, es ist so entsetzlich, ich fürchte mich, ich habe ja nur Dich und deswegen schreibe ich Dir. Lieber Martin, ich bin so verzweifelt, ich muß Dir schreiben... Ende. Verschiedene Daten, alle aus den letzten zwei Jahren, die Blätter teils gelblich, teils schmutzig, dann noch ein gefaltetes Blatt, Lieber Martin, gestern im Espresso, als ich mit all diesen Päckchen dasaß, da konnte ich plötzlich nichts sagen – also wann war das gewesen, sie und er in einem (welchem?) Espresso, gemerkt hatte er jedenfalls nichts, daß sie, zwischen Päckchen, irgendetwas nicht sagen konnte. Er streckte die Füße von sich und sah sich diese Briefanfänge an. Was hatte seine Schwester bewogen, an ihn Briefe zu schreiben, die kaum über die Anrede hinausgingen, und warum lagen die hier in dieser Lade. Er holte den Rest aus der Lade, Blätter auf einem besseren Papier, richtigem Briefpapier. Mein Geliebter (das war er also nicht), ich weiß jetzt alles (was alles?), ich glaube es zu wissen. Meine Gefühle gehen Dich zwar nichts mehr an – Hatte seine Schwester Gefühle

und welche? jedenfalls war das mit den Gefühlen ein unglücklich
formulierter Satz, gehen Dich nichts mehr an. Peinlich. Kein Datum. Brief vermutlich ein Jahr alt oder jünger. Nächstes Blatt:
Mein geliebter Leo, wir müssen uns trennen. Ich kann aber nicht
einmal sprechen darüber. Du weißt warum, ich kann nur nicht
darüber reden. Auch kein Datum. Seine Schwester datierte also
nur im Zusammenhang mit ihm, und die anderen Briefanfänge
hatten keine Daten. Auf dem letzten Blatt, das genau so anfing wie
das, in dem die Rede war vom Trennenmüssen, und das nur eine
andere Satzstellung hatte, stand daneben eine Zeile in Stenografie,
unmöglich von Franza, die nicht stenografieren konnte, und das
war also Jordan, dessen Kürzel ihn auch aus den anderen Mappen
angeblickt hatten. Martin nahm seine Füllfeder heraus und versuchte, diese Zeichen so genau wie möglich in sein Notizbuch zu
übertragen, und steckte es in die Tasche. Er überlegte, ob er die
Blätter mitnehmen solle, dann entschied er sich für eine andre
Lösung, er ließ sie obenauf auf dem Schreibtisch liegen, der Professor sollte ruhig sehen, daß er sie in der Hand gehabt hatte.
Nachteile einer unvollkommenen Schulbildung. Keine Kenntnis
von Kürzeln, und hier war alles gekürzelt, und es war an der Zeit
zu gehen, er warf die unterste Lade zu, ließ sich von Frau Rosi
einen unpraktischen großen Beutel aufnötigen und einen Koffer,
sie wisse einfach nicht, wo die gnädige Frau den Kleiderkoffer, sie
müsse ihn nach Baden mitgenommen haben, das beschäftigte Frau
Rosi offenbar sehr, dieses Stück, an dessen Fehlen sie unschuldig
war. Hier war offenbar jeder und alles unschuldig an dem Fehlen
von allem, besonders an dem von Franza. Die Grimasse, mit der
Martin auf das Arbeitszimmer zurücksah, galt der Vorstellung, daß
diese kofferbesorgte Person am Abend erzählen würde, daß er hier
gewesen und ein paar Kleider mitgenommen habe, und die Sache
mit dem Schreibtisch. Die konnte ja jeder sehen. Lieber Martin,
ich muß Dir schreiben. Er würde noch herausbringen, was das
war. Und mit diesem lächerlichen Triumph verließ er ein nobles
Wiener Haus und zwei Straßen weiter in einem Taxi einen noblen
Wiener Bezirk. Ohne dem Fossil seine Meinung gesagt zu haben.
Welche, da er sich immer weniger vorstellen konnte von dem, was
sich zugetragen haben mußte, und so wäre es ihm also nur möglich

gewesen, ihm die Meinung zu sagen, die er seit jeher von ihm gehabt hatte, und wie ihm alles immer auf die Nerven gegangen war, die paar belehrenden Sätze, mit denen er abgefertigt worden war, was Franza nie gestört hatte, den überlegenen Ton, der zumindest im Haus nicht nötig gewesen wäre, etwas Hochmoralisches, das noch diesen Ton überlagerte und dem seine Schwester aufgesessen war, aber während er mit dem Taxi durch die Stadt fuhr und dem Fahrer noch immer kein Ziel genannt hatte, jedenfalls stadteinwärts, weil das Nemec-Problem noch nicht gelöst war und weil er schließlich nicht alle Probleme gleichzeitig lösen konnte, und die Nemec drohte ja, morgen zu ihm über's Wochenende nach Kärnten zu fahren, und während er an Hochmoralisches, an Abscheu, an Briefanfänge, an Elfi Nemecs Betteigentümlichkeiten dachte, fiel ihm plötzlich ein, daß er sofort zurück müsse, und er sagte: Südbahnhof. Franza mußte zuhause sein. Wenn es überhaupt etwas zwischen ihnen beiden gab oder je gegeben hatte, dann dies: daß sie jeder von jedem einmal im Leben wissen würden, wo der andere im entscheidenden Moment war, und er wußte darum, gegen seine Vernunft (und von der allein hatte er etwas zu halten gelernt und er war gut damit gefahren) – daß er jetzt nur noch den Zug erreichen müsse, um sein kleines Kriminalrätsel lösen zu können.

So wie Franza einmal gewußt hatte, als Halbwüchsige, während sie mit den englischen Soldaten herumstand und Englisch lernte und plötzlich umdrehte und fortlief und immerzu lief, den ganzen langen Weg zur Gail hinunter, in die ihn die Tschinowitz-Bande geworfen hatte und in der ein Zehnjähriger mit einer ratlosen Meute Gleichaltriger am Ufer ertrinken hätte müssen. Damals war sie gekommen, und obwohl er sie ja nicht laufen gesehen hatte, meinte er sie jetzt zu sehen, noch Jahre später, seine barfüßige Wilde, die ihr Junges aus dem Wasser zog. Er war verrückt gewesen, nach Wien zu fahren. Sie mußte ja nach Haus gekommen sein, sie war entweder tot oder zu Hause. Vonnöten war keine Polizei. Kein Jordan. Bei: sie konnte nur tot sein oder, – war es wieder die Südbahn, die er sah, die richtige, schattenhafte, rußige, und wenn der Zug abfuhr, dann würde dieser bedrohliche Bahnhof endlich hinter ihm liegen.

Das zerstoßene Rohr wird Er nicht brechen, und den glimmenden Docht wird Er nicht auslöschen.

Nachtfahrt. Heim nach Galicien, Matth. 12, 20. Wie unwiderstehlich ist Galicien, die Liebe. Nun war er vollkommen erschöpft und schlief immer wieder ein. Die Liebe aber ist unwiderstehlich. Nun ja, ein paar Kleider brachte er ihr mit. Sonst fiel ihm nichts ein, ihm ging nichts dergleichen durch den Kopf, er kannte solche Sätze nicht, und er dachte, die Jordans dieser Welt, und wie war der Satz gegangen, den Franza ihm immer gesagt hatte, die Jordans waren nicht zu besiegen, die Liebe aber ist – der Satz hatte ganz anders geheißen, es war ihr Kult-Satz gewesen: unter hundert Brüdern. Er würde sie fragen, wie das war mit: unter hundert Brüdern. Und was meinte er bloß mit den Jordans dieser Welt, er machte da aus einer Person viele, bloß weil die eine ihn ärgerte und ihm von Anfang an verdächtig gewesen war, mehr aber auch nicht. Was weiß dieser Ehren- und Ordenssklave schon? In Martins unerschöpflichem Wütnisschatz gab es noch hundert Wörter in dieser Nacht, mit denen er den Jordan oder die Jordans in den Staub trat, mit: wer war er schon, dieser, und je zusammenhangloser die Müdigkeit seine Wut machte, desto mehr erschöpfte sie sich; es stellten sich in ihm Bilder von seiner Schwester ein, nur nachts, wenn er ankam, konnte sie nicht gut von einem Hügel herunterlaufen und nicht mehr bloßfüßig sein, mit immer zerkratzten Beinen, und einem Hänger aus einem Vorhangstoff, dem Vorhang aus der Stube, diesen Fetzen hatte sie immer getragen, eine Ranner, eine vulgo Tobai, die letzte aus einer Familie, eine mythische Figur, die ihn aus der Gail zog, die ins kälteste Wasser ging, und für diese Figur suchte er sich zurück in die Kindheit, für die er keine Erinnerung hatte, nur Stichworte, ein paar Augenblicke, der Krieg ist aus, die Tieffflieger, das weiße Brot, ein Captain, Kanister mit Marmelade, in die er die Finger steckte und dann ableckte, Soldaten und immer andre Soldaten, sehr freundliche, die hatten auch die Mutter bis nach Maria Gail gebracht, und erinnerte er sich an die Beerdigung (oder war er gar nicht mitgenommen worden von Franza?), ein Lamento von Verwandten, eine Nona, ein Neni, beide uralt und hilfloser als die Kinder, ein Vater auf einer Suchliste, auf vielen Listen, keine Beerdigung,

dann keine Nona mehr und kein Neni, nur noch Franza, die ihn
herzeigte für Weißbrot und Schokolade vor Soldaten und auch
einem Captain, ihn eines Tages wieder in die Schule brachte und
selber wieder zur Schule fuhr. Finsternis. Große Lücke. Die Nemec würde niemals glauben, daß es sich um seine Schwester handle.

Der Weg von Warmbad bis an die Gail, vom Fremdenverkehrs-
verein jetzt als Weg Nummer 21 bezeichnet, als prächtiges Natur-
schutzgebiet angepriesen, am Zillerbad vorbei, entlang des Ziller-
baches, führt durch teilweise romantisches Waldgebiet. Wandern
wir bis zur Gail, dann Gehzeit eineinhalb Stunden, mit schönem
Ausblick nach Norden, siehe Weg 10. Dreiländereck. Dreispra-
cheneck. Von hier können wir unseren Rückweg antreten, siehe
Weg Nummer.

Martin hatte sich vom Taxi nur bis zum Bahnübergang nach
Warmbad bringen lassen, er mußte gehen, ja, auch am Zillerbach
entlang, aber in der Nacht war nichts zu sehen und in den Gedanken war nichts, was einen Rückweg antreten ließ. Er lüftete
diese Reise aus, die vielen Eisenbahnstunden, und atmete tief ein.
Dann war die Gail zu hören, an der Biegung, dieser Fluß war nicht
zu überhören, wo der Zillerbach sich still hineintraute in das laute
Wasser, und jetzt konnte Martin sich gefaßt machen auf das muffige Haus, das ihnen geblieben war, nun ja, ihm, Franza das Geld,
ihm das Haus und auch etwas Geld, fast aufgebraucht fürs Studium, aber das Haus war noch da. Er kannte jede Unebenheit des
Wegs, wich ihm nach, wo der Weg vom Ufer wich, immer im
richtigen Abstand zum Geroll des Wassers, mit dem Meßgerät, das
in ihn eingebaut war für diese Gegend. Wenigstens hatte das Fossil
nie diesen Boden hier betreten, war nie an die Siegel und Namen
herangekommen, mit denen hier alles verschlüsselt war, und nie
hatte er die Franza gekannt, die mit den Kürbisleuchtern herumgegangen war, mit ihm die Nachmittage auf dem Heustadel Gänge
durchs Stroh und durch Heu gegraben hatte, die ihm das Aus-
schneiden der Kürbisse beigebracht hatte und das Maiskolbenbra-
ten und im Heu leben, als wäre das alles, was er einmal in der Welt
brauchen würde, und immer und überall hatte sie ihn mit sich

herumgeschleppt, dieses Herumschleppen, das war es, Essen suchen, ihn waschen und anziehen und ausziehen, und dann hatten
sie einander viele Versprechen gegeben, deren Inhalte er nicht
mehr wußte, nur noch, daß sie miteinander leben würden, wenn
er »groß« war – sie hielt sich wohl mit vierzehn, fünfzehn Jahren
schon für »groß«, das war ihr zuzutrauen, dieser Gitsche. Daß er
das vergessen hatte! so hatte er sie doch genannt, mit dem windischen Namen für Mädchen, die »Gitsche«, die für ihn der Inbegriff aller Gitschen war, mit den schrägstehenden ausdruckslosen
Augen. Aber dann war etwas dazwischengekommen, und obwohl
sie eines Tages wirklich beide in Wien waren und er sie im Café
Herrenhof wiedergetroffen hatte in seinem ersten Semester, da
mußte er das Wort »Gitsche« schon unterlassen haben, nur an
Franza hielt er störrisch fest, auch wenn die Studenten um sie
herum alle Franziska sagten, und als schon alles zerrissen war und
sie einander nichts mehr zu sagen hatten, diese kleine Dame, die
ihre Frisuren wechselte und mit ihrer Sprachbegabung akzentlos
aus Galicien herausgefunden hatte und auf einen anderen Akzent
in Wien übergewechselt hatte, die durch die Herrengasse und über
den Kohlmarkt ging, als wäre sie nie über die Zündhölzelbrücke
gegangen. Wichtigerer Dinge wegen, hatte er ihr dann keine Fragen mehr gestellt und später nur hie und da eine in Gedanken, die
er nicht laut werden ließ, viel später erst wollte er etwas von ihr
wissen, weil sie die Eltern noch gekannt hatte und mehr vermissen
mußte als er, den Vater zum Beispiel, und nicht nur wegen der
Suchlisten, sondern wegen der zwei schwärzlichen Warzen im
Gesicht, danach wollte er sie fragen, als er Jordan mit ihr zum
erstenmal gesehen hatte und ihm beim Weggehen, nach dem verunglückten ersten Mann-Bruder-Beriechen aufgefallen war, daß
der Professor ebenfalls zwei dunkle Warzen im Gesicht hatte, da
hatte ihn etwas erschreckt, er war auf die Idee gekommen, daß
Franza Schutz suchte, und er konnte sich das nicht vorstellen, weil
sie immer sein Schutz gewesen war, daß sie auf der Suche war und
etwas suchte, was nicht er war, und daß sie einen Vater geheiratet
hatte, so nannte er es auf den kürzesten Nenner gebracht und dann
noch Vater-Imago, mit der ersten Vorlesungsweisheit. Während
Martin zehn Jahre später noch einmal über Warzen als Heirats-

grund nachdachte, hatte er das Haus erreicht und öffnete die Tür, ohne erst nach dem Schlüssel unter dem leeren Blumentopf am Fensterbrett zu suchen – die Tür war offen, sie mußte ja offen sein. Im Gang brannte das Licht, und die Tür zur Stube war auch einen Spalt breit auf, die Bank um den Ofen konnte er erst zuletzt sehen, zuerst aber ihre Füße, die über das Ende der Bank standen, in hellen Strümpfen, die Schuhe mußten auf den Boden darunter gekollert sein, die Schuhe waren das Traurigste. Er blieb an der Tür stehen, und sie richtete sich auf, drehte sich um, klammerte sich an die Ofenkacheln und blieb verrutscht und angekrallt, halb sitzend, hängen. Er ging schnell zu ihr hin, küßte sie auf die Wange, und ehe er sie auf die andre küssen konnte, drehte sie den Kopf weg.

Nicht. Schau mich nicht an.

Er versuchte, sie in den Arm zu nehmen.

Ich habe ja gewußt, daß du kommst. Endlich kommst du. Ich habe ja, deswegen bin ich noch auf, ich habe es gewußt.

Martin brachte noch immer kein Wort heraus, weil er jetzt ihr Gesicht doch gesehen hatte, das sie gegen seinen Mantel drückte. Er hoffte, sie habe nichts in seinem Gesicht bemerkt und auch nicht, daß er noch nichts gesagt hatte. Die Hauptsache ist, daß du gekommen bist, weißt du – sie stotterte, er hatte nicht mehr recht verstanden, was sie zuletzt gesagt hatte, nur daß sie noch immer etwas zu sagen versuchte und nicht reden konnte. Er küßte sie und hielt sie fest, küßte sie auf das schmutzige, verschwitzte Haar. Du mußt jetzt nichts sagen, die Hauptsache ist, daß du hier bist.

Ich – sie kam wieder nicht weiter, und sie weinte nicht nur, es war noch etwas andres, das von dem Weinen nur die Tränen hatte, sie zitterte und ihr Körper tat etwas mit ihr, was er nicht niederhalten konnte mit den Armen, in einer Konvulsion, in immer stärkeren Zuckungen, sie schlotterte und wollte ihn wegstoßen und krampfte sich dann wieder an ihn, und er sagte immerzu, aber Franza, Franza, er konnte nur immer wieder ihren Namen sagen und sie halten, und er wußte nicht, wie lang das schon dauerte und wie lang das noch dauern konnte, er hielt sie bald locker, bald fester, und achtete nicht auf sie, sondern dachte nur noch, daß das eine ganz unmögliche Situation war, und in diesem Haus, und

kilometerweit kein Arzt und kein Telefon, und als sie zusammen-
knickte, als hätte sie weder Muskeln noch Knochen, und als er
jetzt ihren Kopf in einer Hand liegen hatte, wenn sie also nicht tot
war, nein, das war sie nicht, todkrank, er bekam wieder den Boden unter die Füße, den er brauchte, er mußte jetzt nur noch bis
morgen früh mit ihr die Nacht hinter sich bringen und morgen,
und dann sofort – morgen wollte er! Er hob sie auf und trug sie in
die Kammer, in der nichts als die zwei Betten der Großeltern
standen, und legte sie auf das Bett, das er sich bezogen hatte, die
Matratze fing zu rascheln an, ein schreckliches Geräusch in der
Totenstille und Atemlosigkeit, es raschelte das Maisstroh, aber
Franza lag ganz still und hörte das wohl nicht, er nahm sie am
Handgelenk und suchte nach etwas, was er für den Puls hielt oder
gern dafür gehalten hätte, und den fand er nicht, oder der war zu
schwach und zählen hätte ihm auch nichts genützt, weil er nicht
wußte, wieviel Pulsschläge ein Mensch haben sollte, er machte ihr
das Kleid auf, aber es war viel schwieriger, als er es sich vorgestellt
hatte, und entweder hatten die Nemec oder Karin und Fanny
andere Büstenhalter und Strumpfgürtel, er hakte und riß dann
gewaltsam alles auf, wenn sie nur nicht so schwer gewesen wäre,
und natürlich hatte er nie einer Ohnmächtigen etwas aufhaken
müssen, dann sah er auf sie nieder und wußte nichts mehr zu tun,
er hatte Hunger, er konnte nicht bloß auf sie niederstarren, er ging
in die Küche, schnitt sich ein paar Scheiben Brot und ein paar
Scheiben von der Salami ab, die er zurückgelassen hatte, und die
Weinflasche war auch noch halbvoll, aber er hatte vergessen, sie
zuzukorken, der Wein war ausgeraucht, sauer, er balancierte einen
Teller, ein Glas und die Flasche zurück in die Kammer, setzte sich
auf das andre Bett und fing an zu essen, hungrig, und er schlang
das alles hinunter und schaute sie an und überlegte. Es war alles
ganz sinnlos geworden, was er gedacht hatte auf der Heimfahrt
und was er erinnert hatte, das war nicht mehr die Franza von
früher und nicht mehr die fremde Dame, die immer elegantere
fremde Dame aus Wien, und von Galicien war auch nichts mehr
übriggeblieben außer der Tatsache, daß es abseits von der Bahn
und der Straße und von jeder Verbindung fernab lag und daß man
nun noch einmal acht Stunden bis Wien brauchte, um jemand in

ein anständiges Spital zu bringen. Noch einmal nach Wien in dieser Woche! Das war nun wirklich das letzte, und etwas Anständigeres konnte er nicht denken und wollte es auch nicht. Er fing zu trinken an. Der ganze Mythos einer Kindheit und eines Rätsels, wenn da eines war, und eines Wiederfindens, das alles ging im Kauen von Brot und Wurst und im Wein unter und unter der glanzlosen Wucht der Tatsachen, die er sich zwar manchmal noch schlimmer vorgestellt hatte, aber eben doch nicht so und in dieser heruntergekommenen Keusche, dem letzten Überbleibsel eines imposanten Besitzes, der zwar so imposant nicht gewesen war, nur in dem Umkreis zwischen Dobrowa und Tschinowitz, wo man auch zu den Großen oder den Kleinen gehören konnte, und das hier in Galicien war einmal groß gewesen, ein Reich und ein Name, und jetzt gab es das nicht mehr, dafür elektrisches Licht und fließendes Wasser und zwei nicht mehr saubere Leintücher, zwischen denen Franza lag, und kein Komfort, keine Klingel, die man betätigen konnte, eine unbrauchbare, schon nicht mehr gekannte Nachbarschaft, ein Rechaud, zweiflammig, ein paar Handtücher, Fetzen und ein eisernes Lavoir. Er sollte vielleicht Tee kochen für Franza, Tee vielleicht, falls sie trinken konnte, sollte, mochte. Er hätte nicht einmal einen kranken Hund hierherbetten mögen zum Verenden, und für Fräulein Nemec hatte er natürlich ein Doppelzimmer im Warmbader Hof bestellt mit Dusche, das gehörte sich so für eine schon dreiwöchige Affaire, und Elfi Nemec, wenn momentan auch ein unbeschäftigtes Mannequin und ohne Stütze in Industrie und Handel, berechnend war Elfi übrigens nicht, was schon ihre Ausdauer für Martin bewies, aber ein anständiges Hotel war er ihr schuldig, und das erwartete sie auch, selbst wenn eine vorübergehende Neigung zu einem notorisch schlecht verdienenden jungen Wissenschafler sie selbstlos machte, und sie ihre Jagd nach günstigeren Bekanntschaften nur noch eiferlos betrieb.

Auch hatte er, und nicht nur ihr zu Gefallen, nie den Geruch bitterer Armut ausgeströmt, im Gegenteil, wie Tausende in Wien, deren Status unbestimmbar ist, sich immer alle Apparenzen zu verschaffen gewußt und ihr das Gefühl gegeben, daß sie es mit einem jungen Mann zu tun habe, der nicht nur für eine junge Hoffnung

an der Universität galt, sondern durch seinen Bekannten- und
Freundeskreis zu jener Schicht gehörte, die, nach einer totalen
Umschichtung, noch immer eine dünne und ausschließliche
Schicht ausmachte, durch die Vokabeln, die sie benutzte, die Anspielungen, die nur von ihr verstanden wurden, die Manieren, die
sie hatte, und auch die Unmanierlichkeiten, die sie sich leisten
konnte – und vor allem, wie sie sich diese leistete! Daß also die
Nemec ihre beachtliche Figur und ihre stolz-zarte Kopfhaltung,
die immer denken ließ, daß sie vor einem alten Portal posierte und
ein Schwarm Tauben hinter ihr aufflog oder an einem verfallenen
Geländer, wo als Kontrast ihr mit genau berechneter Wildheit
schönes Haar flog, oder daß sie ihren Handschuh überstreifte,
während ein Blinder mit einem Hut auf dem Trottoir noch mit ins
Bild kam – daß Fräulein Nemec ihre Schönheit also nicht an einen
Niemand verschwendete. Denn es dauerte in dieser Stadt ja unendlich lang, bis jemand drauf kam, in welch armseligen Unter-
mietwohnungen, neben wieviel Krankheiten und makabren Fa-
milienzusammenhängen jemand lebte, der tagsüber mit sicherer
Selbstverständlichkeit auf dem Kohlmarkt die Tür zu Demel auf-
stieß oder für den Abend Premierenkarten hatte, oder in welch
geschmacklosen Neubauwohnungen jemand arbeitete und vege-
tierte, der auch zu der Schicht zählte, in Wohnungen, deren Ar-
chitekten Hasardeure der ersten Nachkriegszeit, Spekulanten und
Gangster gewesen waren, die verschwunden waren mit Anzahlun-
gen und die für schlechtschließende Türen, sprüngige Wände und
beklemmende Enge niemand mehr verantwortlich machen konnte, eine Enge, die so wenig zum Vorschein kam wie die unhalt-
baren großen Raumlabyrinthe der Altbauwohnungen und Villen,
die festverschlossen und verstaubt dahinsiechten. Das Geheimnis
einer Wiener Wohnung ist fast nicht zu lüften, auch für die besten
Freunde eines Menschen nicht, und die Leute, die es wagten,
Leute einzuladen, die waren neureich, altreich und hatten nichts
zu verbergen und Badezimmer, in die man Gäste führen konnte,
Bedienerinnen oder Köchinnen, die Türen öffneten, Getränke
vorrätig und schon die Eisschränke anstatt der Schaben in der Küche. Die anderen Leute telefonierten und verabredeten sich in
denselben Restaurants und Kaffeehäusern, in die auch die furcht-

losen Leute gingen, und dort fanden sie zueinander, ohne sich zu verraten. Immer waren es Zufälle gewesen, die Martin die Augen geöffnet hatten über die Verhältnisse eines Universitätsprofessors oder eines Journalisten oder einer Frau, die Erfolg hatte, ein Todesfall, seltner ein Notruf, noch seltener ein Spalt Vertrauen, denn in diesem Punkt war Geheimhaltung und der Respekt davor eine Ehrensache, man notierte sich von jemand eben nur die Telefonnummer, und die Adresse, die man sich wie die Kartusche eines ganz neuen Proletariats hinter der Nummer dazuschrieb, die benutzte man nie oder nur, wenn man von einer Reise einen Brief zu schreiben hatte, und selbst wenn man in der Stadt jemand nicht erreichte, dann ging man eben nicht hin, sondern schickte ein Telegramm. Die Frauen, die man mitnahm in Wohnungen und Zimmer und geborgte Wohnungen – wer immer sie auch waren, die hielten den Mund und sprachen nicht, auch das war eine Verabredung, denn eine Wienerin würde zwar immer zugeben, mit wem sie ging oder schlief, eine Affaire oder eine Liaison hatte, und das waren nicht unbedingt Synonyme, aber sie würde über den Ort und die Verhältnisse Schweigen bewahren, und Elfi Nemec war ein Kind vom Gürtel, aber nicht von der Gürtellinie an ihrer besten Stelle, sie fragte nie, er fragte nie, und so wußte sie von ihm auch nicht mehr als alle anderen – und Kärnten betreffend, daß er da unten, irgendwo im Süden, in einer unmöglichen Gegend ein Haus, falls ein Haus, und eine Familie, falls eine Familie, irgendwas hatte er dort, weil er dahinunter fuhr von Zeit zu Zeit, im Winter, vielleicht fuhr er Ski, und in den großen Ferien vielleicht zum Schwimmen; die Nemec hatte er im Warmbader Hof unterbringen lassen wollen, denn nach Hause hätte er sie nie gebracht, niemals hierher. Martin schaute sich um und schätzte den Kaufpreis für das Haus ab, das einer der Bauern aus der Nachbarschaft sich womöglich schon durch den Kopf gehen ließ, oder ein Depp aus der Stadt hätte es kaufen können oder ein Deutscher, denn neuerdings waren die Deutschen in der friedlichen Eroberung der Welt durch Aufkaufen von Grundstücken schon bis vor diese entlegensten Gegenden gedrungen. Wenn er zum erstenmal an einen Verkauf dachte, dann war es wegen Franza, weil sie hier lag und er dachte, er müsse etwas für sie tun. In dieser Ernüchterung, in diesem Abschätzen, dem Ausdenken selbst eines Preises, den kaum jemand bezahlt hätte, vergaß er den Erbschaftsvertrag, denn er hatte versprochen, nie zu verkaufen, und als ihm das wieder einfiel, dachte er an einen Ausweg. Was sollte ihm diese Schwester, was ging sie ihn, genau genommen, an? Er mußte es bloß über sich bringen, in der Nacht noch einmal nach Warmbad zurückzugehen, den Portier zu bitten im Warmbader Hof, mit einem Trinkgeld die Bitte unterstützend, telefonieren zu können, denn mitten in der Nacht würde der Professor vielleicht die Gnade haben, ihn anzuhören, Martin würde leichthin, und als tue er ihm damit einen Gefallen, sagen, er habe zufällig Frau Jordan gefunden, einmischen könne er sich da nicht, deswegen solle Herr Jordan sich seine Frau abholen oder durchs Rote Kreuz holen lassen, da er allein ja für sie zuständig sei und Arzt und Helfer obendrein und ihr angetraut, und von einer Leiche könne er sich wohl nicht gut scheiden lassen, und ihn, den Bruder, gehe auch das weitere nichts an, er habe seine Flugbillets und Schiffskarte in der Tasche, die Koffer gepackt und eine einmalige Gelegenheit, die er sich nicht entgehen lassen wolle, und von Puls und Scheintod oder gar Krankheit, denn das war es wohl, verstehe er zu wenig, um auch nur länger als einen Tag eine derartige Verantwortung (der Psychotherapeut in der Verantwortung, war das eine Formulierung von dem Fossil gewesen?), jedenfalls hatte der es mit der Verantwortung, und für Martin bildete Quarz zusammen mit Epidot ein feinkörniges Grundgewebe, Körner verzahnt und undulös, und über Grünschiefer, diabastuffverdächtig, tuffverdächtig, jawohl, konnte er einiges zum besten geben, aber Handstück hin und her, reich an Chlorit und Epidot, mit vereinzelten Feldspataugen – er verstand nichts von den geschlossenen Augen seiner Schwester und wie verdächtig die waren und worauf verdächtig. Schliff Nr. 331, das hätte er dem Professor gern erklärt, aber hier wurde seine Schwester geschliffen von Schmerzen und irgendwas, was er in seinem Gebiet nicht erforschen hatte können, und der Schliff seiner Schwester, die aus der Neuzeit war und nicht aus dem Mesozoikum, den vermochte er nicht zu beschreiben und zu bestimmen, nur das Gestein gab einen Halt, hatte Struktur, Textur, Fundpunkte. Und Franza hatte Worte und dann wieder keine.

Auch hatte er nicht die Absicht, jetzt wieder nach Wien zu fahren, und auch keine Absicht... Martin hörte zu trinken auf, der Wein war wirklich sauer, er stand auf und ging in die Küche, holte die Steinhägerflasche vom Regal, trank rasch ein paar Schluck daraus, denn morgen, das war sehr wichtig, morgen wollte er und bestimmt. Er konnte allerdings auch Alda anrufen, die Gute, und Aldas Güte, Hilfswilligkeit und Tüchtigkeit erfüllten ihn mit der warmen Zuversicht, die ihm auch der Steinhäger gab, zudem war sie eine Ärztin, ausgelernt, und wußte, zu welchem Arzt und wohin man Franza bringen mußte, eine so gute alte Freundin wie Alda konnte sich jeder wünschen in einer Stadt, in der auf niemand Verlaß war, und er beglückwünschte sich zu Alda, tat noch einen Zug. Alda würde die ganze Sache in Ordnung bringen. Er setzte die Flasche auf den Tisch, und er fühlte sich ertappt und schuldig. Franza stand in der Tür, mit herunterhängenden Strümpfen, mit seitwärts und hinten offenstehendem Kleid, auferstanden von den Scheintoten, und sie sah ihn eindringlich an, noch immer stumm, als müsse er einen Wunsch verstehen, und er sagte rasch, als habe er sich eben noch mit ihr unterhalten, indem er an dem Rechaud drehte, ich koche dir einen Tee, er setzte sehr beschäftigt Wasser auf, dann löste er sie von dem Türrahmen, faßte sie unter den Arm und brachte sie zurück in die Kammer. Es ist schon besser, sagte sie, ich muß dir das endlich erklären, es geht schon wieder. Sie ließ sich nicht auf das Bett zurückzwingen, sondern blieb auf dem Bett sitzen und wehrte sich gegen seine übertriebene, instinktlose Fürsorge, er meinte, er müsse sie unbedingt hinlegen. Leg dich doch endlich hin, ich bringe dir den Tee. Aber ich will mich doch nicht hinlegen. Martin ließ sie sitzen, weil er sich noch immer schuldig fühlte. Konnte sie begreifen, daß man Steinhäger trinken konnte, obwohl ein andrer scheintot dalag und ohne Schliff? Er sagte, ich mußte so vieles überlegen. Dann werden wir zusammen überlegen, wenn der Tee fertig ist.

Es gibt nichts mehr zu überlegen. Ich habe das schon getan.

Franza sprach zusammenhängend, aber sehr langsam, als müßte sie jedes Wort von der Zungenwurzel bis zu den Zähnen schieben. Dann ging es bald besser, sie artikulierte, ihr Gesicht bekam den Schliff zurück, etwas kam zurück, was man, verlegenheitshalber, das Leben nennt, Martin dachte, es sei der Puls zurückgekommen oder die Zirkulation.

Schau, Franza, du mußt hier weg, und ich werde Alda anrufen, gleich morgen. Nein. Morgen nicht und überhaupt nicht. Du wirst niemand anrufen. Ich will keinen Skandal. Du darfst nur keinen Schritt mehr von mir weggehen. Geh den Tee machen. Und komm schlafen.

Als er mit dem Tee zurückkam, den er nicht einmal abgeseiht hatte, fing sie zu reden an und saß noch immer aufrecht da. Und er zog sich aus, vor ihr, wie in der längst vergangenen Zeit, nur diesmal half sie ihm nicht in den Pyjama und faßte seine Füße nicht an, ob die auch warm waren. Martin war froh, daß sie lebte und redete und nicht mehr weinte, gestoßen und aufgebracht. Aber sie war doch wohl nicht? – daß ihm dieser Gedanke erst jetzt kam! und er ging die ganze nähere Familie durch und dann die entferntere Verwandtschaft, die Familienranderscheinungen, aber in der näheren hatten sie keine Geisteskrankheiten gehabt, unglaublich in diesem Land, in dem die Übel grassierten, aber es war so, und trotz des beruhigenden Ergebnisses, das war verrückt, was Franza da redete und was sie getan hatte oder meinte, getan zu haben, und sich ausgedacht hatte. Er war wieder ganz nüchtern, aber es wurde davon alles nur noch verrückter, jetzt hatte sie auch noch ihre Handtasche gefunden und hielt ihm den Paß hin und trank einen Schluck Tee ihm zuliebe und damit er ihn ruhig studieren könne, dann schluckte sie eine Tablette mit dem Tee hinunter, hustete und zog achtlos ihre Strümpfe ein wenig höher, und das Kleid, ein Modellkleid, wenn er die Nemec zurate zog, denn es war in den letzten Nächten in Wien oft von Kleidern die Rede gewesen und Kollektionen, und als Hauptwort war Modellkleid in ihm haften geblieben – das Modellkleid von Franza sah ärger aus als einer der Fetzen, die sie damals getragen hatte, schmutzig, knittrig, fleckig, als wären ihr schon viele Bissen vom Mund auf das Kleid gefallen und als hätte sie alle bloß weggewischt, und jetzt schüttete sie ein wenig Tee auf das Modellkleid, das hatte er kommen sehen, da sie die Schale schief hielt, sie machte fahrige Bewegungen über den neuen Fleck. Es ging aber nicht um den dunkelnassen Fleck, sondern sie machte lauter Bewegungen, als suche

sie etwas, sie suchte immer etwas und wischte an sich herum und
durch die Luft mit der Hand, dann griff sie sich wieder an den
Kopf und hatte nur noch die Hand mit dem Paß frei, der ganz neu
war und ein einziges Visum darin hatte, Martin sah den Paß
pflichtschuldigst und entsetzt an und las noch »gültig für alle Staaten mit Ausnahme von«, aber das Visum mit den arabischen
⟨Zeichen⟩ war da, und sie beeilte sich zu erklären, wie sie zu dem
neuen Paß gekommen war und ob er wohl bemerkt habe, ihre
Stimme wurde immer eiliger, daß nur noch ihr richtiger Name
darinstehe, das hatte er nicht bemerkt und sah noch einmal gehorsam hin, und daß keine Rede mehr war von einer Franziska
Jordan, geborene. Das alles hatte sie nach ihrem Verschwinden aus
Baden fertiggebracht, wo sie überdies nicht wegen der Schwefel-
bäder gewesen war, sondern wegen einer Operation. Sie zögerte.
Eine anerkennenswerte Leistung, sagte Martin sich, denn sie wußte auch genau, wann er fahren wollte, und würde mit ihm kommen, das Geld hatte sie dafür noch, es war das letzte, das von dem
großen Ranner-Geld noch übriggeblieben war, während der Ran-
ner-Verstand offenbar nicht mehr in ihr war, und er ließ sie reden
und reden und gab ihr den Paß zurück, holte sich die Diwandecke
aus der Stube und rollte eine darunterliegende alte Flanelldecke am
Kopfende seines Bettes zusammen und streckte sich auf dem unter
Geraschel nachgebenden Strohsack aus, suchte nach einem alten
Fluch, denn er war keine Nachtschwester, er wollte endlich schlafen.
    Du mußt mich mitnehmen. Du mußt.
    Er ließ das Licht brennen, weil sie ihn bat, plötzlich wieder
verändert, mit Tränen, doch das Licht brennen zu lassen, und im
Einschlafen, während er ihr noch half mit einigen »wie bitte« –
»was bitte stellst du dir« – »wie stellst du dir vor«, um diesen ganzen
Wahnwitz aus ihr herauszuholen, da man nicht argumentieren
konnte um fünf Uhr morgens und gegen ein Wahngebilde, kon-
sequent wie das ihre in allen Teilen, sagte er noch einmal auffah-
rend: Du mußt zu dem besten Arzt, in die beste Klinik. Das hier ist
der Wahnsinn. Du kannst hier nicht bleiben, und ich kann dich
nicht mitnehmen.
    Du wirst mich mitnehmen. Und ich gehe nicht zurück nach
Wien.

Am Mittag wußte Martin kaum, ob sie den Satz noch in seinen Schlaf hineinzementiert hatte, dieses du mußt und du wirst, oder ob sie es erst anfing am Tag und ihn zu überzeugen versuchte, daß es keinen besten Arzt und keine beste Klinik für sie in Wien gebe, daß sie mit dem Namen des Fossils keine Chance hatte, nicht krank sein konnte wie andre, nicht in seinem Machtbereich, das ihr mehr Furcht machte als ein Verenden auf einem Strohsack in Galicien oder eine Reise, auf die er selbst eine gesunde Person niemals mitgenommen hätte, und da sie nur stundenweis gehen und reden und atmen konnte, fragte er sich, schon halb geschlagen, wie er sie auch nur bis Genua bringen könne. So verging ein Tag und noch einer, der Zeitpunkt rückte näher, und er rief niemand an. Er zog sie an wie ein Kind und hielt sie fest, wenn das Übel kam, wusch sie und brachte sie ein paar Schritte vors Haus und bis an den Fuß des Hügels und einmal sogar bis nach Maria Gail, weil sie darauf bestand, zu den Gräbern zu gehen. Sie gingen in der Frühlingssonne auf dem Friedhof herum und Franza zupfte ein wenig Unkraut aus, er hoffte, sie werde nicht im Ernst anfangen, die verwahrlosten Gräber zu jäten. Sie ließ es beim Andeuten. Sie sagte: das ist nicht der schönste Frühling, es ist der zweitschönste. Er sah sie mißtrauisch an, aber da ließ sie den Frühling eins und Frühling zwei fallen, und sie fingen an, die Namen auf den Grabsteinen zu studieren, und schätzten ab, mit wem sie noch verwandt sein könnten und mit wem doch nicht, mit den Gasparin gewiß, so müßten wir doch eigentlich heißen? sagte Franza, mit den Katzianka, den Napokojs, Wutti, den Kristan V JEZUSU KRISTUSU JE ŽIVLJENJE IN VSTAJENJE, und dann wunderten sie sich, wie wenig Vornamen rund um Galicien immer in Gebrauch gewesen waren, immer wieder dieselben, Martin, Jakob, Kaspar, Johann, Albin, viel weiter ging es nicht, Elise, Agnes, Terezija, Márica, Magdalena, Angela, dann schon wieder Elise und Josef und Magdalena. Es drehte sich im Kreis. Nicht nur die Ranner und die Gasparin hatten sich so immer im Kreis gedreht, und dazu um ihre Hausnamen, die vulgo Tobai, damit sie doppelt getauft waren wie das Haus Österreich, das sich mit seinen dreidoppelten Namen immer im Kreis gedreht hatte bis zu seinem Einsturz und davon noch an Gedächtnisverlust litt, die Namen hörte für etwas, das es nicht mehr war.

Martin bemerkte, daß auch Franza von einem Einsturz mitgerissen wurde und daß sie durch ihre Krankheit noch an der Krankheit des Damals litt, viele Merkmale auch dieser Krankheit trug. Sie schaute zurück, drehte sich in ihren wirklichen alten Namen, und wenn er sie ansprach, dann wachte sie auf, aber als hätte sie beinahe vergessen, daß sie es war, die, sie ging unter und trug ihren letzten Namen, der ihr erster gewesen war, erstaunt mit sich herum, er bedeckte sie nicht mehr ganz, nur noch die Blößen. Er aber würde bestimmt nicht mehr zu diesen Umkommenden, Untergehenden gehören, dessen war er sicher, er würde sich herausretten, er brauchte hier auch nicht vor Gräbern zu gedenken, für ihn war das von wenig Bedeutung. Von ihm aus hätte man den Friedhof auch auflassen können, zuschütten, er würde sich hier bestimmt nicht dazulegen, und von ihm aus konnte man auch sofort anfangen mit der Kollektivierung der Felder und ein Ende machen mit den Namen und Zaubern und dieser endlosen Agonie der Bedeutungen von Namen, hinter denen sich der Besitz verbarg und die Monstrosität des Besitzenkönnens und Besitzenwollens. Franza gehörte zwar, wie er, nicht mehr zu den Besitzenden, aber sie war auch ein Fossil, sie hielt fest, das zeigte ja auch die Geschichte mit der Paßfälschung, sie bestand auf einmal, wo alles andre ihr genommen war, auf Galicien. Aber er würde sich den veralteten Schmerzen und Verhängnissen nicht unterwerfen, sondern abzweigen, austreten. Deswegen war der größte Schimpfname, für alle, die ihm Argwohn einflößten durch ihre Denkweisen und die Art zu fühlen: Fossil. Und das galt mit für alle Zumutungen, die von langher kamen, für alle diese Erpressungen, für die Erpresser wie Jordan und die Erpreßten wie Franza.

Dann bat er seiner Schwester das »Fossil« doch wieder ab und versprach sich, in ihr etwas anzuerkennen, auch das Versagen, denn sie ließ sich wenigstens zugrunderichten und würde hoffentlich noch entdecken, was sie zugrunderichtete. Auch ihr Zittern, ihre Verwirrtheiten überlagerten nicht ganz die großartigen Begriffe, mit denen sie sich von Galicien aus bis nach Wien vorgewagt hatte, wo sicher damit niemand etwas anzufangen verstand, und mit denen sie sich wieder zurückschlagen ließ, aber immer zurück, und mit dem Rückzug stimmte sie wenigstens in Wahr-

heit überein. So verlor sie ihre Begriffe nicht. Sie ging hier nicht
unschuldig umher wie er. Er hätte auch anderswo mit Interesse
einen Friedhof und Namen betrachten können, und er wollte
rasch mit ihr vorbeikommen an dem Grab der Mutter, aber sie
rückte nicht weg, und er wollte sie so deutlich auch nicht merken
lassen, daß er ihr in diesen Tagen alles abnehmen und wegnehmen
wollte, jenen Blick auf einen Berg, auf eine alte Stätte, eine Weg-
tafel, eine Fotografie. Damit bloß nichts passierte, er haßte es,
wenn etwas passierte, es genügte ihm schon, daß er nicht verstand
und unruhig wurde, wenn sie etwas sagte wie: das ist nicht der
schönste Frühling. Diese Andeuterin! Diese verdammte Anspielung in Person. Das war also bloß der zweitschönste Frühling. Ihm
sollte es schon recht sein, wenn nur dieser ganze Frühling ihm
nicht verdorben wurde.

Auf dem Heimweg sagte er, es ist nicht mehr weit, komm,
nimm dich zusammen, es ist nicht mehr so weit. Aber ich weiß
doch, wie weit es ist, ich kann nicht mehr. Er schleifte sie nach
Hause. Warum konnte und durfte das nicht der schönste Frühling
oder einer so gut wie andere sein?

Er wiederholte sich, nur trank er jetzt weniger Steinhäger, er
konnte schon ruhig zusehen, kannte den Zauber schon. Sie tot
und weiß, nichts mehr zu machen, er ließ sie liegen und las in den
Büchern, die er sich für die Reise gekauft hatte, um sich vorzu-
bereiten, und hin und wieder legte er ihr eines hin, den ihn be-
geisternden Breasted auf deutsch, wie einer Maus ein Stück Speck,
damit sie in die Falle ging, aber sie rührte nie ein Buch an. Trotzdem kam kein Wort, das auf eine Änderung ihres Vorhabens
schließen ließ, nur ihre Interessenlosigkeit ließ ihn noch hoffen,
daß sie zuletzt doch nicht mitkäme. Alda war ja immer erreichbar
und morgen war auch noch ein Tag, und der Frühling war eben
der zweitschönste und ihm vergällt von diesem Katz- und Maus-
spiel, bei dem sie nicht mitspielte.

Franza redete noch immer nicht über Wien, und wenn sie zurückkam aus der Totenstarre, dann begann sie zwar zu reden, viel zu
viel, aber über nichts, am liebsten über Entlegenes. Weißt du
noch? Erinnerst du dich. Nein, das kannst du ja nicht wissen.

Damals, nein, da warst du noch zu klein. Doch, ja? Nein, davon weißt du nun wirklich nichts. Er wurde hier zum Idioten gemacht von einer Wahnsinnigen.

Damals. Immer damals, wovon er nichts wußte.

Was Franza sich unter Besetzen und Engländern und »Parsanen« ⟨vorstellte⟩, wie der Zehnjährige sagte, der von ihr auf die Finger geschlagen wurde, weil er aus Konservenbüchsen Panzerfäuste basteln und mit anderen Kindern Eierhandgranaten suchen wollte, anstatt auf Franzas fantasievolle Vorträge zu hören, – das war nicht leicht auszumachen, denn in Galicien lebte man von Gerüchten, nachdem man die rückziehenden Deutschen überstanden hatte, die jetzt endgültig erschöpft andere Ortschaften und Straßen verstopften und sich von dort nicht mehr wegrührten wie noch aus Galicien, das mußte die letzte schleppende Bewegung einer Riesenmacht gewesen sein, die schon aus Franzas Bewußtsein verschwunden war. Ja, sie war beinahe überzeugt, man würde nie mehr etwas von den Deutschen hören, sie würden immer weiter nach Norden zurückgehen und von der Erdkugel herunter eines Tages ins Nichts verschwinden, oder zumindest in Orte zurück, die Namen hatten wie Kiel oder Magdeburg, die zwei letzten traurigen Soldaten, denen sie etwas zu essen gegeben hatte, waren aus diesen Orten gewesen, die für sie eben nicht auf der Erdkugel waren, und sie wünschte auch, daß sie zurückkämen in ihre Orte und zu ihren Leuten, aber sie sollten jetzt nicht Galicien verstopfen, in dem schon aus räumlichen Gründen für soviel Chaos kein Platz war, da einerseits die Partisanen unter Tito auf dem Vormarsch waren, dann aber auch noch die Ustascha in der Nähe nicht zu kämpfen aufhörte und im oberen Tal das unglückliche Wlassowgesindel zu plündern angefangen hatte und damit die Gerüchte am meisten anfachte, so daß die galicischen Bauern, die kein Krieg, aber das Wort Plündern in Panik zu versetzen vermochte, beschlossen, auf die Hügel zu gehen mit dem Vieh und allen ihren Vorräten, Säcken voll Mehl und Mais, und ganze Seiten Speck, die sie nie eingestanden hatten, versteckten sie in den Höhlen und vergruben, was sie konnten, und entschlossen sich, selbst in den Ziegenhöhlen sitzen zu bleiben, bis... ja, bis.

Besetzen, das war ein Wort, an dem Franza herumhoffte und

mit dem sie herumlief, sie stellte sich unendlich viele Soldaten vor, mit Gewehren im Anschlag, die jeden Quadratmeter besetzten, ein Heuschreckenschwarm, der jeden Meter Galicien ausforschte und durchstreifte. Und Vergewaltigen, das war ein anderes Wort, unter dem Franza sich frühlingszeitraubende Dinge vorstellte, und da sie mit niemand sprechen konnte, wurden Vergewaltigung und Streitmächte zu ersehnten Idolen und den Ereignissen, die im Kommen waren, das umso mehr, als in Galicien nichts geschah, schlechterdings nichts, nur das Dorf starb aus und gehörte ihr allein, für ihr Warten in einem Wunder und auf Wunder allein. Hie und da kamen noch Tiefflieger bis dicht über die Häuser, und da sie genau auf jeden zielten, mußte sie sich einmal auf Martin werfen, ihn zu Boden und sich über ihn, denn sie war überzeugt, daß sie, wenn ⟨sie⟩ es fest wünschte, unverwundbar sei und daß auch nicht ein Splitter sie treffen könne. Und dann ließ noch einmal ein Bomberverband, der vom Norden, aus Wien zurückkehrte, ein paar übriggebliebene Bomben fallen, die kleine Bahnstation fiel zusammen und ein steckengebliebener Eisenbahnzug voll Leuten aus der Stadt wurde aus den Schienen geworfen, es zerfetzte die Leute. Dann war es wieder still. Sterben war in diesem Frühling das Gegebene und Leben auch, da es auf einmal so leicht war zu leben, – mit erhobenem Kopf herumzugehen, wenn geschossen wurde, ruhig weiterzugehen, denn alle Feuer aus allen Mündungen und die abrupten Stillen danach, das war für jemand wie Franza nichts, und zum erstenmal war ihr Martin eine Last, weil er nicht verstand und sie allein mit dem Wunder blieb, so nannte sie ihre Unruhe. Sie war im Wachsen in diesen Tagen, sie schoß in die Höhe, sie mußte viel gehen, laufen und sich in die Wiesen werfen, sie schaute zum Himmel hinauf, in dem es dröhnte, und dann kamen erst die Verbände. Aber wie grüßte man hinauf zu diesen himmlischen Heerscharen. Wer waren die da droben und was war das, was den Frühling machte und Sterben und Nichtsterben leicht. Vielleicht mußte sie doch noch sterben vorher und sollte es nicht mehr erleben, worauf sie wartete. Denn es konnte noch viel vom Himmel fallen, auch auf Galicien. Aber jedes Geschwader machte das Wetter besser, soviel Blumen waren noch nie herausgekommen in einem Mai, zwischen Vor- und Hauptalarm, Tag-

und Nachtalarm ging das Getreide in die Höhe, und das allein nahm Franza noch zur Kenntnis, die Alarme nicht mehr. Nona und Neni waren beide so schwerhörig geworden, daß sie grade noch verstanden hatten, die Ziegenhöhlen seien nicht das Richtige, und Franza schrie ihnen jedesmal, wenn sie aus dem Dorf zurückkam, etwas in die Ohren. Sie brüllte, das ist schon kaum mehr Krieg. Schön ist es draußen. Ich war baden im Bach. Sie werden bald kommen. Das sind nur die Bomber. Und der Neni fragte tabakkauend, ob sie etwas von Wien wisse und was man vom Kaiser höre. Franza schrie, aber das war doch ein anderer Krieg. Sie lachte viel.

An einem Mittag ging sie wieder die Stunde weit bis zur Straße und hielt Ausschau, weil weder in der Nacht noch am Morgen Flugzeuge gekommen waren. Sie zerrte Martin lieblos mit sich, der ein großes Taschentuch, kariert, dunkelgrünblaurot, vor dem Gesicht hatte und fiebrig seinen Frühjahrsschnupfen hineinschneuzte, Hunger hatte und sein Fieber dazu benutzte, in eben diesem Augenblick Franza auf die Nerven zu gehen, während sie auf den Frieden wartete, auf einen Heuschreckenschwarm, auf eine Überwältigung und Streitmächte. Und Mittag war es und in dem schönsten Frühling. Franza geriet in eine derartige Erregung, daß sie in ihrem Körper keinen Platz mehr hatte für soviel Aufregung. Sie kommen, jetzt kommen sie endlich. Es ist Frieden, Martin, verstehst du? Was dann kam, war anders, als sie es sich vorgestellt hatte, und kümmerte sich nicht um zwei Kinder und Galicien und war keine Streitmacht, sondern es kamen ganz gemächlich vier Panzer in einem ordentlichen Abstand, sie meinte, umfallen zu müssen, weil das zuviel war, man konnte nicht einen Tag und einen Augenblick in einer Fünfzehnjährigen kulminieren lassen, der einmal in die Geschichtsbücher eingehen würde, mit Datum, wenn auch unter Auslassung Galiciens und zweier Kinder auf einer Landstraße. Die Panzer waren auf der Höhe der Kinder, und die Soldaten lachten, einige winkten, englische Soldaten, sagte sich Franza, die nicht wußte, wie englische Soldaten aussahen, aber so vieles, was sie nicht wußte, wußte sie in dieser Zeit doch sofort, und sie rannte neben den Panzern her, die aber nicht nach Galicien abdrehten, sondern, ohne zu verlangsamen, weiterfuhren, in

Richtung Villach, einfach an ihr vorbei. Und da die Panzer ihr entglitten und sie ja nicht schreien konnte vor Freude und die Soldaten nichts fragen, ihnen nichts sagen konnte und die nur winkten und lachten, und weil es ihr vor Schluchzen plötzlich nicht möglich war, zurückzulächeln, sie aber auch nicht wollte, daß die meinten, sie freue sich nicht, riß sie Martin das verrotzte Taschentuch aus der Hand und winkte mit dem verknüllten dunklen Tuch. Jetzt ist Frieden. Sie schaute den Panzern nach, dann wieder zurück, aber da kam nichts mehr, niemand besetzte die Dörfer und Straßen, es war kaum glaublich, daß so der Frieden kam, auf einer Landstraße, und eine Staubfahne stand hinter ihm.

Am Abend ging der Krieg wieder zu Ende, vor dem Feuerwehrhaus im Dorf. Obwohl Franza den ganzen Tag durchs Dorf gestreunt war, hatte sie das Ankommen der Jeeps nicht bemerkt, die Soldaten waren schon ausgestiegen, und jetzt standen also lebendige Engländer in Galicien, mit ausgebreiteten Karten in den Händen und taten gar nichts, sondern redeten englisch miteinander. Auf Franzas Schultern lag ganz Galicien und deswegen ging sie, sich Mut zusprechend, hin, Englisch war ihr Freifach gewesen, aber es war ihr immer diktiert worden, und sie hatte hin- und herübersetzt, aber keine Sätze, die in dieser Situation verwendbar gewesen wären, und zuletzt, in den Deutschstunden, waren Schiller-Dramen mit verteilten Rollen gelesen worden, es ging ihr momentan mehr Schiller durch den Kopf als englisches Diktat, I am, you are, das war unbrauchbar, aber versuchen mußte sie es, und sie stellte Sätze zusammen und hoffte, sie würde sie auch aussprechen können, auch wenn sie nicht ganz herankamen an: und frei erklär ich alle meine Knechte, der Mensch ist frei geschaffen, ist frei, und sie stellte sich vor einen Soldaten hin und sagte leise: Sire. Entweder hörte er ihr nicht zu oder meinte nicht, daß dieses Wort etwas heißen könne, und so sagte sie noch einmal, zu einem anderen, der sie freundlich anschaute: Sire. Und dann bemerkte sie, daß einer nicht redete wie die anderen, er war sehr groß, dürr und aus lauter Knochen, er machte Mundbewegungen, als hätte er einen Sprachfehler, und stockte nach jedem dritten Wort, als müßte er Luft holen, den Kiefer wieder lockern und den Gaumen dehnen, und da bewies Franza zum erstenmal in ihrem

Leben den Instinkt, der sie später außerhalb Galiciens sich zurecht-
finden ließ, ihre Unterscheidungsfähigkeit, und zu diesem Uni-
formierten, zu dem sie hinaufschauen mußte, und da noch hatten
ihre Augen Mühe, sich an dem Gesicht zu halten, ohne verdreht
zu werden, zu dem sagte sie überzeugt und zum drittenmal: Sire!
Und Sire war der Captain, aber das erfuhr sie erst später, da sie an
diesen khaki-farbenen Wesen keine Uniformzeichen unterschei-
den konnte und bisher auch nur Männer mit Gold und Silber auf
den Jacken für höhere Chargen gehalten hatte. Und sie sagte zu
dem Frieden und diesem Mann Sire, und der sah sie an und hörte
ihr zu, mit einer Herablassung, wie sie dem Frieden zukam und die
doch nicht verletzte. Dann konnte sie Atem holen und mit ihrer
Rezitation beginnen.

Sire, this village is yours. Ob das ging? Sie sprach so deutlich, als
stünde sie in der Bank und müsse bis zum Podium gehört werden.
We have no arms. Falsch: Waffen hieß anders, sie sah ihn be-
schwörend an, und We have no Germans and no SS, the people
has left, war das richtig, oder lived? the village, because of fear.
Und Sire und der Frieden, dieser König und der erste Mann in
ihrem Leben, hatten ein Einsehen und verstanden auch noch, als
sie nicht mehr rezitierte. Später ging sie mit dem Captain durch
das Dorf, begleitet von mehreren Soldaten, und das Wunder hielt
an. This is my brother Martin, sagte sie, und der Captain fragte sie,
wenn sie ihn richtig verstand, sie holte ihm mit den Augen die
Worte vom Mund, wo ihr Vater und ihre Mutter seien, und sie
entschloß sich, zuerst die einfachere Frage zu beantworten mit El
Alamein, und damit er nicht denke, sie wisse nicht, daß El Alamein schon weit im Krieg zurücklag, fügte sie hinzu, daß er wahrscheinlich tot sei. Wir vermissen ihn, sagte sie, und meinte, er gelte
als vermißt. Schwieriger war es, die Sache mit der Mutter zu erklären, mit dem Villacher Spital und der Operation, und ob er ihr
helfen könne, zu ihrer Mutter zu fahren und sie zu suchen. Der
ein Meter neunzig lange dürre Frieden sagte, er werde sie im Jeep
nach Villach mitnehmen, nicht sofort, aber morgen oder über-
morgen, denn er hatte noch mehr zu tun, als Mütter in Spitälern
zu suchen, Franza war schon glücklich, daß sie einander verstanden, obwohl das hart war mit dem Englischen. Wochen danach

sagte sie noch immer Sire zu ihm, obwohl er sie ein paarmal auf-
forderte, Percy zu ihm zu sagen, aber das war ihr unmöglich, das
hätte sie nie herausgebracht. Abends, wenn die Großeltern und
Martin schliefen, endlich niemand mehr in der Küche war, zog sie
sich vor dem Spiegel, der über dem Lavoir hing, aus und betrachtete ihren Körper ganz genau, mit Betrübnis, sie rieb mit einem
Lappen die rauhe Haut an den Armen und die Beine, aber sie war
so mager, Haut und Knochen, obwohl sie auf einmal genug zu
essen hatte, aber es setzte so schnell nichts an, es war hoffnungslos,
keine Hüften, nur zwei heraustretende Kugeln an der Stelle und
zwei zu kleine Brüste, und er hatte soviele Knochen, wie würde
das gutgehen, er bestand bestimmt aus lauter losen Knochen und
wurde nur von der Uniform, dem festen Stoff, aufrecht gehalten
und zusammengehalten; in einem Anzug konnte sie ihn sich nicht
vorstellen. Als die Leute schon längst aus den Ziegenhöhlen zurückgekommen waren mit dem Vieh und den Vorräten, war das
bald eine eindeutige Sache für alle, mit Franza und dem Captain
und dem Jeep, in dem Franza nach Villach mitgenommen wurde,
und den Engländern, die die Mutter zurückbrachten, und der
Captain, der mit zur Beerdigung ging, aber für Franza war nicht
einmal etwas zweideutig, denn ihr Sire kam zwar oft und nahm sie
und Martin mit oder blieb eine Stunde im Haus, aber er gab ihr
nicht die Hand und behandelte sie von oben herab, zwar nicht wie
ein Kind, aber auch nicht viel anders, einmal sagte er zu ihr, you
are a strange girl, als sie ihn fest am Ärmel packte im Gang, damit
sie weiter die Augen offenhalten konnte und weiter durch die
Gänge kam, den Gestank, das Gestöhn (im Blut waten, dies Blut-
gericht, fiel ihr ein), aber sie hielt die Augen offen, weil er mit ihr
ging, durch alle Gänge, in denen die Soldaten und die Partisanen
und die verwundeten oder auch bloß kranken Frauen und Männer
lagen, bis zu den gereizten, übermüdeten Ärzten kam sie ⟨mit⟩
ihm, und so zuletzt bis zu der Doktorin, die aus Wien war und
nicht gereizt, und die sich auch erinnerte an eine Frau Ranner und
wie alles gegangen war, und die soviel Verstand hatte, mit Franza
so zu reden, daß auch das auszuhalten war, und dann freundlich in
ihrem guten Englisch mit dem Captain. Franza merkte, die beiden
Großen nahmen schon alles in die Hand, denn die Frau Doktor

Susanne Santner aus Wien war auch groß und vor allem rundlich,
weich rundherum, ganz eingebettet in ein angenehmes Fleisch.
Und den schönsten Frühling lang spielte diese Frau die größte
Rolle in Franzas Gedanken, denn der Captain und Doktor Santner
trafen einander bald wieder, und Franza erriet es schon, ehe sie
von den beiden einmal zum Essen mitgenommen wurde, denn hie
und da nahmen sie das girl mit, das verstand, daß ein so langer
knochiger Mann eine so warme und große Frau brauchte und
nicht eine dürre Spindel, und wenn ihr die Tränen kamen, dann
weil sie froh war, sie liebte die Liebe der beiden, eine große einzigartige Liebe wurde für Franza daraus, und jedenfalls liebte sie
die Liebe von Sire zu der Wienerin und sah ihren Sire immer
forschend an, ob er glücklich und wie glücklich er war, aber man
merkte ihm nichts an, er veränderte sich nicht, strahlte nicht, nur
Franza strahlte. Auf ihr lag der Widerschein, der Captain blieb sich
gleich, kam schlaksig einher und sprach atemringend wie immer,
das kam von Oxford, wie sie von Frau Doktor Santner erfuhr, und
so war auch zu verstehen, warum er anders war als die anderen
Soldaten, die geläufig sprachen und viel lachten und freundlich
waren, aber wie die Kinder, und die sich nach Strapazen hier
erholten bei Spielen, die selbst Franza zu kindisch vorkamen, obwohl sie mitspielte, mit ihnen Radiomusik hörte und sich sogar
ein paar Tanzschritte beibringen ließ. Ihn sah aber Franza immer
zuerst, sie mußte sich nie anstrengen, auch wenn zwanzig Khaki-
Uniformen auf dem Dorfplatz beisammenstanden, nicht nur weil
er soviel größer war und schon ein Captain, aber auch nur einen
Jeep unter vielen fuhr. Einen ganzen Frühling lang war Frieden
und keine Schule und ein Mann, der nie mit ihr lachte und re-
gelmäßig nach ihr sah, aber sie nicht wollte und auch nicht vergewaltigen, daran war gar nicht mehr zu denken. Beim Abschied,
denn er mußte plötzlich nach London zurück und hatte ihr vorher
nichts davon gesagt, und während sie für die Frau Doktor Santner
hätte erschrecken müssen und leiden, erschrak sie aber für sich
selber über London, obwohl er sagte, daß er wiederkommen werde. Sie wußte genau, er würde nie wiederkommen, die Front-
truppen sollten alle durch andere ersetzt werden, das wußte sie
doch auch, warum also sagte er das vom Wiederkommen. Ob er

ihr wenigstens jetzt die Hand? aber da er gleich Anstalten machte, in seinen Jeep zu steigen, als wäre das ein gewöhnliches Wegfahren wie an anderen Tagen, warf sie sich plötzlich wild an ihn und ihre Knochen gegen die seinen, sie wollte die Arme um ihn schlingen, kam aber mit den Fingerspitzen nur knapp bis an seinen Hals und sagte: danke, danke, in beiden Sprachen, und er beugte sich ein wenig herunter und küßte sie, sie küßten einander rasch und einige Male, als könnte der Jeep auf- und davonfahren, allein und ohne ihn, wenn es nicht sehr rasch ging. Damit endete Franzas erste Liebe und sie blieb zurück, in keinem Widerschein, nur benommen, und das ganze Strahlen hörte auf in ihr, sie blieb zurück in der Staubwolke hinter dem Frieden.

Mit diesen vielleicht zehn Küssen, die geheißen haben mochten »danke« oder »bitte« oder daß etwas schlimm war in dem Augenblick, hatte es aber eine besondere Bewandtnis. Denn obwohl es Franzas erste Küsse waren und jahrelang keine mehr darauf folgten, wußte sie, daß das doch keine Küsse waren, darum nannte sie sie die englischen Küsse. Er hatte heftig und mit geschlossenen Lippen ihren geschlossenen Mund berührt, während sie ihren Mund gern geöffnet hätte und nicht diese Küsse wollte, sondern etwas anderes, aber in der Schnelligkeit konnte sie dieses Problem nicht lösen und nicht darauf kommen, was sie wollte, und später sah Franza die verlassene Frau Doktor Santner oft forschend an und mit Bedauern und hoffte, sie sei nicht so englisch geküßt worden. Aber sie sagte nichts zu der Doktorin und fragte auch nicht, ob Briefe von dem Captain kamen, denn für Franza zumindest war es besser, wenn nichts mehr kam danach, wenn es keinen Absender und keine Adresse für Sire gab.

Bei einer der Explorationen, die Jordan mit ihr anstellte, fiel ihr die Frühlingsgeschichte ein, und sie ließ den Frieden weg und das andre, auch den Frühling in Galicien, weil das Jordan natürlich nicht interessierte, sondern nur die Sache mit den ersten Küssen und eine zu erforschende Franziska, da kam im eifrig gehorsamen Beschreiben ein Wort zurück und sie sagte laut, was sie damals nur gedacht hatte. Das waren englische Küsse. Jordan, der ohne Interpretation keinen Satz durchgehen ließ, unterbrach sie, das ist allerdings interessant, was du da sagst, englische Küsse, das ist eine

Fehlleistung, denn du wirst gemeint haben angelische, und sie sagte heftig, nein, aber nein, und er sagte, unterbrich mich bitte nicht immer, und er studierte das kleine Problem und analysierte ihre Küsse, von der sprachlichen Seite her und dann von der Erlebnisseite, und Frieden und Sire fielen nun endgültig unter den Tisch, unbrauchbar. Franza ließ sich, angestrengt zuhörend, analysieren und unterbrach ihn nicht mehr, bis sie ihre englischen Küsse gewogen, zerlegt und pulverisiert, eingeteilt und untergebracht wußte, sie waren nun säuberlich und sterilisiert an den richtigen Platz in ihrem Leben und mit dem richtigen Stellenwert gekommen. Danach sollte eigentlich wirklich nichts mehr geschehen können. Aber auf einem Kongreß in London, der unter dem Patronat Ihrer Majestät der Königin stand, die natürlich nicht da war, aber deren Name auf allen Mitteilungsblättern und Tagesverlaufsplänen obenan stand über einer langen kleingedruckten Liste von Komiteemitgliedern, die gewiß auch mit Psychiatrie nichts zu tun hatten, Damen, Herren, alle adelig, durfte sie einmal mitkommen in einen Club, mit den anderen Damen, Abend zu Ehren der Gäste, der international vertretenen Wissenschaft, mit der sie verheiratet war. In dem Gewirr von Ärzten und Damen und Komiteemitgliedern erkannte sie ihn sofort wieder, er sah nach mehr als fünfzehn Jahren nicht um ein Jahr älter aus, und geirrt hatte sie sich nur insofern, als er doch in einen Anzug paßte oder jedenfalls einen Schneider haben mußte, der dem langen Gerüst eine Eleganz gab, die es in Galicien nicht gehabt hatte, knickbar trotzdem an Stellen, wo andre Körper keine Knicke bekommen konnten. Sie versuchte, in seine Nähe zu kommen, er sprach immer noch atemlos und war nur etwas häßlicher, als sie ihn ins Vergessen hatte fallen lassen. Und das war also Lord Percival Glyde, wenn Jordans englischer Kollege sich da nicht doch irrte, sie mußte noch einmal nachsehen auf der Liste, später, obwohl es noch keine Wichtigkeit hatte. Sie standen immer in einiger Entfernung, wurden näher zueinander- oder weitergeschwemmt von den anderen, und sie hörte, wo sie stand, nie zu, sondern hörte ihm zu, er war sehr höflich und gelassen und sagte immer etwas gänzlich Nichtssagendes, und als er sich an einen Tisch setzte mit jemand, drehte sie ab von einer Gruppe, ging zu dem Tisch und setzte sich neben ihn. Er fragte sie, aus welchem Land sie komme und ob sie zum erstenmal in London sei, und sie sagte, London gefalle ihr sehr, aber sie habe zu wenig gesehen, und nach der vierten Frage und Antwort überlegte sie, ob es den Club erschüttern könne, wenn sie eine Frage stellte, die nicht ganz sinnlos war, und sie fragte, kennen Sie Österreich? Und er war nicht erschüttert, und auch der Club brach nicht zusammen, das war also eine noch durchaus mögliche Frage, die in den Grenzen des Anstands blieb. Er sagte ja, leider zu wenig, einmal in der Oper, Karajan, und sie fragte, und das Land kennen Sie nicht? Er sagte, ja, doch, ein wenig, und jetzt zitterte der Club doch vor Abscheu wegen seiner Direktheit, kurz nach dem Krieg, bei Kriegsende mit der Armee, und vor einer weiteren Direktheit errettete ihn eine Dame, die erfreut war, ihn wiederzusehen. Franza verstummte. Sie ließ sich von dem Diener das gleiche Getränk bringen, das er trank, Whisky, und sie sagte in seinem Tonfall, aber nur mit Wasser. Und bitte kein Eis. Es war Zeit zu gehen, und beim Weggehen mußte er jemand anderen etwas fragen und etwas antworten, und so nahm sie Jordans Arm und sagte, sie sei wahnsinnig müde, und für ihn sei das sicher auch schon zuviel, diese ewigen Parties, und dann unterhielten sie sich in einem gar nicht nebligen London über die Leute und die Vorträge, und Jordan unterteilte und zerlegte den Londoner Kongreß und die mageren Ergebnisse, während sie an seinem Arm ging, angelisch, und überlegte, ob sie anrufen solle und zu ihm gehen, denn jetzt hatte sie einen Körper, und den war sie ihm noch schuldig, ihm ja nicht, aber Sire, und dann lachte sie, weil kein Percival Glyde und kein ehemaliger Captain in einer Armee sie verstehen würde, und Jordan hatte das Glück, in diesem Augenblick etwas Witziges gesagt zu haben, so daß er ihr Lachen darauf bezog, denn hätte er gewußt, so würde er – ja, was? eine kleine Theorie würde ihm in federleichte Trümmer gehen. Denn es war ein zu weiter und langer Weg vom Frieden bis mitten in den Frieden hinein, und mitten im Frieden konnte man nichts mehr tun, ihm keinen Preis mehr geben und sich nicht mehr verneigen vor ihm, denn niemand bemerkte ihn jetzt mehr, er war gestaltlos geworden. Und niemand stand mehr an einem Straßenrand, irgendwo in Europa, und meinte umzusinken vor Erschütterung, oder immer so ste-

henbleiben zu müssen in einer Staubwolke. Die vier Panzer roll-
ten. Dann waren sie nicht mehr zu sehen.

Jemand wie Franza, so ein Fossil, das mußte ja leben in der Magie
und in Bedeutungen. Martin kannte keine Magie, ihm war schon
eher zumute wie dem Maler, der gesagt hatte, ehe er ein Bild von
einer Landschaft male (als unreduzierbare magische Bilder von den
andren apostrophiert), müsse er ihre geologische Schichtung kennen. Das konnte sich hören lassen. Und ehe Martin von seiner
Schwester etwas wissen mochte und zu einem Bild kam, wollte er
herausfinden, wie sie auf ihrem Boden beschaffen war, nein, mehr
als das, denn den Boden kannte er noch einigermaßen, aber was
sich dann überlagert und verschoben hatte, was gewandert war,
sich gefaltet hatte und was Mächtigkeiten erreichte von solchen
Höhen. Schöne Worte hatten sie in der Geologie. Mächtigkeit.
Und welche Einschlüsse waren da noch in ihrer Person. Warum
war etwas mit ihr geschehen, und wodurch konnte sie so zerstört
werden? Fragen allgemeinerer Natur hatte er sich früher nur in
seinem Gebiet gestellt, wenn er nicht mehr strikt an die Arbeit und
die Termine dachte und sich ausruhte auf einer Almwiese, seine
Brote aß, frühen Schnee witterte oder über Regenzeiten wetterte,
die ihn dran hindern würden, weiterzumachen. Dort, ob der Enns,
wie er das Gebiet oft höhnisch genannt hatte, weil er seiner oft
überdrüssig wurde, hatte er über die Gesteinsgesellschaften nach-
gedacht. Gesteinsgruppen, durch scheinbare Übergänge gestört.
Und heute noch fielen ihm einige Sätze ein, die er dann nieder-
geschrieben hatte als knappe Schlußfolgerungen seiner Untersuchungen.

»Es muß jedoch bedacht werden, daß beide Gesteinsgruppen
eine letzte Metamorphose erlitten (erlitten!) haben und ebenso
eine mechanische Durchbewegung während der Überschiebungstektonik.« Ob sich das auf Menschen anwenden ließ? »Eine morphologisch auffallende Quarzitgruppe erwies sich als eingeschuppte Rannachserie.« RANNERSERIE. Rannerserien würde es nun keine
mehr geben. Denn die letzten aus der Serie saßen da in Galicien
und konnten sich nicht einmal die Stichworte geben — einmal,
weil im schönsten Frühling der Altersunterschied zwischen ihnen

zu groß gewesen war, und später, als der nicht mehr ins Gewicht
fallen konnte, war eine Kluft zwischen ihnen durch die Interessen,
das Milieu, die Gesellschaft, viele Bakterienherde, und jetzt, da
man alle Unterschiede für ungültig erklären hätte können, jetzt lag
das zwischen ihnen – eine Krankheit, von der der Befund noch
nicht erhoben war, ein Geheimnis gleich Krankheit. Was hatten
die bloß mit ihr gemacht? Und welche Mächtigkeit hatte das
schon in ihr erreicht?

Fundorte für die Schliffe von Franza gab es nur wenige. Am
meisten erschreckt hatten ihn in Wien diese Altarblicke von ihr,
etwas, das ihn an Schuheputzen denken ließ. Wahrscheinlich hatte
zwar Frau Rosi die Schuhe des Fossils geputzt, aber was Franza
dort in Hietzing getrieben hatte, war ärger gewesen, und nicht
einmal die Nemec hatte sich je so zu ihm oder einem Fotografen,
der sie entdeckt hatte, heruntergewürdigt wie Franza, die immer
mit einem Gebet auf den Lippen herumging und aufging in einem
Bedeutungskram, der sie nichts anging. Da er nur diese Anhalts-
punkte hatte, fielen ihm immer wieder die Gespensterabende in
Wien ein, wo sie wie ein aufgezogener Kreisel abgelaufen war,
von dem Fossil dafür mit einem Schulterschlag bedacht, herzhaft,
scherzhaft, mit einem Lachen, das vor den anderen etwas heißen
sollte, etwa wie gut es ihnen beiden ging oder daß Franza ihm
gehörte. Aber auch allein mit ihr, in einem Kaffeehaus, wenn sie
sich für eine Stunde trafen, da kam nicht sie, sondern ein Gerank
zum Vorschein, da mußte er erfahren, ob er wollte oder nicht, was
ihr großartiges Fossil – »mein geliebter Leo«, jetzt fiel's ihm ein, er
hätte sich an den Kopf schlagen mögen. Jordan hieß doch Leopold, der Brief war also an ihn gerichtet gewesen. Was mußte
Franza ihrem Leo schreiben, wenn sie doch ständig bei ihm war
und sich um ihn rankte. Minister B. war jetzt auch sein Patient,
und dann würde er das Verdienstkreuz erster Klasse bekommen,
natürlich mache er sich nichts aus einem Orden, er werde sicher
zu einer dieser unsäglich blöden Feiern im Palais Pálffy müssen,
das Übliche, aber sie rankte sich um den Orden, und dann müßten
sie zu einem Kongreß nach London und im Herbst noch nach
Buenos Aires, aber aus Buenos Aires war wohl nichts geworden,
weil er davon nie mehr etwas gehört hatte, und es war jedenfalls

diese große Verantwortung. Du weißt, er hat eine Riesenverant-
wortung, Martin, und sie legte hie und da eine Sorgenfalte ein,
weil es diese belastende Verstimmung zwischen Jordan und Frankl
einerseits und Jordan und Hoff andrerseits gab, und er sah, daß sie
vor lauter Kummer über die Verstimmungen den Zucker im Kaffee minutenlang umrührte. Von ihm aus konnte das Fossil aus
Ehrgeiz Verstimmungen hervorrufen und beim verantwortungs-
vollen Gebrauch seiner Ellenbogen anecken, aber warum sollte
Franza darunter leiden, die nie jemand verstimmt hatte und sich
niemand in den Weg stellte, nun ja, ihn, ihn hatte sie oft verstimmt, aber das war etwas anderes, und warum mußte seine Franza für andre ihren Kaffee kalt werden lassen. So war es doch immer gewesen, wenn sie einander getroffen hatten, und das hätte er
ihr gern einmal gesagt, seiner hochmütigen Schweigerin, seiner
totenblassen, und dazu, daß er in der ersten Zeit, aus Trotz,
manchmal zu den Vorlesungen von Frankl und Hoff gegangen
war, als hätte das Fossil einen Schaden davon oder einen Ärger,
obwohl ihm das bloß Zeit wegnahm, und diese irrationalen Trotz-
handlungen gegen seinen Schwager, dem er als Zwanzigjähriger
seine gründliche Ablehnung nicht anders zu demonstrieren wußte,
kamen ihm später lächerlich vor, besonders als er dann schon ins
Gebirg geschickt wurde und in der Hitze zwischen Himbeerstau-
den und Schlangen seine Distanz zu Wien und seiner Schwester
und dem Fossil fand. Er hatte seine Steine und die Erdzeitalter,
und Franza hatte eben ein Leben an der Seite von jemand, das sie
ihm bewies damit, daß sie den Kaffee kalt werden ließ, und sie
konnte nicht gut erwarten, daß er dieses an der Seite seinerseits
noch einmal an ihrer Seite mitmachte; dann lieber die Alpenfal-
tung und das Gebiet, den Serpentin und den Grünschiefer, Horn-
blende und Granit. Da biß er lieber auf Granit.

Oh, Franza, wie kann man mit einem altwindischen Kopf, dem
Gesicht der Nona nachgeschnitten, so hereinfallen!

Sie waren viel im Haus, denn sie lag meistens, aber nie mehr so
stumm wie in den ersten Tagen, es erleichterte ihn auch, wenn sie
stöhnte und sich gehen ließ und schrie, geh nicht fort, bleib da,
halt mich. Geh nicht fort. Über den Betten in der sonst kahlen
schmalen Kammer hingen die zwei zu großen alten Fotos, verse-

hen mit breiten Holzrahmen, als handle es sich um Gemälde aus
Schönbrunn. Die fotografierte Nona hing über seinem Bett,
Hochzeitsbild, wie es keine mehr geben würde, achtzehnjährig,
aber für ihn älter aussehend als die dreiunddreißigjährige Franza,
die auf dem Strohsack lag. Nur: die Nona war ungedemütigt, sah
hinüber zu dem Bild des Neni, aber doch vorbei an ihm, der mit
seinem Schnurrbart vertrauensvoll dem Tod des Kaisers und dem
aller seiner Kinder und einer sechzig Jahre später eintreffenden
Lungenentzündung entgegensah, auch er ungedemütigt und an-
gegriffen nur von dem Gegenüberbild, das seine Kriegserklärung
schon im Gesicht geschrieben trug, für einen stummen Ehekrieg,
der unentschieden enden sollte und aus dem jeder als Sieger her-
vorging. Das waren noch Unbesiegte, die beiden da oben, und
Franza sagte, ohne Humor, dieser Ansicht sei sie auch.

Warst du in so einem Krieg? fragte Martin belustigt. Nein, sagte
Franza, ich nicht. Sie hatte wirklich keinen Humor. Warst du denn
nicht verheiratet? Er konnte es nicht lassen. Aber Franza sagte,
nein, ich nicht. Wirklich nicht. Er hatte Franza bald nicht nur zum
Gehen und Stehen gebracht und zum Reden, zum Darüberhin-
wegreden jedenfalls, sondern er entdeckte, daß sie sich ablenken
ließ und manchmal sogar gegen das Übel ankam, wenn er mit ihr
sprach. Sie benutzte ihn wie einen Sauerstoffapparat, sie hörte begierig zu, sie erzählte auch selber ein wenig, aber nur, damit etwas
im Gang blieb, damit er sie beatmete und nicht müde wurde, sie
verlangte auch lebhaft zu wissen, was er getan habe »ob der Enns«
und in all den Jahren.

(Jetzt tu doch nicht so, als ob du dich je dafür interessiert hättest! also tu nicht so...)

Aber dann erzählte er ihr doch etwas, er wußte, er mußte etwas
einwerfen in sie, damit sie weiter funktionierte, nicht grad eine
Münze, aber ein Stück von seiner Arbeit, einen Gedanken, damit
sie sich mit etwas befassen konnte. Dauernd mußte sie sich mit
etwas befassen, sogar mit der Nemec, sogar mit Karin, mit Fanny
und seinen Ausflügen in die Wachau, er bescherte ihr seine Af-
fairen wie Spielzeuge, mit jedem Spielzeug gab sie sich eine halbe
Stunde ab und wollte dann ein neues, und er gab ihr so viele, wie
er nur konnte. In jedem andren Fall wäre es ihm schäbig vorge-

kommen, von der Nemec so zu reden oder gar von Fanny, aber dieses Preisgeben hier, das war etwas anderes, sie brauchte das, damit wieder ein Stück Zeit hinter ihr zuwuchs und sie trennte von der Zeit, über die sie nicht sprach, sie brauchte ja sogar die Geologie. Nur von der Reise sprach sie noch immer nicht, das war wie mit der Jordanischen Zeit, als wollte sie beide Zeiten schützen, die Vergangenheit und die Zukunft.

Am letzten Tag suchte Martin noch einmal einen Ausweg, denn er wollte, je näher die Abreisestunde rückte, desto weniger mit ihr fahren. Wenn sie nicht nach Wien konnte oder wollte, dann gab es schließlich noch andere Länder, es mußte in der Schweiz Kliniken geben, und Schweizer Ärzte und Schweizer Kliniken, das wurde zu einem stundenlangen sauberen, weißen verantwortbaren Leitmotiv, aber falls ihr die Schweiz noch zu nah war oder noch in Jordans Machtbereich, dann gab es ja noch die Mayoklinik, und dieser Gedanke faszinierte ihn vollends, denn er hatte erst unlängst von jemand darüber gehört, aber leider nicht genau zugehört, daß das etwas Einzigartiges und Bestes auf der Welt war, und man mußte Franza vielleicht dort zum Eingang hineinschieben, und sie würde auf einem Fließband auf der anderen Seite gesund herauskommen – ein dermaßen fortschrittliches Verfahren sollte in dieser Klinik praktiziert werden. Doch dann fiel ihm schon wieder ein, daß ein Wort wie Mayo nicht nur einen fabelhaften Klang hatte, es war auch mit fabelhaften Preisen verbunden, nicht zu vergessen die Reisekosten, aber das mußte zu überwinden sein, für ein Leben war doch nichts – wirklich nicht? zu teuer. Wenn er sich da nur nichts einbildete, denn es gab sicher Hunderttausende, die in die Mayoklinik sollten, und vielleicht hatten zwei Prozent die Chance hineinzukommen. Darüber würde er mit Alda zumindest telefonieren müssen, denn einen Namen wie Mayo und eine derartige Möglichkeit verwarf man nicht ohne weiteres, wenn er einem schon eingefallen war. Und in einer Mayoklinik konnte auch eine Mrs. Jordan nicht auffallen, und kein Teufel würde sich dort drum kümmern, woher eine Europäerin mit Scheintod kam. Außerdem konnte sie sich dort vielleicht Mrs. Smith nennen. Die legten doch keinen Wert auf Namen. Oder es mit ihrem gefälschten Paß probieren, seit die Einreise in die Staaten nicht mehr so schwierig war.

Am Abend wurde Martin noch sehr fröhlich, obwohl die Mayoklinik auch davonschwamm, weil Franza ihren Koffer packte und damit zu verstehen gab, daß sie sehr wohl wisse, daß dies der letzte Abend in Galicien war und sie sehr wohl imstande sei, sich ihres Entschlusses zu erinnern. Er war fröhlich, weil der gefährliche Abschnitt Galicien zu Ende ging und er zu tun bekam, er liebte es, mit Sorgfalt und Überlegung zu packen, während Franza, wenn er hinsah und recht sah, ihren Koffer vollstopfte, als handle es sich um einen Seesack, und zwischendurch ließ sie sich einfallen, was alles sie in Genua noch kaufen müsse, denn Kleider waren zwar da, sogar die richtigen, denn Martin hatte in Wien die Sommerkleider erwischt, aber Wäsche und ein Badeanzug und Sandalen, so daß ⟨er⟩ anfing schwarzzusehen wegen Genua. Er stellte die Apotheke zusammen und überprüfte sie, und um Franza zu beschäftigen, wollte er sie anstellen, denn davon mußte sie doch etwas verstehen, aber es stellte sich heraus, daß sie auch davon nichts verstand, weil von Magen und Darm und von Gelbfieber bis Malaria in ihrer Welt nichts vorgekommen war, nur die Psyche der Weißen, die offenbar bedrohter war, als er es sich vorstellen konnte oder nur, wenn er sie ansah, und so überließ er ihr scheinbar die Nachkontrolle dieses Gepäckstücks und lobte sie, weil sie eine Mullbinde als Mullbinde erkannte. Dann sagte sie, sie wolle noch einmal spazieren gehen, etwas frische Luft, und es sei ihr doch nicht geheuer, von hier wegzumüssen, nur ein paar Schritte, und nach einigen Bemerkungen fragte ⟨er⟩ sie, traust du es dir zu, allein, und sie sagte, ja doch. Er packte noch einmal seinen Bücherkoffer um, noch immer nicht befriedigt von der Anordnung, weil nicht alles oben lag, was oben liegen sollte, greifbar. Er setzte sich, nachdem alles getan war, vors Haus auf die Bank und rauchte, fühlte sich ordentlich und bereit wie sein Gepäck, stand dann aus Langeweile auf und ging bis zur Zündhölzelbrücke, hier mußte sie ihm sicher bald entgegenkommen, weil sie einen andren Weg kaum genommen hatte. Dann fiel ihm ein, daß sie zum erstenmal allein weggegangen war, seit sie in Galicien waren. Er fing ihren Namen zu rufen an, aber hier war das Wasser zu laut, er hörte sich nur selber rufen, aber seinen Ruf konnte niemand hören. Er rannte ans Brückenende und schlug den Weg, wie in der ersten Nacht, ein, der Gail entlang, rief immer wieder ihren Namen, blieb stehen, rief, lief weiter, gegen Tschinowitz, bis er auf das Motorrad stieß, das den Scheinwerfer anhatte, obwohl es erst dämmrig war und noch nicht dunkel, ein Mann stand neben dem Vehikel und schaute zum Fluß hinunter, stellte den Ständer von seinem Motorrad fest. Die Frau da unten geht ins Wasser, keuchte der Mann mit einer Genugtuung, als wäre er endlich einmal zu einem Ereignis zurechtgekommen, zu einem Hausbrand oder einem Autounglück, und Martin lief mit dem Mann hinunter zu der steinigen Böschung, aber der Mann war schneller und ließ sich schon in den Fluß hineingleiten, als Martin ausrutschte und nach Halt suchte, er trat mit einem Fuß gegen einen Abfallhaufen, der sich in Bewegung setzte, kam erst in die Höhe, als der Mann Franza schon ans Ufer zurückgebracht hatte, die überhaupt nicht untergegangen war, sondern nur hineingegangen ins Wasser, anders konnte man das nicht nennen und von hier aus auch nicht tun, denn es war nichts mit In-den-Fluß-Springen, hier waren keine Seinebrücken und nichts, was sich zu dramatischen Stürzen eignete, und Franza war auch nicht leblos und keine Wasserleiche, sondern schien nicht einmal zu frieren, nur der Mann fror, den schüttelte es, und als sie zu dritt hinaufstiegen zum Weg, sagte Franza immer wieder, verzeih mir, bitte verzeih mir doch, weil Martin kein Wort sagte, und dann standen sie neben dem Motorrad mit dem triefenden Mann und entschuldigten sich beide abwechselnd und gleichzeitig bei ihm, der davon nicht trockener wurde und erst jetzt auf die Idee kam, daß die beiden ihm etwas schuldig waren, und so deutete er auf seinen unübersehbar nassen Anzug und sagte etwas von Verkälten und Verkühlen und Schnaps, und wie er so nach Müllnern fahren solle. So fuhr, nach verlegenen Verhandlungen, der Mann mit Franza auf dem Rücksitz nach Galicien zurück, und Martin ging zu Fuß nach Hause. Der letzte Abend wurde von der Katze gefressen wie der Vogel, der am Morgen singt, sie saßen mit dem Mann beisammen, der also aus Müllnern war, Martins letzte Steinhägerflasche austrank und sich selten so wohl gefühlt haben mußte, besonders nachdem er sich umgezogen hatte und Martins fast neuer Winteranzug ihm geschenkt und beinahe passend zugefallen war, die Hosen würde er sich kürzen lassen, und den Mund würde er auch halten, Martin fürchtete nur, er würde mit dem Vehikel jetzt nicht nach Müllnern fahren können, aber da kannten sie den Mann aus Müllnern schlecht, dem machte eine Flasche Schnaps nichts aus, und der konnte im größten Rausch noch gerade auf einer weißen Linie fahren. Und im Zweifel, ob er recht dran tat, ihn fahren zu lassen, ließ ihn Martin nach Mitternacht doch ziehen, einen landkundigen, gegendkundigen, schnapsfesten Retter, der leicht schwankte, aber sowie er das Motorrad zwischen die Schenkel geklemmt hatte, wieder wie ein Wildwestreiter wirkte, den sein Pferd noch immer an den richtigen Ort gebracht hatte.

Sie gingen beide sofort schlafen, ohne sich auch nur gute Nacht zu sagen. Denn wenn Franza nicht wegsah, sah Martin weg, er konnte sie nicht fragen: warum? Warum hatte sie das getan, ihm angetan, warum ihm das, und an dem letzten Abend mußte er mit einem Motorradfahrer aus Müllnern, das war wirklich, dafür fand er keine Worte. Er drehte das Licht aus, und Franza ließ es ihn ohne Widerspruch ausdrehen, sie bestand nicht mehr darauf, daß es die ganze Nacht brenne, und sie schlief vor ihm ein, er hörte noch auf ihre Atemzüge, mit lauter mechanisch gedachten Warums im Kopf, und weil das zu nichts führte, drehte er sich geräuschvoll zur Wand und schaltete sein Denken ab wie vorher das Licht.

Tags darauf, sehr zeitig, brachte ein Lieferwagen von Tschinowitz sie nach Villach, und auf der Fahrt murmelte Franza etwas von Schnupfen, das wäre nicht nötig gewesen, da sie schon mit dem zweiten Taschentuch hantierte. Er ließ vor einer Apotheke am Hauptplatz halten und kaufte Privin und Aspirin und noch etwas mit ycin, das die Apothekerin ihm empfohlen hatte, und warf die Medikamente Franza mit einer ironischen Grimasse auf den Schoß. Auf die Gail und Galicien hatten sie beide keinen Blick zurückgeworfen, vor lauter Stummsein gegeneinander. Auf dem Bahnhof kauften sie Zeitungen und lasen im Stehen Nachrichten, als käme es jetzt darauf an, noch zu wissen, was der Gewerkschaftsbund in Wien und der amerikanische Präsident und der Gesangsverein von Federaun und der Straßenbahnerstreik und der Molkereiverband und der neue Sommerfahrplan für Omni-

busse und die Filmindustrie und das Theater in der Josefstadt und
noch ein Start auf Cape Kennedy und ein Flugzeugabsturz in Bei-
rut. Martin wäre es lieber gewesen, wenn nur in seiner Zeitung
und nicht in der, die Franza las, von dem Flugzeugabsturz und da,
oh Gott, auch noch von einem Schiffsuntergang, wenn auch in
der Nordsee, berichtet worden wäre, aber als der Zug einfuhr,
bemerkte er, während sie ihr Blatt zufaltete, das Wort Wirtschaftsteil oben auf der Seite, in die sie die ganze Zeit vertieft war, und
Franza las also einen Wirtschaftsteil, darauf wäre er nie gekommen, und er mußte auflachen, der ganze Druck in ihm löste sich
wegen dieses Wirtschaftsteils. Franza sah ihn unsicher und erleichtert an, obwohl sie keine Ahnung hatte, warum er lachte, aber so
war wohl alles gut zwischen ihnen, und sie kletterte auf den Zug
und nahm die Koffer, die er ihr hinaufreichte, während er noch
immer lachte, sie klemmte sich immer mehr zwischen die Ge-
päckstücke ein, die er ihr zuschob, dann hatte er gerade noch Platz
und zog die Tür hinter sich zu, als könnten so der Fluß und der
Abend und Galicien nicht mitfahren.

Vor der Grenzstation, als alle Koffer in den Netzen lagen, fragte
Martin sie, ob sie sich noch an den Satz erinnern könne aus dem
Buch, nein, dem Gedicht. Sie sah ihn kurz an, als müßte sie scharf
nachdenken oder als könnte sie nicht so rasch darauf kommen, was
er meinte, und während sie schon wieder diesen Wirtschaftsteil
aufschlug und nach dem Erdölartikel suchte (das Erdöl ihm zuliebe, weil er über Erdöl? – auch eine offene Frage), sagte sie, eine
Betonung vermeidend und sehr entfernt von der jungen rezitie-
renden, überschwenglichen Franza: Unter hundert. Sie blieb stek-
ken und strich den Wirtschaftsteil glatt, unter hundert Brüdern. Ja,
soviel weiß ich auch noch, sagte Martin ungeduldig.

Unter hundert Brüdern dieser eine. Und er aß ihr Herz.

Nun, und?

Und sie das seine.

Das wollte ich nur wissen, sagte Martin, ich konnte mich nicht
mehr ganz daran erinnern. Er nahm ihr die Zeitung weg und gab
ihr die seine. Nun lies du eben die meine, ich lese die deine. Und
er wollte wieder lachen wie beim Einsteigen, aber sie las und sah
unzugänglich aus. So fing er auch wieder zu lesen an. Die Zoll-

kontrolle und die Paßkontrolle konnten jede Minute kommen, und Martin, der, zumindest Gendarmen, Grenzern, Beamten und Polizei gegenüber, sich nie sehr stark gefühlt und eher Unmuts- als Mutgefühle für sie aufbrachte, nahm seufzend ihren Paß und tat ihn mit dem seinen zusammen, als handle es sich um den seiner Frau, zwei Rannerpässe, und hoffte, es möge nichts geschehen, das Zeitungslesen möge überzeugend wirken, und diese Schwester oder diese Frau möge ihm jetzt nicht durch einen Paßbeamten abhanden kommen. Franza wurde beweglich, als der erste Beamte kam, sie griff hinüber nach Martins Zigarettenpaket, zündete sich eine Zigarette an, obwohl sie sonst kaum rauchte, legte die Beine übereinander, räkelte sich und schaute bald schamlos freundlich die Kontrolleure an, bald interessiert zum Fenster hinaus, und Martin, der nicht nur über keine schauspielerischen Talente verfügte, sondern die auch haßte, ließ das Grenzzeremoniell mit unverhohlener Bitterkeit über sich ergehen, mit einem beinahe verräterischen Gesicht vor Unbehagen, und als der Zug endlich aus Tarvis hinausfuhr, hätte er Franza am liebsten geohrfeigt oder aus dem Zug geworfen und unter Rädern zermalmt gesehen, aber nicht hier in diesem Abteil, ihm gegenüber mit zärtlichen Augen und kleinen Sätzen, macht es dir etwas aus, mein Lieber, und bitte, kannst du das Fenster einen kleinen Spalt, danke. Sie wirkte fast zerstreut und tat, als wären sie ein Leben lang miteinander über Grenzen gefahren, mit einem Papier, das nicht stimmte.

Jordanische Zeit *(Arbeitsphase 2)*

Jordanische Zeit

Jordan reibt sich an seinen Gegnern, entdeckte Franza nicht, daß er alle als Gegner sah.

Martin beschloß bei der Abreise in Genua, immer an diese Abreise zu denken. Das war diese furchtbare Abreise in Genua, würde er sich noch oft sagen, und er irrte sich, denn er ⟨wies⟩ später diesen Stunden nicht ⟨einen⟩ besonderen Platz an in der Erinnerung.

Warum bist du denn nicht weggegangen, fragte er Franza. Ich verstehe das nicht. Du hättest doch bloß einen Koffer packen müssen in den ersten Wochen, du hättest mich anrufen können, du hättest doch gehen können. Ich verstehe dich nicht.

Es kann doch nicht jeder Augenblick so schrecklich gewesen sein, daß du sagst, du könnest an keinen denken, ohne an jeder Stelle der Vergangenheit zu schreien oder zittern anzufangen.

Weil es damals nicht so schrecklich war. Da wußte ich noch nicht, was er mit mir vorhatte.

Es ist nur schwer zu erzählen. Ach, jetzt ist wieder die Luft weg, sie lachte, ihr Atem ging pfeifend, sie starrte auf ihre Hände, wo sich Blasen gebildet hatten, ich häute mich, sagte sie, siehst du, es wird alles besser, ich bekomme eine neue Haut. Ich bin sicher, daß es nicht ansteckend ist. Graust dir vor mir.

Aber was, sagte Martin und probierte noch einmal den Riegel. Er war so erschöpft und atmete auch schwer in der Kabine, in der verbrauchten Luft und schenkte zwei Gläser voll Mineralwasser. Wie findest du das Schiff?

Jeder Augenblick, den ich mit ihm gelebt habe, kommt mir wie eine Schande vor, jeder, sagte sie, das darf doch nicht wahr sein. Was für eine Schande.

Das ist doch keine Schande, mit einem Schwein gelebt zu haben, sagte Martin kurz.

Das sagst du, weil du nicht weißt, was das heißt. Erst jetzt habe ich mich nach den anderen Frauen gefragt und warum die alle lautlos verschwunden sind, warum die eine nicht mehr aus dem Haus geht, warum die andere den Gashahn aufgedreht hat, und jetzt bin ich die dritte, mit diesem Namen, die dritte gewesen, verbesserte sie sich, gewesen. Es ist, als ob über der ganzen Zeit, die im Dunkeln gelegen ist, ein Scheinwerfer anginge, alles liegt da, nackt, gräßlich, unübersehbar, nicht zu übersehende Indizien, und wie bereitwillig habe ich geglaubt, sie seien dumm, verständnislos, defekt gewesen, nichtswürdige Kreaturen, die sich mit einem Abgang ins Schweigen selbst bestraften für ihr Scheitern an einer höheren Moral, an einer Instanz, einem Maßstab, den ich zu dem meinen machen wollte. Ich fühlte mich noch erhoben, geschmeichelt, daß ich vielleicht den Ritterschlag mir verdienen könnte, erdienen mit Bemühen und Mitarbeit und Preisgabe meiner Gedanken, die sich erst zu bilden gehabt hätten. Ich hing mich mit meinen halbwüchsigen Gedanken, mit meinem Überschwang an seine Gedankenleitung, unvorsichtig, ich hätte mich auch an eine Starkstromleitung werfen können, das wäre rascher und glimpflicher verlaufen, ein elektrischer Unfall, Totalschaden mit Verbrennungen, es wäre nicht schlimmer gewesen.

Was andre Mädchen auch wollen, ich muß wohl getrieben gewesen sein, ins letzte Zimmer zu schauen, die Blaubartehe, auf das letzte Zimmer neugierig, auf geheimnisvolle Weise und zu geheimnisvollen Zwecken getötet zu werden und mich zutodzurätseln an der einzigen Figur, die für mich nicht durchschaubar war.

Warum bin ich so gehaßt worden? Nein, nicht ich, das andere in mir, alle Erklärungen stellen sich ein, und du wirst sie sofort haben, wenn ich dir drei Geschichten erzähle, aber ich habe sie nicht. Ich habe keinen Sinn zu finden, für ein Würgmal am Hals, für meine Zerblätterung, ich bin ganz zerblättert, von einem diabolischen Versuch. Ah, warum hat er mich nicht getötet, ⟨was⟩ für eine ⟨Gerichtsbarkeit⟩.

Ich weiß nicht, warum ich in diesen Tagen mit soviel Leuten zusammenkam, die alle etwas wußten, jeder etwas anderes, lauter sich widersprechende Dinge, jeder Satz eine Mine, auf die ich trat.

Alda sagte, sie bedaure sehr, daß es Leo so schlecht ginge, ich
wußte weder, daß es ihm schlecht ging, er pfiff zuhause und spielte seine Tonbänder ab, als freute er sich diebisch auf etwas. Worauf? Daß es mir schlecht ging, wußte sie nicht, ich schwieg und
versuchte, dahinter zu kommen.

Er hatte mit ihr gesprochen, am Ende sagte ⟨sie⟩, sie wollte ganz
allgemein sein, eine Scheidung sei immer etwas sehr Belastendes.
Sehr belastend sicher für beide Teile. Ich starrte sie an und ging
dann, ich stand auf der Straße und da war der Schmerz, dieser
seltsame Schmerz. Ich dachte, ich hätte die Grippe noch nicht
überstanden, ich mußte mich sofort hinlegen und ein paar Grip-
petabletten nehmen, das war es, aber am Abend kam er nachhause
und sagte, so, die Gnädige liegt im Bett und liest, ich stand auf und
schleppte mich in der Wohnung herum, ich las die Korrekturfah-
nen und machte das Kouvert fertig, der Umbruch war gekommen,
den nahm ich nach dem Essen vor, und da sah ich, daß bei dem
Dank an die Mitarbeiter, an Riedel und Prohaska und Emmi mein
Name fehlte, es war nicht eigentlich das Fehlen des Namens, das
ich bedauerte, nein, es war ein Signal für etwas anderes. Er wollte
mich auslöschen, mein Name sollte verschwinden, damit ich danach wirklich verschwunden sein konnte. Und dann traf mich das
noch einmal tiefer, denn wenn auch jeder Name überflüssig war
und nicht mehr bedeuten konnte als eine Unterschrift, damit die
Richtigkeit nachprüfbar war, damit jeder haftbar war, so war es
doch alles gewesen, was ich je sichtbar getan hatte, wofür ich
außer für ihn gearbeitet hatte. Das hatte mich gehalten einige Jahre, hatte mich am Leben erhalten, meinen Eifer, meine Überzeu-
gungen. Ich nahm das vordere Paket von dem Umbruch und
brachte es ihm und sagte, ohne mir etwas anmerken zu lassen, du
mußt einiges selber überprüfen, übrigens auch das Vorwort. Nach
einer Stunde brachte er mir die Blätter ins Wohnzimmer zurück
und sagte, es ist in Ordnung, ich schlug sofort die Seite des Vor-
worts auf und sah sie unverändert wieder. Dann sah ich ihn an.

Ja, ich habe ihn nur angesehen, und dann ging mir auf, was seine
Strategie war, er war ein großer Stratege, das vor allem. Er lächelte
und sagte, nun könnten wir uns einen kleinen Whisky gönnen, es

sei ja nun bald so weit. Er schenkte mir ein Glas ein und brachte es
mir, ich ließ meine Augen nicht von ihm, und dann wußte ich,
daß es mir nie gelingen würde, ihn zu stellen, ihm etwas zu sagen,
prosit, sagte er, das waren harte Zeiten. Ich hob mein Glas und
dann wußte ich, daß er genau wußte, er wußte, was in mir vorging, und er genoß es, ich sagte unvermittelt, ich sei bei Alda
gewesen. So, was macht denn unsre Ewigmuntere? Ich sagte, sie
sei nicht so munter gewesen, sie mache sich Sorgen. Sicher wieder
über andere, das macht sie so ewigmunter, findest du nicht. Ja, ich
dachte, ich ersticke an dem Whisky, plötzlich stand ich auf und
merkte, daß meine Zähne leicht gegeneinanderklapperten, ich
konnte nicht mehr weiterreden, ich wollte aus dem Zimmer kommen, bevor er es merkte.

Er lachte, schmollte, hielt mich zurück. Deine Grippe kommt
dir ja immer sehr zustatten, wenn du mir einen Abend verderben
willst. Hast du Fieber. Ich schüttelte den Kopf. Du läßt dich gehen, sagte er langsam, findest du nicht. Wie du aussiehst, fahr dir
doch nicht mit den Fingern dauernd durchs Haar, halt dich etwas
besser, oder hältst du Krummgehen für attraktiv. Was? Was? Franziskalein in Tränen. Nun haben wir ⟨es⟩ wieder. Ein erfreulicher
Abend. Sehr erfreulich. Nach einer Stunde hörte ich ihn schreien,
ich hielt mir den Kopf und er schrie, jetzt war es wieder so weit,
ich angeleimt auf dem Sessel, bewegungslos, und die Sätze pras-
selten auf mich nieder, ich wußte nicht mehr, was er überhaupt
wollte, wovon er redete, aber immer, wenn ich so weit war, daß
ich hätte abschalten können, kam ein neuer Hieb, ein ausgewähl-
ter Satz, der in meinen Kopf fuhr.

Damals sagte ich doch etwas, einmal in der Nacht: ich denke
anders, ich denke nicht wie du, obwohl ich wußte, daß es jetzt
keinen Zusammenhang ergab, aber das war in mir zusammen-
gelaufen, dieser hilflose Satz, mit dem ich plötzlich auf mir bestehen wollte. Ausgezeichnet, sagte er, dann einmal los, dann wollen wir uns das einmal anhören, was du denkst.

So nicht, sagte ich, ich meine, in allem ganz anders. Ja, ganz
anders. So wie ⟨man⟩ anders geht oder atmet oder handelt.

Ah, der Feind im eigenen Haus. Nun sag schon, was du von mir
denkst. Vielleicht schwebt dir der Edelmann mit der multiplen

Sklerose vor, ich kann leider nichts dafür, keine zu haben. Das verlangst du wohl von mir. Mit einer Em Es kann einer sich natürlich alles herausnehmen. Sowas beeindruckt, und der Herr spielt sich auch groß auf und operiert mit diesem Erpressungsmittel.

Franza sprang ⟨auf⟩: Sag das nicht. Das ist – es ist unfair. Das ist ungeheuerlich. Das darfst du nicht sagen, gerade du nicht.

Und warum er das nicht sagen dürfe, er, Jordan, der das allerdings durchschaue.

Ja, sagte sie erschöpft, du durchschaust alles. Sie hätte hinzufügen mögen: außer dich selber. Dann überwältigte sie die Feigheit wieder, sie wimmerte, ich will nicht, daß du so redest, du meinst das auch gar nicht, ich kenne dich ja besser, du meinst es nicht so. Sie ging hin und legte ihm die Arme um den Hals. Er machte sich los und schrie, deine Gedanken kenne ich, und Herr Prohaska fliegt hinaus bei der nächsten Unverfrorenheit. Franza fiel ein, daß er Prohaska brauchte, dann wieder zitterte sie für Prohaska, sie wußte nicht, was zu tun war, wie konnte sie ihn warnen, einen Zusammenstoß verhindern, es hätte ausgesehen, als stellte sie sich gegen ihren Mann, und das schien ihr unmöglich, nach allem, was sie Prohaska gesagt hatte. Sie fing zu murmeln an, ich werde noch verrückt. Ich werde bestimmt noch verrückt.

In der Nacht stand Franza auf und ging ins Badezimmer, sie kniete plötzlich nieder auf der Matte und betete, die Hände um die kalte Wanne gekrampft, es fiel ihr nur ein zu flüstern, es soll nichts geschehen, es soll gut werden, er soll mich nicht mehr so quälen, ich will nicht mehr so gequält werden, sie verwirrte sich, es kam ihr verrückt vor, daß sie im Badezimmer kniete und damit etwas abwenden wollte. Ich will ja alles tun, alles, damit es gut wird. Ich will ihn noch inständiger lieben, dann muß es gut werden. Sie kroch wieder ins Bett zurück und hörte auf seinen Atem, schlaflos bis zum ersten Licht, dann schlief sie ein.

Aber das Verrückteste ist, weißt du, das würdest ⟨du⟩ doch nie für möglich halten – als Prohaska kam, war er ausgewechselt. Liebenswürdig, er hofierte ihn beinahe, er schenkte ihm die griechischen Zigaretten, sie lachten miteinander, das war eine der Überraschungen, eine unter vielen. Ich konnte nicht mehr mit, es war damals so bar jeder Logik für mich, auch diese Herzlichkeit nach diesen Wutausbrüchen. Wenn einer von seinen Freunden, auch nur einer, geahnt hätte, was er über sie dachte, denn er durchschaute ja alles, das war seine unumstößliche Gewißheit, es hätte ihm niemand mehr die Hand gegeben. Nein, es wäre unausdenkbar gewesen. Wenn Prohaska an diesem Tag, das war die Klippe, aber nur für mich, sagte, er würde gern mit mir ins Kino gehen, wurde ich blaß, aber er, oh nein, mein Lieber, da tun Sie mir direkt einen Gefallen, die arme Franziska kommt zu wenig aus dem Haus, ich glaube, ich war schon über ein Jahr nicht mehr im Kino mit ihr, das wird dir doch Spaß machen, Franziskalein, armes Vernachlässigtes. Sie hats nicht leicht mit mir. Ich erfand eine Ausrede, ich dachte nicht dran, mit Prohaska ins Kino zu gehen, die Korrespondenz, die Steuer, überfällig, als wir einen Moment allein im Vorzimmer waren, sagte ich, ich gehe nicht, verstanden. Er tat, als hörte er nicht. Ich mußte gehen. Kinder, gönnt euch doch ihr wenigstens zwei freie Stunden, lieber Prohaska, da tun Sie mir einen großen Gefallen.

Im Kino, zwischen der Wochenschau und dem Hauptfilm, sagte Prohaska zu mir, er ist ein so außerordentlicher Mann, ich fürchtete, er werde mir etwas nachtragen, ich bin ganz beschämt, er lachte jetzt manchmal so sonderbar, dieses Zwangslachen, und es irritierte mich zum erstenmal, und über das Mitleid ging der Argwohn, er könne etwas bemerkt haben. Aber ich irrte mich, er hatte natürlich nichts bemerkt. Wissen Sie, was ich denke, sagte er weiterlachend, und das klang mir so schaurig, dieser Automatismus des Lachens und, davon durchlöchert, ahnungslos die Bemerkung: Sie sind auch außerordentlich, Sie haben einen Tiger erlegt, und wenn Sie das auch unwissentlich getan haben mögen, so spricht das doch sehr für Sie. Was? ich meinte nicht recht verstanden zu haben, mir fiel ein, daß Prohaska früher gern auf die Jagd gegangen war, und was dieses Gleichnis sollte, Franza lachte ein wenig hysterisch, fragte sich mit ein paar Einsilbigkeiten durch Prohaskas Ansicht, und wenn sie es recht verstanden hatte, dann empfand er Besorgnis, ob sie sich der Bedeutung von Jordan im Klaren war. O ja, das bin ich, das bin ich wirklich, sagte sie. Da sind Sie im Irrtum. Nun, dann ist ja alles gut, sagte Prohaska, er skandierte jetzt sehr stark. Franziska gab nach dem Film nur zerstreute Antworten und verabschiedete sich rasch. Prohaskas merkwürdige Redensarten hatten sie völlig verunsichert. Hätte er bloß nichts gesagt. Ein Mann, den sie achtete, hatte ihr die Lizenz gegeben, unter der Voraussetzung, daß sie sich bewährte. Ich glaube, ich werde noch verrückt.

Die Strategie, der Seelenfeldherr meiner unsterblichen Seele, die zu Kürzeln geronnen ist. Nicht wahr, ich habe eine unsterbliche Seele, Martin. Nicht wahr, Psyche, man weiß nicht einmal, was das ist, heutzutag weiß man das nicht, das ist vielleicht bio-sozio – ich kriege jetzt die Fremdwörter durcheinander, und getrennt ist ⟨nichts⟩, das ist vorwissenschaftlich, das weißt du hoffentlich. Das ist Vergangenheit, und ich bin durchdefiniert, nach den neuesten Gesichtspunkten. Beinahe nach den neuesten. Nach den jordanischen. Wie ich denke, wie ich mich erinnre? Nicht mehr wie früher. Es ist ein Zwang, es schießt durch meinen Kopf, wickelt sich chronologisch ab, dann treten Häufungen von Szenen auf, immer wieder dieselben, dann assoziier ich, eine Kabine genügt mir, ein Glas Wasser, und es fällt mir ein Glas ein, das an meinem Kopf vorbeigeflogen ist, aber da geht es schon weiter, es kommt das nächste, es kommen Scherben, dann gerat ich an meine Grenze, an eine Mauer, und da stehe ich und mein Lamento hallt durch einen großen Raum, einen wüstenhaften, ohne Zuschauer, ohne Vertrauten, niemand zugewendet. Du läßt ein Wort vorkommen, und ich gehe von dem Wort aus und verrenne mich in eine Wortflut, aus meinem Kopf schwemmt es sie hinaus und auf, und sie kommen zurück, an die Brandungsstelle. Wie ich mich erinnre. Anders. Früher hätte ich gesagt: und dann fuhren wir nach London zu einem Kongreß und wohnten im Sowiesohotel und trafen diese Leute und sahen Trafalgar Square und gingen ins British Museum, und im Sommer darauf waren wir wieder im Salzkammergut und fuhren abends nach Salzburg zu den Festspielen. Ein verregneter Sommer. Heute erinnre ich mich, daß er sagte, als wir die Salzach entlanggingen, ich werde dir dein Ohr abschneiden und es in den Fluß werfen. An die Bemerkungen während eines Gewitters, als ich mich fürchtete, so zwing dich doch zu schauen, ein beßres Schauspiel als der Jedermann, mach die Augen auf, und ich machte gehorsam die Augen auf und fürchtete mich noch mehr. Ich erzählte ihm, daß mein Vater immer meine Mutter rasch nachhause gebracht hatte bei Gewittern, alle Läden schloß und bei ihr blieb, und Jordan erhärtete mit dieser Erzählung seine Ansicht, daß es mit dieser Familie nicht zum besten bestellt gewesen sein könne, und wenn Franza nun sagte, bitte halt mich fest, als die Blitze ganz nah in den See fuhren, von dem Salzburgischen großen Knall gefolgt, war das ein Grund, sie nicht festzuhalten, einmal aus pädagogischen Gründen und zum andern, weil es läppisch war, daß eine »reife Frau« sich so aufführte.

Noch keine dreißig Jahre alt war Franziska zur reifen Frau erklärt, was immer man sich darunter vorstellen wollte, es hieß, das lehne ich ab. Wirklichkeitsflucht, weibisches Benehmen, typisch Frau.

Du sagst wenigstens nur typisch Franza, doch, das denkst du, wenn du es nicht sagst, aber ich war immer typisch etwas, eine Schablone, mit der sich operieren ließ, über die er verfügte, ich hatte zu fühlen, was er befahl, und wenn er behauptete, eine Frau könne mit keinem Mann schlafen, ohne davon geprägt zu werden, es sei folgenreich, dann hätte ich ihm mit keinem Beispiel aufwarten dürfen, Martin, was ist das Böse, was ist es? Sie sagen heut, es sei nichts Geheimnisvolles, es ist feststellbar, die Mechanismen, ja, Aggression, Geltungsstreben, es leuchtet mir ein und doch nicht, obwohl ich nichts hinter oder vor der Welt suchen möchte. Trotzdem hats mich immer erschreckt, wenn jemand ausgebrochen ist, ein Bahnbeamter an der Sperre, weil jemand keine Bahnsteigkarte hatte, dieser Haß, dieser fürchterliche Haß, daß einem das Blut, was hat so ein Bahnbeamter zu hassen wegen einer Bahnsteigkarte. Was hat ein Jordan zu hassen und vereiteln an einem Menschen. Ich glaube, das ist es! Man vereitelt den anderen, man lähmt ihn, man zwingt ihm sein Gehabe ab, dann seine Gedanken, dann seine Gefühle, dann bringt man ihn um den Rest von Instinkt, von Selbsterhaltungstrieb, dann gibt man ihm einen Tritt, wenn er erledigt ist. Kein Vieh tut das, die Wölfe töten den sich demütigenden Gegner nicht, er kann ihn nicht töten, hast du das gewußt, er ist nicht fähig, ihm die Kehle durchzubeißen, wenn man sie ihm hinhält. Wie weise, wie schön. Und die Menschen, mit den stärksten Waffen, das stärkste Raubtier, sie haben die

Hemmung nicht. Ich kann mich mit den Wölfen versöhnen, mit den Menschen nicht. Alle schütteln sie heut die Köpfe, wie wir in Wien die Köpfe geschüttelt haben über jedem einzelnen Fall, nein, ich rede schon von dem Buch, das kann ich nicht. Ich will hier heraus. Und sie analysicren und rätseln herum und suchen Dämonie und Brutalität, als wüßte man, was das ist, wie sublim sind ihre Erklärungen, wie herausfordernd richtig ihre Erkenntnisse, man meints sogar verstanden zu haben, und dann, oh so sublim verstehen sie's, das zu tun, was sie tun müssen, ⟨getrieben,⟩ und da wird keine Arbeit, kein Aufwand gescheut. Heut nacht hab ich geträumt, ich bin in einer Gaskammer, ganz allein, alle Türen sind verschlossen, kein Fenster, und Jordan befestigt die Schläuche und läßt das Gas einströmen und, wie kann ich sowas träumen, wie kann ich nur, gleich möchte man um Verzeihung bitten, er wäre unfähig, es zu tun, keiner würde es mehr verabscheuen, aber nun träum ich es doch und drücke es so aus, was tausendmal komplizierter ist. Spätschäden. Ich bin ein einziger Spätschaden, keine Erinnerungsplatte, die ich auflege, die nicht mit einem schrecklichen Nadelgekratze losginge, kein Sommertag, auf den nicht ein Giftsprühregen niederginge, keine Nacht, von der ich nicht zwanghaft denke, er hat sich seine Notiz gemacht, keine Vergeßlichkeit, die nicht in Fehlleistung und Bedeutungswahn begraben worden wäre. Ich war doch nicht krank, ich bin doch nicht als Patient zu ihm gekommen, das hätte ihn gerechtfertigt. Ich bin zu ihm gegangen, habe mich ihm anvertraut, was könnte die Ehe sonst sein als Anvertrauen, es in jemands Hände legen, was man ist, wie wenigs auch sei. Fs Vorliebe für Zungenkuß, stop Gier nicht Sinnlichkeit stop, ich glaube, ich ersticke noch vor Lachen, F. bei Telefongespräch beobachtet. F. vermutlich lesbisch. Ich ersticke, nein, vor Lachen, nein, es ist überhaupt nichts, kratzende Erinnerungsnadel. Am nächsten Tag Vortrag über das Personale, Akt der Liebe. Das sind Widersprüche. Davon wird die Welt in die Luft gehen, das Feuer ist nur zuletzt an die Lunte gekommen, das Dynamit war von der ersten Woche an vermehrt worden, das über Jahre. F. zur Rede gestellt. F. bittet um Verzeihung, hätte E. nie getan. Insofern Unterschied. stop.

Warum soll ich mir das zugeben. Was soll ich mir zugeben.

Wenn ich zugebe, daß ich mich getäuscht habe. Altarblicke, sagst du. Wenn ich das zugebe wie mit dem Traum, dann ist es doch noch schlimmer, dann sterb ich zweimal, einmal noch mit für ihn, für mein Idol. Was hast du mir damals zu verstehen gegeben. Das war doch eine Meinung. Wie hätte ich die Meinung eines Zwanzigjährigen ernst ⟨nehmen⟩ sollen. Und nein, natürlich, ich weiß es nicht mehr. Ich weiß es doch nicht mehr. Es tut mir alles weh, weil er nicht ist, wie er mir erschienen ist. Nein, es war nicht nur meine Täuschung. Die Strategie, die Berechnung. Versprich mir, daß du nie rechnen wirst. Man hat mich benutzt, ich bin in einen Versuch gegangen, ein Objekt für den privaten Wissensdurst eines Wissenschaftlers. Körperbau wurde mit festgestellt, Typenlehre, Körperbau und Charakter, mich wunderts nur, daß er nicht meine Handschrift zur Untersuchung gegeben hat. Ich muß lachen. Das sollen sie jetzt in Firmen, das ist Usus, Träume, ja, auch, habe ich alle pflichtschuldigst erzählt, aber erst nachher habe ich gelernt, was Träumen sein kann, immer träum ich von ihm, es hat erst in Baden angefangen, ⟨als⟩ könnt ich's mir jetzt erst verdeutlichen. In der Angst. Früher habe ich mich nur gefürchtet, jetzt habe ich Angst, halt mich fest, die Angst ist nicht, was wir gelernt haben, sie ist das ganz andere, sie ist im Körper, nichts Fabelhaftes und kein Begriff, sie ist der Terror. Es ist Terror. Die Krankheiten unserer Zeit, o daß ich nicht lache.

*   In ihm schwieg alles, wenn er bei mir war, die Güte, die er ausströmte, er hörte die Stimmen nicht mehr, die er außerhalb des Hauses hörte, das Gesetz, unter dem er handelte, fiel zusammen. Zuhause war die Gesetzlosigkeit, der Fanatismus, an dem er vielleicht sich selbst verwundete, das Dreinschlagen, das Vernichtenwollen, Vernichtenmüssen eines anderen. Er mochte die Frauen nicht, und er mußte immer eine Frau haben, um sich den Gegenstand seines Hasses zu verschaffen.

Eh sie schlafen gingen, bat Jordan Franza jedesmal, zu baden, an freien Tagen schickte er ⟨sie⟩ dreimal ins Bad, er drehte ihr selber den Hahn auf oder sagte: willst du nicht eine Dusche nehmen, es ist so heiß. Franza lachte und sagte, aber ⟨⟩

⟨1.⟩

Eines Tages kam eine Frau zu uns, aus der Nachbarschaft, mit einem zehnjährigen Buben, der seit Monaten nur noch bellte, wie ein Hund, täuschend ähnlich, dann hatten wir die Nymphomanin, bei der gar keine Hyperästhetisierung vorlag, ich glaub, sie schlief soviel mit Männern wie das Kind bellte, es war ihr Bellen. Manchmal hatte ich das Gefühl, daß die ganze Stadt voll war von diesen Verhängnissen, wie immer sie sich auch nannten und wie immer sie sich ergaben, wegbehandeln ließen oder hartnäckig blieben, die Übel, die dunklen, aber unser Haus war natürlich ein Bezirk auf der Sonnseite, wir hatten diese sterilisierte Villa, mit der ich nie ein Leiden in Zusammenhang gebracht hätte, und der Statthalter der Gesundheit war er und ich sein Untergebener, er ja auch mein Fels und die Instanz, der Wohltäter, dessen Kälte ich begreifen lernen sollte als Voraussssetzung.

Und nie fragte ich mich, wie wir denn leben und ob wir richtig leben, und ob der Alkohol nur für die Alkoholiker ein Tremendum war und wovon jemand träumen und wünschen könne wie der junge Herr G. Der Fall G, daß seine Frau sich in die Klosettschüssel lege und selbst hinunterspüle und so Selbstmord begehe und ihn befreie von ihrer Anwesenheit.

Und dann wurden sie alle angepaßt, die Ekzematiker, die sich die Haut vom Leib rissen und kratzten, bis das Blut heraussprang, aus Haß gegen ihre Kinder, ein ganzer Haufen von Aggressionen lag auf unserem Schuttplatz jeden Abend, ein Scherben nach dem andern mir gezeigt, zum Lernen, und nichts habe ich gelernt, ich habe das eingesammelt, betrachtet, mir Mühe gegeben, um mitreden zu können, und wenn es das nicht war, dann unterbrachen die leisen Erschütterungen das Lernen, wie ein Hund bellen, ich versuchte, es zu machen, ich versuchte dahinzukommen, es war immer mit einem Schmerz verbunden, und ich sah Jordan an und versuchte etwas festzustellen − was er fühlte, und ich meine, er fühlte nichts, nicht in dieser Art. Er fühlte auch etwas, aber es mußte anders sein. Heute weiß ich es, es waren seine Genußmittel, diese Syndrome.

Warum ist mir das nie aufgefallen, daß er alle Menschen zerlegte, bis nichts mehr da war, nichts geblieben ⟨außer⟩ einem Befund, der ihm blieb. Es fiel mir nie auf, weil ich den verwechselte, ich hielt seine Schärfe nur für eine des Berufs und fragte nie, ob das unnatürlich sei, wie er sich seinem Bruder gegenüber verhielt, seinem Kind gegenüber, seiner Frau. Ich weiß, das wirst du nicht verstehen – er konnte keinen Menschen verlängert sehen, über die Grenze hinaus, die er ihm setzte.

Das erste Mal hatte ich eine Grippe, und natürlich gehörte Grippe nicht in sein Revier, aber damals zitterte ich im Bett, jedesmal wenn er hereinkam, ich weiß nicht warum. Er versprach mir dreimal ⟨⟩

⟨2.⟩

Jordan, der sich herzlich mit Martin unterhalten hatte, verstummte, als Franza zurückkam aus dem Vorzimmer, wo sie ihren Bruder geküßt, die Nase an seiner Nase gerieben hatte. Willst du essen, fragte Franza strahlend. Jordan ging an ihr vorbei, und ⟨sie⟩ sah, wie er seinen Mantel von der Garderobe nahm, sie kam zitternd nach und versuchte, ihre Stimme fest scheinen zu lassen. Was willst du denn. Mußt du noch weg. Warum gibst du mir keine Antwort.

Jordan hob die Hand, und Franza dachte, er würde sie ohrfeigen, aber nach einer drohenden Bewegung ließ er die Hand fallen.

Dein feiner Herr Bruder, dieses Schwestersöhnchen, der bringt dich wohl in Euphorie.

Wie bitte, sagte Franza, was hast du denn nur, was hat Martin denn getan? Ich versteh dich nicht.

Du verstehst ausgezeichnet, du verstehst dich überhaupt auf alles, und ganz besonders auf deinen Herrn Bruder, der sich herlümmelt, der genau so unverschämt ist wie du, ihr paßt ja hervorragend zusammen, was habt ihr denn zu lachen gehabt? Lachst du denn vielleicht sonst so?

Ja, natürlich, warum soll ich sonst anders lachen.

Dein Herr Bruder weiß wohl nicht, mit wem er es zu tun hat, der junge Herr kommt eine Stunde zu spät und lümmelt sich dann hierher.

Aber er hat doch angerufen, er ist doch nicht früher aus dem Institut weggekommen. Ich hab es dir doch gesagt. Martin würde dich doch niemals warten lassen, wenn da kein Grund wäre, er hat sich doch entschuldigt.

Das nennst du Entschuldigung, du bist entweder verblendet oder unverschämt.

Leo, bitte.

Sie hörte die Tür mit einem Knall zufallen und stand unbeweglich da, die längste Zeit. Nach zehn Minuten kam Jordan zurück und rannte sie fast um. Sie taumelte.

Spiel nicht die Beleidigte, laß das endlich sein, das ist ja die Höhe, die Gnädigste spielt noch die Beleidigte.

Aber ich bin doch gar nicht beleidigt, sagte Franza leise, schrei mich doch nicht an.

Ich schreie? Ich schreie dich an. Wiederhol das noch einmal.

Bitte, hören wir doch auf, murmelte sie.

Hören wir auf, ja, hör du einmal auf, du brauchst gar nicht wir zu sagen, aber jetzt wird einmal abgerechnet über deinen Herrn Bruder.

Wenn du willst, sage ich ihm, daß er nicht mehr kommen soll.

So, du willst mich bloßstellen, versuch das nicht. Ich habe nicht gesagt, daß dein Herr Bruder nicht kommen soll. Du drehst ja wie immer meine Worte im Mund um, das ist ja deine Spezialität. Ich werde dir sagen, wer dein lieber Martin ist.

Das ist nicht nötig. Du brauchst mir nichts über Martin zu sagen.

Ich muß dir einmal die Augen aufmachen. Hörst du mir zu.

Ja. Aber warum läßt du ihn nicht aus dem Spiel. Was willst du denn bloß von mir.

Dieses Schwestersölmchen, das sich noch nie einen Groschen verdient hat, das noch nicht einmal weiß, was Arbeit heißt.

Aber er studiert doch, er arbeitet doch, du weißt es doch.

Der auf dem Geldsack von zuhause sitzt, während andere sich ihr Studium selber verdient haben.

Du wirst ihm doch nicht mißgönnen, er hat mir genug gegeben.

So, hat er das? Hast du nachgerechnet?

Das ist nicht nötig. Es war mehr als genug.

Du läßt dich ja von jedem hereinlegen, und du meinst, daß dein Bruder das nicht weiß.

Laß Martin aus dem Spiel.

Das ist aber Ernst, das ist kein Spiel, Franziskalein. Du mußt dir überhaupt einmal angewöhnen, daß es ernst ist. Du bist blind, und wenn dieser Knabe auftaucht, dann verlierst du ja beinah den Verstand.

Ich weiß nicht, wovon du redest. Ich unterhalte mich mit ihm, ich erkundige mich, wie es ihm geht. Was hat das mit Verstandverlieren zu tun?

Sie ging im Zimmer herum und stellte mit zerfahrenen Bewegungen die Gläser auf das Tablett.

Ach, jetzt noch häuslich. Die Superhausfrau, wenn es ums Ausweichen geht.

Franza nahm sich zusammen, drehte sich um und sah ihn ernst an, ganz fest und ernst.

Ich verstehe dich nicht. Das ist es. Ich verstehe es nicht. Ich werde es nie verstehen. Was hast du bloß. Ich weiß nicht einmal, warum du von meinem Bruder redest. Du magst ihn nicht. Gut. Dann wird er wegbleiben. Du mußt nichts befürchten. Ich werde ihm den Grund nicht sagen. Es ist selbstverständlich, daß das unter uns bleibt.

Jordan packte das Glas, das Martin auf die Konsole gestellt hatte, und warf es nach Franziska.

Dann bleibt das eben unter uns, sagte er, und als sie sich bückte nach den Scherben: so, jetzt werden wieder demütig Scherben gekehrt, jetzt bringt man den Mund nicht mehr auf. Die Dame schweigt und sammelt mit Duldermiene die Scherben ein.

Franza legte die Scherben wieder hin und ging langsam aus dem Zimmer, sie nahm den Mantel und ging aus dem Haus, sie ging ziellos herum, bei einer Telefonzelle blieb sie stehen, sie grub in ihren Manteltaschen und fand Münzen, sie rief Martin an.

Martin?

Danke für den netten Nachmittag, sagte Martin.

Ja, sagte Franza, übrigens wollte ich dich etwas fragen.

Hallo, sagte Martin. Franza, was ist denn? Ich hör dich schlecht.

Ich hör dich sehr gut, sagte Franza. Sie legte den Kopf an den kühlen Kasten und überlegte krampfhaft.

Du, Martin? Kann ich einmal zu dir kommen in den nächsten Tagen.

Also in den nächsten Tagen geht es schlecht, am Wochenende bin ich weg, weißt du, ich muß einmal nach Gallizien, ⟨⟩

⟨3.⟩

Bevor Franza ihn verließ, lag sie, die Hände leicht aufgestützt, neben ihm und betrachtete sein Gesicht. Weil ihr aber auch das Gesicht zuviel war und sie wußte, was sie fühlte und fühlen wollte, sah sie die kindlichen feinhäutigen Lider an, und dann überfiel ein Gefühl sie, in dem sein Jungsein enthalten war, sein Schlaf, etwas ⟨was⟩ sie beschützen hätte mögen, und langsam traten zwei lauwarme Tränen aus ihren Augen, und sie dachte nicht mehr, daß ein Muskel sich öffnete, um Erregung abzuschieben, sondern wieder, daß sie beinahe weinte, nur beinahe, denn es war doch keine Erregung in ihr, sie dachte mechanisch lauter überflüssige Dinge, sie war zweiunddreißig Jahre alt geworden vor einer Woche, und sie fühlte sich plötzlich alt, seit sie ihn ansah und zum erstenmal bemerkte, was Jungsein war, und sie dachte an Jordans erloschene Augen, an etwas Graues, Faltiges, das sie nie betrachtet hatte, das wäre ihr absonderlich vorgekommen, nein, überhaupt nicht in den Sinn, und es fiel ihr ein, daß Jordans Augen weder lachen noch weinen konnten, daß der Ausdruck ihr immer Rätsel aufgab, sie konnte nie erraten, ob er im Begriff war, zornig zu werden, oder mit der Hand nach ihr greifen würde, um ihr auf die Schulter zu klopfen, in letzter Zeit duckte sie sich immer, sie zuckte zusammen, wenn es knackte in einem Plafond oder in der Wand in dem Schlafzimmer, und hier knackte es auch, aber sie rührte sich nicht und sah still auf seine Augen, dann nur mehr auf sein linkes Auge, den gewölbten großen Augapfel mit der feinen Haut und die Wimpern, die dicht und lang in der Kehle lagen. Und dann beengte ein feiner langsamer ausreichender Schmerz sie in der Brust, und sie lokalisierte den Schmerz in der Herzgegend, und sie dachte, jetzt, in diesen Augenblicken geschehe wahrscheinlich mit

ihr die Liebe, sie war nicht ganz sicher, aber das hatte etwas mit
der Liebe zu tun, nicht wie ⟨die⟩ vergangenen Beteuerungen,
Freudeanfälle, Bangnisse, Begier, dieser unwillkürliche Muskel-
schmerz, oder eine Frage der Durchblutung, eine Frage von etwas,
das sich körperlich zutrug an einer Stelle und ziellos, sanfter
Schmerz in einer Morgenstunde bei zugezogenen braunen Vor-
hängen, sanfter Schmerz, der zu begütigen war, mehr war die
Liebe nicht, aber auch nicht weniger. Sie verstand am besten dieses: aber auch nicht weniger, das atmete sie langsam und leise
neben ihm, und das ganze Lärmende, Diskussionsreiche, Türen-
schlagende, Gläserwerfende, Würgende, Lauernde erschien ihr
wie eine monströse theatralische Vorstellung, eine neunjährige
Vorstellung eines Schmierentheaters von zerredeten Zuneigungen,
Interessen, Urteilen, Forderungen, Antworten. So einfache fünf
Minuten, zehn Minuten hatte es nie für sie gegeben, und nun
waren die zwei lauwarmen Tränen eine gegen ihren Mundwinkel,
eine schräg gegen den Oberkiefer gelaufen, breiter geworden, die
Gestalt aufgebend, keine Tränen mehr, nur noch ein wenig Naß.

Sie probierte leise seinen Namen aus, bewegte die Lippen, Ulrich, sie brachte ein dunkles warmes U zustande, sie durfte die
erste Silbe nicht so kurz nehmen wie die anderen, das U war
wichtig.

Eine Stunde später verließ sie vor ihm das Hotel und fuhr nach
Wien zurück.

Sie glaubte, Jordan niedergeschlagen vorzufinden, aber sie war
wieder erstaunt, wie so oft in der letzten Zeit, er war äußerst
belustigt, nachdem Franza, um vor seiner Würde zu bestehen, gesagt habe, sie danke ihm und werde Ulrich nie wiedersehen. Sie
wußte nicht, was zu erwarten war, vielleicht Melancholie, alles
schien darauf angelegt in seinem Verhalten, aber er blieb nach dem
Essen bei ihr und heiterte sie auf, sie lachten miteinander, sprachen
über die Arbeit, und dann war die Kurve da, die Franza zu spät
sah. Jordan war schon ⟨in⟩ der Kurve, und sie hörte ihm entsetzt
zu: So, dein feiner Hintertreppenliebhaber, und da sie ahnungslos
war, wie groß sein Reservoir an Schimpfworten war, und sie
schon genug gehört hatte, ⟨ ⟩ und was hast du jetzt vor, meine
Blume, höhnisches Gelächter, und Franza dachte einen Moment

an Eifersucht, aber verwarf den Gedanken wieder, denn niemand konnte weniger eifersüchtig sein als er, sie zitterte, dann merkte sie, im Aufstehen, während er mit der Faust auf den Tisch schlug, daß es weiterging, der Versuch ging weiter, und jetzt hatte er die beste Handhabe, die sie ihm geben hatte können, Franziskalein, geht dir ein Licht auf, wie ordinär, wie gewöhnlich du bist, wie kommun, so antworte doch, so sag doch, geh nicht fort, bleib augenblicklich stehen, und Franziska stand und zitterte, sie war wieder in dem Stromkreis, sie konnte keinen Fuß bewegen, sie stammelte unhörbar, verzweifelt, bitte sprich nicht über ihn, über mich ja, was du willst, aber nicht über ihn. Franza war nicht mehr um Ulrich in den Gedanken, sondern alle Namen, die vor ihr zerfleddert worden waren, und dann wußte sie, daß sie das nicht hätte sagen dürfen, denn nun würde das kein Ende nehmen, sie hörte drei Stunden zu, nach der ersten Weile sitzend, rauchend, sie hustete, weil sie nicht richtig zu rauchen vermochte, aber sie nahm sich aus der Zigarettendose eine Zigarette nach der anderen, am Ende sagte sie erschöpft ein paarmal ja, ja. Sag nicht einfach ja, sondern gib dir zu, wie ordinär du bist und wie sich dein Lieb-haber schon amüsiert über dich, Frau Jordan, der möchte was von dir, und jetzt da hast du ihn enttäuscht, der sitzt jetzt zuhause und hat seinen Kindern Gute Nacht gesagt und lacht über dich, das ist dir hoffentlich klar. Ja, sagte Franziska, gewiß tut er das. Es war kein Spektakel mehr, es war wie in der Geisterbahn, sie versuchte krampfhaft nicht hinzuhören, und das Krokodil sperrte seinen Rachen auf und brachte sie zum Aufschreien, der Totenkopf klap-perte nach der nächsten Wand. Nun, wie war das, Franziskalein, wars was besonderes mit ihm im Bett, oder warst du wie zuhause, ⟨⟩

Jordanische Zeit

Das letzte Jahr, es war das schlimmste, aber vorher, was war da, wann hat es angefangen, es ⟨ist⟩ den Krankheiten vergleichbar mit der Inkubationszeit, man hat sich sofort angesteckt, zwischen 6 oder 15 Jahren bringst du es zum Ausbruch der Paralyse, und auf dem Weg – erst keine Ahnung, dann Ahnung, dann Abwehr, dann

Gewißheit, dann Hoffnung, Furcht, nichts Blankes, die Betäubung, die Rekurse, es muß noch zu ändern sein, aber warum spreche ich von einer Geschlechtskrankheit, die im Aussterben ist. Verdorben, durch hundert Geschichten, Fälle, Hysterie, vielleicht wähle ich das Beispiel, weil das mit einer Geschlechtskrankheit zu tun hat, dieses, was war. Die Zerebraluse unsrer Breitengrade, sage ich unserer, ich war nie auf diesem Breitengrad zuhause, nein, laß mich liegen, so laß mich liegen, ich muß mich nur aufstützen, liegst du auch so unbequem, was für eine Koje, zum Ersticken, und das soll die beste Kabine sein. Die beste? Ich war immer in der besten Kabine, das ja. Kommen wir über den Wendekreis. Über einen wenigstens.

Danke.

Wann hat es denn angefangen? Das eben weiß ich nicht, an welcher Stelle ich hinunterwill in die Jahre, ich weiß es nicht. Es hat aber angefangen, vielleicht hat es im ersten Moment angefangen. Liegt der Verdacht nicht nah. Es ist doch der Beginn meiner Zeitrechnung. Habe ich dir gesagt, daß ich ⟨ihn⟩ schon einmal vorher gesehen habe. Ein halbes Jahr vorher etwa, im Institut. Ich riß die Tür auf, und ich hätte sie schlagen sollen, aber ich riß sie so auf, daß ich stehenbleiben mußte, er saß da, mit zwei Professoren, und ich hörte ihn reden und sah seinen Arm, aufgestützt, das Bild habe ich ⟨nicht⟩ vergessen ⟨ ⟩

Textstufe IV.2

*

Jordanische Zeit

Wann hat es angefangen? Man meint, nicht mit dem Anfang, aber zuletzt weiß man: im Anfang. Da warnt dich etwas, und schon hörst du nicht zu, schiebst ein Gefühl, das du nachher für dein erstes ausgibst, vor ein wirklich erstes. Gewarnt bist du. Durch eine Kopfhaltung, durch eine Handbewegung, durch eine Stimme, in der etwas fahl ist, und im nächsten Moment, das kann einen Monat später sein, bemühst du dich besonders, in dieser arroganten Bewegung etwas Rührendes zu entdecken, vermutest eine Geschichte dahinter, die sich nie einstellt, eine Unsicherheit, die nicht zutage tritt. Du liebst jetzt die Stimme, weil du aus ihr Melancholie heraushörst, und wenn sie aggressiv wird, dann hörst du etwas Kühnes, nun gefällt es dir schon, der Schwindel ist vollkommen, du brauchst dich nicht betrügen, der Betrug zeugt neuen Betrug, nichts warnt dich mehr, das Signal wird nur einmal gegeben, wenn du mit dem anderen zum erstenmal in einem Raum bist und es dir befiehlt, hab acht, hab acht, das nächste Mal hat dich ein Titel, eine Vorlesung, nach der gescharrt wird, ein paar hundert Halbnarren, die den Namen aussprechen mit fetter Bewunderung oder stichelnder Kritik, hat dich eine Adresse, hat dich ein Name auf einem Zeitschriftblättchen darum gebracht, noch einmal das »Hab doch acht« zu hören, das dir die Haut, die Muskeln, das Gehör, alle deine Empfangsgeräte zugerufen haben.

Eine halbwahre Geschichte tust du hoheitsvoll unter Klatsch ab, eine andre willst du gar nicht erst hören, es ist böswillig, dir jetzt mit Geschichten zu kommen, über jeden gibt es Geschichten, auch über dich, und du verlernst, aus dem Unrat das Korn Wahrheit herauszufinden, dazu müßtest du dich zu sehr anstrengen, aber du läßt dir schon aus dem Auto helfen, du trinkst schon einen Kaffee in einer Stillen Gasse, du liegst schon in einem Bett in einem 19. Bezirk und suchst deine Dokumente zusammen, dein Heimatschein ist eingetroffen und wird dir abverlangt, der Heimatschein kommt aus deiner Gemeinde, die willst du hinter dir lassen, du probierst einen Namen aus, damit du ihn zum erstenmal gleich flüssig schreiben kannst. Dann verläßt du ein Standesamt, ein paar Stunden später fällt eine Wohnungstür hinter dir zu, jemand hebt dich auf, nachdem das Schloß eingeschnappt ist, du lachst mit jemand, als wäre der Welt damit ein wunderbarer Streich gespielt worden mit diesem Türzufallen, dem Namenwechsel, du denkst keinen Augenblick, er könnte dir gespielt worden sein und schon einigen vor dir. Es ist furchtbar, es ist eine Schande, eine Schandgeschichte, die sich zuzutragen beginnt, und du lachst noch und hängst deine Kleider in einen Kasten, wo früher ⟨die⟩ anderen hingen, ⟨⟩

Textstufe IV.3

*   Jordanische Zeit

Es ist ein schrecklicher Traum, gib mir das Wasser bitte, es ist
etwas, das sich darstellt in mir, ich sehe jetzt, daß man es darstellen
kann. Wenn aber das Mittelmeer nicht ruhiger wird, Martin, ich
halt das nicht aus, ich will heraus hier, ich will heraus. Es ist wie in
dem Traum, dort war es schlimmer, aber doch in demselben Kopf,
der hier auf demselben Polster gelegen ist, und wie soll ich alles
aushalten, vor wenigen Minuten noch die Gaskammer und jetzt
die Schiffskabine, mein Kopf, mein Kopf, Martin, nein, nicht du
sollst mich festhalten, ich will mich festhalten, an dir, ich war in
einem großen Raum, da hängen dicke Schläuche, gerippte, an der
Wand, fest verschraubt, und ich sehe mich um, es gibt kein Fenster
und keinen Ausgang, doch genug graues Licht, um Jordan zu sehen. Ich kann wieder nicht sprechen und bewege die Lippen und
frage, was wir hier tun, und er sieht mich an und in seinen Augen
steht es, er spricht diesmal auch nicht mehr, es steht in seinen
Augen, was er mit mir tun will. Er geht zu einer Wand und löst
einen Schlauch und löst den nächsten und das Gas strömt ein
durch die erste Öffnung, und Jordan macht schon neue auf und es
strömt das Gas ein, da bin ich aufgewacht, und es ist dort keine
andere Welt, früher habe ich nie geachtet auf die Träume, und sie
waren vielleicht auch nicht viel mehr, bevölkert und bewandert
eben und gefärbt manchmal, aber jetzt, wie quälend, weil es nichts
Fremdes ist, es gehört zu mir, ich bin zu meinen eigenen Träumen
gekommen, meine Tagrätsel sind größer als meine Traumrätsel, du
merkst dann, daß es keine Traumrätsel gibt, sondern nur Rätsel,
Tagrätsel, unverlautbare chaotische Wirklichkeit, die sich im
Traum zu artikulieren versucht, die dir manchmal genial zeigt, in
einer Komposition, was mit dir ist, denn anders würdest du's nie
begreifen, und dann pfuscht dein Träumen, dann dilettiert es, dann
kommt es mit nichts zurecht, ein schlechter Dramatiker, dem die
Akte auseinanderbrechen, die Motive sich verwirren, dem der
Held zu früh stirbt, der die Personen aus einer früheren Szene mit
einer späteren verwechselt, plötzlich aber nimmt sich dein Traum
zusammen und tut den großen Wurf, ein Shakespeare hat ihm die

Hand geliehen, ein Goya ihm die Bühnenbilder gemalt, plötzlich erhebt er sich aus den Niederungen deiner Banalität und zeigt dir dein großes Drama, deinen Vater und einen Gesellen, der Jordan heißt, in einer Person, und ebenbürtig einer großen Figur fängt der Hymnus an, die ersten unterirdischen Querverbindungen, die Alten sind immer dabei, deine Mutter, an die du nie denkst, lehnt an jeder Wand, deine flottierende Angst, für die du keinen Grund weißt, spielt dir eine Geschichte vor, daß dir Hören und Sehen vergeht, jetzt erst weißt du, warum du dich ängstigtest, und so sah ich auf einen Friedhof beim Sonnenuntergang, und in dem Traum hieß es: das ist der Friedhof der Töchter. Und ich sah auf mein eigenes Grab hinunter, denn ich gehörte zu den Töchtern, und mein Vater war nicht da. Aber ich war seinetwegen gestorben und hier begraben. Weißt du vielleicht in deinen wachen Zuständen etwas von einem Friedhof der Kinder und an wem du stirbst? Das erfährst du nie, denk nach, soviel du kannst, darauf kommst du nie, und wenn du es durch dich selber auf diese Weise erfährst, bei der Fahrt durch den Tunnel, in der Nacht, dann weißt du, es ist wahr. Das ist es. Darauf könntest du schwören. Dein tyrannisches Gehirn, seine geheimen Spiele zwischen Cortex und Zwischenhirn, seine vom Zwischenhirn in Gang gesetzten Akte und ihre kortikale Ausarbeitung, warum hast du von ihm gesagt Fossil, o nein, wie irrst du dich, er ist heutiger als ich, ich, ich bin von niedriger Rasse, seit das geschehen ist, weiß ich, daß sich das selbst vernichtet, ich bin es, er ist das Exemplar, das heute regiert, das heute Erfolg hat, das angreift und darum lebt, nie hab ich einen Menschen mit soviel Aggression gesehen, so sagt man wohl, man könnte ihn einfassen, wie einen Stein, er würde das glänzend repräsentieren, das Raubtier dieser Jahre, das Rudel Wölfe dieser Jahre, da gibt es keinen Prozeß, und das hab ich begriffen, ich bin von niedriger Rasse. Oder müßte es nicht Klasse heißen, denn ich ⟨bin⟩ ausgebeutet, benutzt worden, genötigt, hörig gemacht, meine goldne gallizische Haut abgezogen, ich ausgeweidet, mit Wiener Stroh ausgestopft. In Australien wurden die Ureinwohner nicht vertilgt, und doch sterben sie aus, und die klinischen Untersuchungen sind nicht imstand, die organischen Ursachen zu finden, es ist eine tödliche Verzweiflung bei den Papuas, eine Art des

Selbstmordes, weil sie glauben, die Weißen hätten sich aller ihrer
Güter auf magische Weise bemächtigt, und sind die Inkas wirklich
nur von grausamen Banditen vernichtet worden, von diesen wenigen? und die Muruten heute in Nordborneo, die sterben, seit sie
mit der Zivilisation in Berührung kommen, und früher die Ras-
sen, denen man den Alkohol gebracht, sie haben sich selbst vernichtet, aus Verzweiflung. Und mich hat man zu dressieren versucht, meine Instinkte, meine kleinen Himmel, und in mich den
Kampf hineingetragen, im Süden gewachsen waren Ehre, Stolz
und was noch, es war eine Dreieinigkeit, verhilf mir zum Dritten?
ich muß es gehabt haben, was war es? es kommt auf das Dritte an,
immer auf etwas Verlorenes, Abhandengekommenes, hast du keinen Mut, es mir zu sagen? Hat es etwas mit Mut zu tun, heiß kalt
lau, es muß etwas in der Nähe sein. Du weißt es auch nicht. Wirst
es aber wissen. Dann weißt du es nicht, weil es dir dran nie gefehlt
hat.

Er hat mir meine Güter genommen. Mein Lachen, meine Zärtlichkeit, mein Freuenkönnen, mein Mitleiden, Helfenkönnen,
meine Animalität, mein Strahlen, er hat jedes einzelne Aufkom-
men von all dem ausgetreten, bis es nicht mehr aufgekommen ist.
Aber warum tut das jemand, das versteh ich nicht, aber es ist ja
auch nicht zu verstehen, warum die Weißen den Schwarzen die
Güter genommen haben, nicht nur die Diamanten und die Nüsse,
das Öl und die Datteln, sondern den Frieden, in dem die Güter
wachsen, und die Gesundheit, ohne die man nicht leben kann,
oder gehören die Bodenschätze mit den anderen Schätzen zusammen, manchmal glaub ich es. Ich kann auch nicht mehr leben,
weil er meine Gegenstände hat, ja, so meine ich es, unsren silber-
nen Brotkorb zum Beispiel, unsre Schalen, das ist mir unerträglich,
ich denke, seine Hand kann das Brot nicht draus nehmen, sie wird
eher aussätzig, eher wird das Brot darin schimmlig, weil ich doch
dauernd daran denke, weil dieser Brotkorb in meinen Vorstellungen die Ausmaße von Riesenscheunen annimmt, für alle Ernten,
von Tag zu Tag wird dies schlimmer, dieses Leiden, es macht die
Magie möglich, ich bin eine Papua. Man kann nur die wirklich
bestehlen, die magisch leben, und für mich hat alles Bedeutung. Es
ist schon besser, ich kann den Traum weghalten, ruhig ansehen. Es

spricht sich leichter. Du sagst, anfangen. Wo aber hat das angefangen, sprech ich aber, hörst du mich, ich hab gemeint, ich sei im Schlafwagen, und er rattert und die Füße, kalt geworden, stoßen an die Wand, aber du sagst, das Schiff, ich fuhr nämlich einmal im Schlafwagen, ja, das war an dem Tag, ehe ich ihn zum erstenmal sah, von München nach Wien zurück, mit Ödön, da bin ich wach gelegen, wir beide, wir lagen ganz dicht beieinander und redeten sehr viel, zum erstenmal, er hatte großen Erfolg gehabt in München, und ich hatte kalte Füße und dachte, ich möchte ein andres Leben haben, nicht ein Blitzlichtleben mit Ödön, sondern etwas ⟨Grundsolides⟩, solche verräterischen Sachen ⟨dachte⟩ ich, während wir besprachen, ⟨wo wir⟩ nach dem letzten Konzert in einer Woche hinfahren sollen, ich war also in den schönsten jungen Mann Wiens verliebt und ⟨ ⟩

Als Franza nach einem mehrsemestrigen Leben und durchaus nicht ohnmächtig geworden in der Anatomie und dem Seelenhirten in die Arme gefallen, wie Martin sich zu erinnern glaubte, sondern seit einem halben Jahr schon nicht mehr die Komitien in Kaffeehäusern mit anderen Studenten lebte und ihren dunkelgrünen Pullover, den sie immer trug und der mit ihr verwachsen war, ⟨ ⟩ lernte sie durch den kleinen Csobadi, mit dem sie sich in die Leichen teilte, und mit dem sie noch immer nicht ⟨über⟩ Handhalten, Herumliegen auf ihrer Couch und Rotweintrinken hinausgekommen war, obwohl ⟨sie⟩ es nachgerade nicht begreifen konnte, warum sie den Kleinen so enttäuschte, ⟨sich⟩ faul und nachlässig gab, ihre Bluse offenstehen ⟨ließ⟩ oder ihren Morgenrock, zuließ, ⟨daß⟩ er seinen Kopf auf ihre Beine legte, ihre Brust streichelte, um dann weiterzureden, sie küßte ihn einfach nicht, sie wußte selber nicht warum, sie entschuldigte sich auch zerstreut bei ihm, es tut mir furchtbar leid, ich weiß nicht, was mit mir ist, ich kann nicht, murmelte sie, und sie sagte, wie seine Mama, Burschi zu ihm, aber sie lachte immer gleich hinterdrein, und sie spielten Mama und ihr Kleiner, sie wußte auch nicht, warum ihr das gefiel, und noch weniger, warum ihm das gefallen konnte, sie kommandierte ihn herum und herrschte ihn an, es war immer ein Spiel, aber sie dachte trotzdem, es habe nichts mit ihr zu tun und sei nicht einmal ein Winkel von ihr versteckt, und sie werde den

Kleinen nie mitkommen lassen und weniger sehen, und ⟨daß⟩ er
doch zu schade war, ein Lückenbüßer zu sein für eine längere
Langweile von Franza, für eine dieser Zeiten, in der ihr alle Männer geschlechtlos vorkamen, sie überhaupt nicht wußte, was sie
wollte, weder ausgehen noch zuhausbleiben, weder studieren
⟨noch⟩ unnütz sein, und dann meinte sie, etwas Abenteuerliches
unternehmen zu müssen, weil sie doch nicht einfach in Wien eine
unter zahllosen Medizinerinnen sein konnte, nicht eines Tags in
einem Spital Handlangerdienste tun mochte, dann fing sie wieder
fieberhaft zu arbeiten an, vielleicht konnte sie doch etwas tun, aber
es mußte etwas Wirkliches sein, später Afrika oder Asien, unter
den härtesten Bedingungen, mit Opferbringen, mit Heroismus,
Opferbringen mußte unbedingt dazugehören, und großartig sollte
es sein, voller Anstrengung, aber glorreich für sie selber, mit frü-
hem Tod, sie würde jemand nachspringen, der ertrank, in ein
brennendes Haus stürzen und ein Kind in ein Sprungtuch werfen
und dann verbrennen, einen Verwundeten verbinden und irrtümlich erschossen werden in Nordafrika. Eine kurze Zeit war sie
darum, ohne daß sie ⟨es⟩ zu sagen vermocht hätte, immer auf
Seiten der Neger oder der Überschwemmten oder der Umzingel-
ten, die allerdings keine Hautfarbe hatten, aber davon sagte sie
niemand etwas, nur hie und da zu Alda, die mit ihr studierte und
auch in der Nähe der Landstraßer Hauptstraße wohnte, auf der
düsteren Seite, längs der Marxergasse, und mit der sie sich morgens
an der Zweierlinie traf, immer in der Hoffnung, es käme der E 2
und nicht der H 2, weil sie für den E 2 votierte und ihn als einen
Glücksbringer betrachtete. Zu Alda sagte sie: es ist alles unnütz. Zu
Csobadi: wenn wir so weitermachen, werden wir mittelmäßig.
Und das kann ich nicht vertragen.

   An dem Tag ging sie mit dem kleinen Csobadi ins Konzert, und
er brachte sie nach hinten zu seinem Bruder, dem großen Csobadi,
dessen Spezialität es war, Jazz so gut wie Bach zu spielen und die
Stadt zu begeistern und sich feiern zu lassen als einen ganz neuen
Typ von Pianisten, sie gingen mit in den Gamma-Club und Franza
wußte noch früher als Ödön Csobadi, daß nun Etwas Wunder-
bares Schönes anfing, sie wippte beim Gehen, sie rannte voraus, sie
spielte Fangen mit dem kleinen Csobadi und strahlte dem großen

Csobadi das Resultat ihres Spiels mit dem kleinen ins Gesicht. Nachher stand sie am Klavier, Ödön kaute noch an einem Wurstbrot und spielte für die Freunde, dann verlangte er zu trinken, aber ⟨sie⟩ ließen ihn nicht mehr weg von dem Klavierstockerl, und Franza, die kaum hörte, was er spielte, sah auf seine Finger, auf die Hände, auf das Handgelenk, an dem allen war nichts auszusetzen, sie sah nicht durch Glas, kontrollierend auf diese Hand, sondern mit einem angespannten Gesicht, gegen zwei Uhr früh, als geschlossen werden sollte, ging er zurück, während die anderen um die Mäntel rauften, und da stand Franza nachdenklich, als hätte er seine Hand zurückgelassen, und er setzte sich hin und spielte etwas Zart-Armes, ein paar verwundete Töne, und zu ihr sagte er, ironisch, in den Sprechgesang übergehend: O alter Duft aus Märchenzeit.... Und dann hörte sie noch: All meinen Unmut geb ich preis. Das gefiel ihr am besten, und damit sie in keine Verlegenheit geriete wegen der Worte und der Musik, sagte er ihr, woraus das sei.

In der Tür nahm er ihre Hand und schaute sie an, küßte sie, sah sie wieder an, drehte sie herum, und inwendig sagte sich Franza die Worte wieder, all meinen Unmut geb ich preis. Das kam ihr so schön vor, daß sie sich, wie ein Land plötzlich merkt, daß es sich im Kriegszustand befindet, in einem Zustand befand, für den das Wort Verliebtheit noch immer den besten Dienst tut, in dem es am besten war, der Gefühlsinflation bald Einhalt zu gebieten und den Namen Ödön nicht durch die Luft zu schwenken und Raketen danach steigen zu lassen, bis er sie am nächsten Tag anrief und kurze Zeit später sich überall mit ihr sehen ließ, sie mitnahm und sich von ihr, in übertragenem Sinn, die Noten umblättern ließ, da Franza keine Noten lesen konnte, weil das Villacher Gymnasium, was den Musikunterricht anbetraf, nicht über die Einstudierung des Donauwalzers und des Schubertschen Sucht ein Weiser nah und ferne, ⟨⟩ und es mag sein, daß es an Franza lag oder an einer Professorin namens Vita Schütz, die in Musikstunden am Klavier schmerzlichen Erinnerungen nachhing, anstatt Franza aus ihrer musikalischen Unwissenheit zu erlösen. Wie hätte Franza erkennen können, daß Ödön den Beginn der Klaviersonate von Alban Berg interpretiere, als handele es sich um traditionelle Musik, wo er zu gefährlichen Übertreibungen neige, ⟨⟩

Für Franza war nun das Leben eine Weile sehr aufregend geworden, da sie sich ⟨in⟩ ein halbverstandenes musikalisches Abenteuer
verwickelt sah, in Probleme, von denen sie nie zuvor gehört
⟨hatte⟩, in Termine, Agenten, Südamerikatournee, Hotelzimmer-
leben, Rundfunk, Schallplattenaufnahmen, und nicht nur das ließ
keine Langeweile zu, sondern Ödön, der immerzu von etwas an-
gegriffen, verletzt, gejagt, stillgemacht, angefeindet, umjubelt, um
sie herum war, ⟨ ⟩ und während sie noch versuchte, sich umzustellen, von den Sorgen einer Studentin, die sie beibehielt, auf ein
Virtuosendasein, wie jemand sich von einer Hausmannskost auf
eine raffinierte Küche umzustellen beginnt und ihre Speisenabfol-
ge noch nicht zu würdigen weiß, nicht versteht, welcher Ge-
schmack welchem Prozeß zu verdanken ist, wurde sie von ihrer
Schwerfälligkeit überfallen, einer plötzlichen Müdigkeit mitten in
dem Trubel, in den vielen Leuten, unter die ⟨sie⟩ gezerrt wurde,
und das ›unnütz‹, das sie sich vormurmelte, war ein anderes als das
von Ödön, der der Routine zu entfliehen suchte, sich seit neuem
für einen Jazzmusiker hielt und das Publikum und die Kritik vor
den Kopf stieß, die ihn eben noch für Mozart auf den Schild
gehoben hatte, die Leute begeisterte, die keine Ahnung ⟨hatten⟩,
wie man die Kreisleriana opus 16 zu spielen hatte und was Schu-
manns Rückwendung zu Bach bedeutet und was die Sechzehntel
bedeuteten in der 7. Fantasie. Und warum es ihn hin- und her-
trieb, und warum er eins fürs andere liebte und verachtete und
wegwarf, um am Leben bleiben zu können, und Franza suchte
zwischen Sonaten und Klavierkonzerten, Balladen und Etuden einen Platz, halb als Galionsfigur, halb als ruhender Pol zwischen
nervösen Erschöpfungen, Tränen, Übermut, als Telefonfräulein,
für einen Ödön, der vor dem Telefon zitterte, als Vorkosterin von
Fleischstücken, in denen er Fett vermutete, als Sucherin immerzu
verlorener Gegenstände, Feuerzeuge, so daß sie sich einbildete,
mehr unter dem Bett zu liegen, in den Kasten und Schubladen den
Kopf zu vergraben als an seiner Brust, weil sie immer etwas für ihn
suchte, was er eben noch gehabt hatte und nun nicht mehr leben
konnte, seit er ⟨es⟩ nicht mehr hatte. Franziska, meine Brille, hat
irgendirgendjemand meine Handschuhe gesehen, Franziska, der
Kamm, nicht der große, der Taschenkamm, Franziska, ich werde

wahnsinnig, der Terminkalender ist eben noch hier gelegen. Das schönste an Ödön war, daß er, selbst wenn ihn die Traurigkeit um die Ecke schwemmte, Franza nie traurig, sondern immer stark machte und fröhlich. Sie hatte nie soviel gelacht, sie ging in lauter Lachen und Glanz auf, ohne es zu merken, und es ⟨gab⟩ nichts, was ⟨sie⟩ ihm je hätte übel nehmen können, er beschimpfte sich, gestand die unmöglichsten Dinge, die jeder Mensch sonst in sich versenkt hätte, ohne geständnisschwer zu werden, er warf die Geständnisse ab wie jemand, der nach schnellem Lauf seinen Mantel wegwirft, ich bin ein Schwein, damit es nur weißt, hast du die Partitur gesehen, nein, mach mich nicht verrückt, das Es-Dur-Konzert, laß es bleiben, wir gehen essen. Wir gehen ins Kino. Wir fahren jetzt ins Burgenland, nein, nicht morgen, jetzt, sofort, nicht umziehen, nimm meinen Pullover. Franziska, sind meine Schuhe. Franziska, wir bleiben hier.

Als sie von München zurückfuhren, war Franza ein wenig erschöpft, sie ließ sich nichts anmerken, in ihrem Kopf war alles immer gesprenkelt, golden, und sie war doch erschöpft, sie redeten nie darüber, wie es weitergehen sollte, wie lang konnte das noch gehen, man konnte doch nicht immerzu so leben, drauflos, und daran war ja nicht zu denken, daß Ödön mehr meinte, als daß sie jetzt und sofort mit ihm sein sollte, von morgen war nie die Rede, es war stündlich, und sie war nun schon halb aus der Bahn geworfen, ein Semester war vertan, das machte zwar nichts, sie sagte in der Nacht: Du, ich muß doch studieren, ich muß doch was tun. Sie blinkte mit den Augen so nah an seinen in dem Schlafwagenabteil, daß sich ihre Wimpern berührten. Ich glaub, ich ruinier dich. Willst du das sagen. Franza lachte. Du mich ruinieren, sowas Dummes. Was für eine Idee.

Nein, dich kann man gar nicht ruinieren, sagte Ödön, du bist so wunderbar, so stark, woher kommst du? Du lachst doch über alles, du lachst mich doch aus. Aus Gallizien. Natürlich, wenn man von dort kommt.

Brauchst du mich denn, fragte Franza.

Ödön verzog das Gesicht. Ich glaub schon. Ich glaub mir aber selber nichts. Ich weiß nur, was ich jetzt will, ich will dich. Und jetzt möcht ich Eis dazu, aber kein Vanilleeis. Ich hol es dir sofort, sagte Franza, und dann spielten sie wieder, Herr Ober, bitte ein Eis für den Herrn, Granatapfeleis, woher sie das jetzt zwischen Linz und Wien im Winter nehmen, ist uns gleichgültig. Heiße Schoko, stöhnte Ödön. Franziska steckte ihren Arm vorsichtig unter seinen Kopf, warum möcht man dir eigentlich immer alles sofort geben und holen? Ich möcht einen Bauernhof haben und meine Ruhe, ich rühre kein Klavier mehr an. Du bekommst ihn sofort, sagte Franza, ich möchte ⟨einen⟩ Glasfrosch haben, wie ihn jemand der Gebauer geschenkt hat, du bekommst deinen Frosch, und ich möchte König von Bramanien sein und König von Gallizien, Titulanien sein und König von Ravizien, Glan, und ich mache dich dann zur Gräfin von Gallizien, und wir spielen den ganzen Tag, und du schenkst mir zum 1. Geburtstag eine Jazzband und Glasaugen und ein Glashaus, am Westbahnhof sagte Franza, sie müsse bestimmt den ganzen Tag schlafen und wolle zuerst nachhause, aber abends, zur Gebauer, ja, sie komme ihn abholen. Kurz vor dem Abend wollte sie nicht gehen. Dann wollte sie wieder, bemerkte, daß sie kein Paar Strümpfe mehr hatte, sie probierte, zwei ungleiche anzuziehen, wenn man nicht genau hinsah, konnte es gehen. Dann rief Martin an. Ob sie ihm 1000 Schilling borgen könne, sie hatte nur mehr knapp hundert bei sich und es war Freitag, und sie sagte es und daß sie ausgehen wolle und ob es wichtig sei für ihn, weil sie für Taxi, und da hoffte sie, Martin werde sagen, es sei wichtig für ihn, aber er sagte, nein, ganz unwichtig, denn er hätte keine Lust und werde absagen, auch irgendwo eingeladen offenbar, und sie sagte wieder, aber Martin, wenn es wichtig ist, ich will nämlich gar ⟨⟩

Laß nur Franza, sagte er, und dann redete er irgendwas, und Franza kam sich auf einmal schäbig vor, weil sie ihm nicht sofort gesagt hatte, er solle sich das Geld holen. Und jetzt erst fing sie an, es ihm aufzudrängen, und da wars zu spät. Schönen Gruß an Ödön. Franza war etwas sprachlos, weil sie nie über Ödön redeten, und sie sagte: bist du übergeschnappt, von solchen Sachen solltest du in deinem Alter! Und gelt und ach was, und kommst du Sonntag zu mir essen? Ödön hat auch einen jüngeren Bruder. Der mit dem ich, mit dem du mich, im Café Bastei, ja, der. Nein, ungarisch kann er nicht mehr, nein, nur der Vater ist aus, die

Mutter, die, von hier. Bitte Martin, stell dich nicht so, du bist ja
blöd, wer macht hier Witze? Sie warf den Hörer in die Metall-
gabel zurück. Als sie zum Taxistand kam ⟨⟩ und stieg in den Wagen, der Fahrer begann mit ihr zu reden, offenbar ein Verrückter,
der ein düsteres Lamento mit Drohungen gegen irgend jemand
ausstieß und vom nahen Weltende faselte, Franza merkte sofort,
daß er falsch fuhr, sie unterbrach seine Reden, die mit flammen-
den hochdeutschen Ausrufen gipfelten: die Schmach, der Mensch
ist eine Furunkel, der Eiter quillt aus dem Menschen heraus, Franza sagte, ich bitt Sie, ich will, Sie müssen doch zum Heumarkt und
zum Eislaufverein, dann erklär ich es Ihnen. Der Fahrer drehte auf
der Straße um und wäre aufs Haar von einem Auto gerammt
worden, dann fuhr er wieder in Richtung Stadtpark Eislaufverein
den Heumarkt hinauf, und es trug ihn in der Kurve vor dem
Stadtpark so weit hinaus, daß er mit einem Auto zusammenstieß.
Franza kippte, ganz leichtgewichtig, von dem hinteren Sitze über
die vordere Lehne und fand sich eingerollt auf dem Boden vorn,
unverletzt, sie hielt ihre kleine Tasche an sich gepreßt. Sie sind
Zeuge, schrie der Taxifahrer, Sie sind Zeuge, gnädige Frau, und
Franziska, die sich schon von mehreren Personen umringt sah und
soviel begriffen hatte, daß ihr Fahrer schuld war, sagte, aber ich
habe doch nichts gesehen, und das furchtbare Gebrüll ihres Fah-
rers, der sie drohend ansah, schüchterte sie so ein, daß sie auch vor
dem Polizisten beteuerte, nicht zu wissen, was geschehen war. Sie
bat, gehn zu dürfen, und ging auch weg, bis zu einem Laternenpfahl, dort hielt sie sich fest. Sie wollte ⟨nachhause⟩ gehen oder die
eine Station mit der Straßenbahn zurückfahren, weil die Schatten
schaurig über dem Heumarkt lagen, zum Park hin ausfransend, sie
hätte Ödön anrufen können oder die Gebauer, sie wollte nicht
mehr gehen, alles war gegen diesen Abend, dann wieder dachte
sie, daß Ödön etwas nicht »bekommen« würde, wenn sie nicht
kam, und sie ⟨ging⟩ weiter bis zum Konzerthaus und hielt ⟨am⟩
Schwarzenbergplatz ein Taxi an, im Auto merkte sie, daß ihr
schlecht wurde, und als sie bei der Gebauer im Lift hinauffuhr,
sich im Liftspiegel sah, wollte sie ein letztes Mal umkehren, sie
drückte auf den Knopf, als sie oben ankam, und fuhr wieder hinunter. Am Haustor, während sie noch überlegte, ob sie nach links

oder rechts wegweichen sollte, rannte sie in Ödön hinein, der
natürlich wieder einmal zu spät kam ohne Grund, sie sagte, bitte,
laß mich nachhause gehn, ich bin da grad mit einem Taxi verun-
glückt, aber Ödön zog sie wieder mit in das Haus und sah sie an
und hielt sie gegen das Licht und führte sie mit der Gebauer ins
Bad, wo Franza zuerst meinte, sie müsse sich erbrechen, aber das
gelang ihr auch nicht, und außer ihren ungleichen Strümpfen und
ihrem aufgerissenen Gesicht im Spiegel war noch immer alles in
Ordnung mit ihr, und dann stand er in der Tür und nahm sie bei
der Hand und machte das onkelhafte Gesicht beim Pulsfühlen, sah
sie aufmunternd an und sagte, indem er ihr das Glas hinhielt, trinken Sie einmal ein paar Schluck, er sagte das nicht zu Franza,
sondern zu der Franziska, die Csobadis Freundin war und daher
etwas der Bestaunung Wertes, da jede Freundin Csobadis bisher
aus irgendeinem Grund zum Staunen gewesen war und ausgezeichnet mit dem pour le mérite, und da an Franza nichts besonders war, sie war weder die schönste Frau Wiens noch die Frau
von irgendjemand noch skandalumwittert, es war sozusagen ihr
erster Skandal, daß sie mit Csobadi zu sehen war, was aber für die
anderen genügte, um sie aus der Anonymität, aus der Ödön sie
gezogen hatte, ⟨⟩ sondern ihr einen Kurswert zu geben, und Franza hätte nämlich nie ahnen können, daß das Erwartungen weckte
in anderen, Csobadis neueste Akquisition, einige, so die Gebauer,
wollten auch schon wissen, woher die kleine Ranner kam, und
Franziska trat also in dieses Haus romanzengeschmückt, begeh-
renswert, ehrgeizerweckend, einem so unglaublichen, so charman-
ten, so jungen Mann, so berühmten Mann wie Ödön etwas wegzunehmen. Jordan befahl der Gebauer, für Franza eine Decke her-
auszusuchen, sie solle sich niederlegen, als die Gebauer hereinkam
und eine Weile sie einpackte, fragte Franza mühsam, ist das der
Jordan. Hab ich das richtig verstanden. Die Gebauer, die sich ver-
pflichtet fühlte, aus allem eine Szene zu machen, bauschte die
Frage auf, und schrie zwischen Tür und Angel, das sei ja hinrei-
ßend, die Kleine, sie wisse wohl nicht einmal, wer ihr den Puls
gefühlt habe, Jordan, komm her, erklär ihr einmal, wer du bist,
und versuchs mit einer kleinen Hypnose, dann saß Jordan an ihrem Diwan und sprach halblaut mit ihr, sie erzählte ihr Taxiun-

glück, dann daß sie schon gleich nicht habe kommen wollen, und
als sie eine Stunde mit ihm gesprochen hatte, fragte er sie, ob sie es
noch immer bedaure, und sie sagte nein.

Sie kam später zu den anderen und wurde lustig, wie sie es noch
nie gewesen war. Sie ließ sich von Ödön nachhause bringen und
wurde am nächsten Morgen von Jordan angerufen, müssen Sie
Csobadi etwas sagen, fragte er sie. Nein, muß ich nicht, aber ich
sage es ihm, antwortete sie. Als sie aufgehängt hatte, wußte sie
nicht, was sie damit meinte, was sollte sie Ödön denn sagen. Daß
sie mit einem älteren Mann eine Stunde halblaut gesprochen hatte
und am Ende gesagt hatte, sie bedaure es nicht, gekommen zu
sein. Das Ödön zu sagen, war zwar leicht, aber es hörte sich dumm
an. Jordan traf sie in der Nähe der Klinik, im Kaffee Medicus, er
sagte nach wenigen Minuten, man hat mich gesehen, und Franza,
die nicht wußte, was er meinte, sah ihn mit aufgerissenen Augen
an, das gibt schon ein ganz schönes Gerede, sagte er, warum müssen Sie auch einen roten Mantel tragen, das war ein Scherz, und
sie lachte verlegen. Patientinnen sehen auch anders aus, warum,
das könnte ich Ihnen nicht sagen, aber wir alle haben eine Nase
dafür. Das war einer der Hoffleute. Franza bewegte sich in ihrem
Staunen, trank erstaunt Kaffee und merkte höchstens, wie sich
etwas verundeutlichte. Sie beschäftigte sich mehr mit Jordan, als
daß sie mit ihm redete, und ihm erging es vielleicht ebenso. Später
fuhren sie nach Nußdorf und suchten sich ein stilles Heurigenlo-
kal, zu dem nicht einmal jemand den Kopf hereinsteckte, es war
ein kühler Abend und sie aßen schlecht, und sie redeten sich wieder weiter hinein, Jordan sagte plötzlich, er wolle in den Wald mit
ihr, irgendetwas, und er möchte jetzt im Wald mit ihr liegen und
sie, schon ganz sich einlassend, sagte auch, das wäre schön, aber
dann dachte sie, es sei kalt und daß es ihr nicht geheuer war,
niemand konnte man sich schlechter im Wald und mit Romantik
vorstellen, zu Baumwipfeln hinaufstarrend, und zu seinem Alter
paßte es nicht, es klaffte etwas zwischen Jordan und Franza, und
was klaffte, wollte sie schließen, und so sagte sie, sie wolle der
Stadt zu gehen, und sie gingen die ganze Nacht der Stadt zu, bis
zum Morgen, als die Lastwagen mit den Milchkannen fuhren, und
morgens gegen acht Uhr kam sie vor Ödöns Wohnung und ging

zu ihm hinauf, er schlief nicht, sie merkte es gleich, sie setzte sich auf das Bett, willst du nicht wissen, woher ich komme. Ödön schüttelte den Kopf. Franza sah, daß er weinte, und das erschien ihr so entsetzlich, daß dieses Wunderkind, dieser Prinz, dieses Glückskind traurig war, und sie legte ⟨sich⟩ zu ihm und sie weinten wie zwei Kinder, die man ins Waisenhaus nach dem Tod der Eltern gebracht hatte und die das Böse auf sich zukommen sehen. Geh nicht zu ihm, sagte Ödön, ich kanns nicht begründen, ich habe Angst deinetwegen, es ist nur das. Geh nicht. Franza gab keine Antwort. Nachdem sie eingeschlafen war, stand er leise auf. Sie wachte auf und merkte, daß ⟨er⟩ vergessen hatte, die braune Mappe mitzunehmen, sie mußte die braune Mappe streicheln, dann nahm sie vom Sekretär ein Stück Papier und malte mit großen steilen Buchstaben darauf. Lieber lieber lieber Ödön, danke. F. Sie machte das Bett und legte den Zettel unter sein Kopfpolster. Drei Wochen später rief Ödön sie an. Können wir einander sehn, oder kann ich dir helfen und kommst du, willst du nicht kommen, Zissa. So nannte er sie nicht am Tag oder nur am Tag, und es hieß, damit sonst nichts gesagt werden mußte, ⟨⟩ aber da räumte sie schon ihr Zimmer, und es mußten einige Pakete nach Hietzing in Jordans Haus gebracht werden, und sie hatte Jordan versprochen, auf die Suche zu gehn nach einer Haushälterin, und hatte Verabredungen mit Stellungssuchenden ⟨⟩

Textstufe IV.4

* Franza ⟨hat⟩ keine Provinzseite, sondern den Protestantismus der Provinz, will nicht glauben, daß Dinge existieren, die man nur in Büchern zu lesen bekommt, ist schockiert über Schimpfworte, hat nie vorher welche gebraucht und benutzt, und Franza glaubt nicht, daß Leute heiraten, wie Jordan, ⟨⟩

Franza akzeptiert Ödöns Selbstbeschuldigung, weil er das Ordinäre ad absurdum führt. Ihr einziger lateinischer Ausdruck, perpetuum mobile, ad absurdum, sic transit, mehr erlernt sie nicht mehr. Jeder erlernt nur sehr wenig, manche nur die Regeln des Fußballspiels und der Einbahnstraßen, und die Präponderanz mitnichten, in keinster Weise.

Mitnichten, sagte Franza. Das sagte sie oft. In keiner Weise, das lehnte sie ab, obwohl es der niedre Adel benutzte, und eingekerkert in wenige lateinische on dits und in einige gesellschaftliche, hörte sie nicht auf, zu hören und zu hören, aber sie hatte nur mehr wenig zur Verfügung. Wenn man die Leute ihrer Steigbügelworte und ihrer Zügelworte beraubt, sind sie sehr wenig, sie können sich kaum mehr bewegen, und Franza merkte das, als sie Jordan mit seinem Bruder sprechen hörte, Jordan verlor den Halt, er stürzte von seinem professoralen Pferd, seine Sprache scheute, und niemand kann ja reden, niemand kann reden, wenn man ihm die paar Griffe nicht erlaubt, den Halt nimmt, den er kraft seiner erlernten Welt anzunehmen sich ⟨⟩, jede Welt ist eine erlernte, und Franza, die so wenig sich erlaubte, hantierte zwischen der Universitätswelt, plus minus, sagte die bei jeder Gelegenheit, das sollte heißen, streichen wir da was ab, und streichen wir dort was ab, und da haben wir die goldene Mitte, und ich komme um 12 Uhr plus minus, das konnte man sich schon ausrechnen, Herr Kollega, ⟨Frau⟩ Kollegin, die Frau Kollegin konnte es auch. Franza hatte aber zuerst eine andere Sprache erlernt, und die vergaß sie zwar, aber als es ernst ⟨zu⟩ werden begann, als man ihr, als sie sich das Rasiermesser zu geben anfing, dachte sie nur mehr an ihre Sprache. Ja, ja. Nein, nein. Und noch immer sagte sie beiläufig: freilich, alsdann, natürlich, mitnichten, und wenn schon, und ich meine. Aber sie wußte ja nie, was das alles bedeutete, sie wußte es nicht wirklich. Sie war auf ein paar Grundtöne reduziert. Glück, glücklich sein mit Jordan, Unglück, Tragödie mit Jordan, und sie erfuhr das übergangslos, als es passierte. Nur daß es passierte, und das war allerdings ein schreckliches Wort, Passieren, ihr mußte das passieren, ihr mußte so ein Mensch passieren, so ein Leben, da scheute sie auch nicht mehr, denn es war zu spät, sie fiel gleich auf den Schädel, der sie schmerzen sollte, ⟨⟩

Jordan sagte mit erkünsteltem Gleichmut, du sehnst dich wohl ⟨nach⟩ deinem unordentlichen Leben mit den Herren Studenten und deinem Pianistenprinzen. Bitte, sagte Franza, du weißt doch, daß das nicht wahr ist, wieso hätte ich sonst, und ich wäre doch nicht zu dir gekommen, es hätte auch eine vorübergehende Affaire sein können. So, sagte Jordan und zeigte Erstaunen, es hätte auch etwas anderes sein können. Eine Affaire. Wunderbar, wie du dich ausdrückst, ich entdecke ja ganz neue Seiten an dir, und wenig ernst war es dir also. Nein, sagte Franza heftig, du willst mich nicht verstehen. Es war ganz ernst, es war eigentlich sofort entschieden, ich kann bloß nicht mehr sagen, was ich denke, weil du mir ⟨die⟩ harmlosesten Worte umdrehst.

Oh, sagte Jordan lächelnd, du vergreifst dich wohl im Ton. Wann ließe ich dich nicht sagen, was du sagen willst.

Immer, Franza schluckte, es ist, ich kanns nicht erklären, ich habe nie mit jemand anderem das Gefühl gehabt, daß ich auf jedes Wort achten muß, man muß doch reden können, wie man will, wenn man mit jemand lebt, und ich fange an aufzupassen, ich weiß nicht, was das ist. Du beobachtest mich immer, du lebst nicht mit mir, du betrachtest mich, du hörst zu und seziert es, ich merke beinahe, wie an deinem Ohr etwas steht und aufpaßt. Du hast einen Aufpasser im Ohr, in deinen Augen, ich komme mir wie beschattet vor, das ist es. Es ist so unnatürlich.

Liebe Franziska, ich bin nicht einer deiner jungen Springinsfelde, die nichts zu tun haben, und mit denen man herumkälbern kann, aber das ist es doch nicht, sagte Franza.

Willst du endlich zuhören und weiteressen, du merkst nicht einmal, daß du das Essen kalt werden läßt, du merkst nicht einmal, wie unangenehm es ist, immer warten zu müssen und diese Appetitlosigkeit, diese kalten Knödel ansehn zu müssen.

Ich kann nicht essen, Franza dachte, warum kann ich denn bloß nicht mehr essen, immer hatte sie essen können, es mußte wirklich, man mußte einen Arzt fragen, bei dem Gedanken mußte sie plötzlich lachen, es war schon zum zweiten Mal, daß sie in der letzten Zeit dachte, man müsse einen Arzt fragen, und sie saß ihm gegenüber und dachte das. Sie wußte es aber schon längst, daß es zuviel war, mit einem Arzt zu sein und auch noch ihn dazu zu bringen zu sehen, was zuhause nicht stimmte, sie konnte sich nicht einmal vorstellen, was passieren würde, wenn sie einmal krank würde. Das mußte die reinste Katastrophe geben, aber es war im Scherz, daß sie sich das vorstellte, und auch das brachte sie zum

Lachen. Es gibt doch was gegen Appetitlosigkeit, sagte sie fragend, Eisen oder so, ich könnte was einnehmen.

Es handelt sich bei dir nicht darum, daß du etwas einzunehmen brauchst, sondern daß du dich zusammennimmst.

Aber ich kann wirklich nicht essen, Leo, und es stört mich auch nur, weil es dich stört.

Die Gnädige kann nicht essen, kann nicht schlafen, steht jede Nacht fünfmal auf, sie ist immer müde, sie hat offenbar ein schweres Leiden, und das Leiden dürfte ich sein.

Bitte, das ist lächerlich, sagte Franza, nimmst du Kaffee.

Warum fragst du, ob ich Kaffee nehme, du weißt, daß ich Kaffee nehme, ⟨⟩

Letzte Fragen: warum hat Jordan sich Franza ausgesucht? Franza würde verstehen, wenn er versucht hätte, mit einer anderen Frau zu experimentieren, angenommen mit der Gebauer, Franza versteht nicht, warum gerade sie. Warum zerstört jemand ein belangloses Haus, wenn er den Justizpalast anzünden kann, warum bloß irgendeine Person, anstatt einer berühmten Person, Franza sieht nicht hindurch und findet den letzten Schlüssel nicht. Habe da mit einem unaufklärbaren Fall von Blaubart zu tun gehabt, von Mann, von Faschist, von wer versteht das, wer wird das je verstehn, ⟨⟩

Die ägyptische Finsternis *(Teil I; Hauptfassung)*

Die ägyptische Finsternis

Sie sind in die Wüste gegangen. Das Licht erbrach sich über ihnen, der Auswurf des Himmels, von einem heißen, sauberen Geruch begleitet. Die große Heilanstalt, das große unverlaßbare Purgatorium, obgleich nach allen Seiten offen: unverlaßbar, arabisch, libysch in seinen Unterabteilungen, feinkörnig, steinig, Sandschliff am Stein, der Stein in der Bizarrerie, zusammengenommen alles saharisch. Sahara. Die Anstalt hatte sie aufgenommen.

»Selbst der Fremde...« »Denn was er (der Fremde), was er auch anschließend tun mag, nie wird er –« Martin putzte seine Sonnengläser, verschmierte sie mit Sand. »Nie wird er vergessen können. Und er behält –« Martin versuchte es noch einmal. Was behält der, oder was behält ihn, den Fremden? »Er behält eine Sehnsucht nach ihr (nach der Wüste) bis zu seinem Tod.«

Alles leer und vorhandener, als was sich für vorhanden ausgibt. Nicht das Nichts, nein, die Wüste hat nichts zu tun mit dem erspekulierten Nichts der Lehrstuhlinhaber. Sie entzieht sich der Bestimmung. »Ist etwas Ausschließliches und duldet nichts Halbes.« Martin las, denn er verließ sich noch auf seine Bücher, und weil es ihn ärgerte, daß er nicht durch die Brille sah und daß man ihm etwas erzählte, was er nicht empfinden konnte, schlug er zur Erleichterung Franzas doch einmal das Buch zu. Für ihn war hier nichts ausschließlich und auch nichts halb. Bedenklich machte ihn nur, daß eine Stadt jäh aufhörte, daß Kairo, ein Gebiet für 3 Millionen Menschen, in den Sand überging, wo andre Städte in Schrebergärten und Vorstadtsiedlungen überzugehen hatten. Hier wurde von einem Meter auf den anderen eine Stadt aufgelassen, eine Ausfallstraße von einer Piste abgelöst, und Franzas wegen hätte er gewünscht, daß am letzten Haus noch eine Haltestelle gewesen wäre, damit sie aussteigen hätten können.

Neun Stunden Fahrzeit. Die Voraussage, die ging ihm plötzlich schreckhaft in die Knochen. Der Wüstenbus, der sich Zeit gelassen hatte in der Stadt, erhöhte nach den ersten hundert Metern Piste seine Geschwindigkeit, als finge er an, sich in seinem Element zu fühlen, und als hätte er vor, zu zeigen, was ein Wüstenbus war. Ohne Halt bis Suez.

Sire, ich werde ankommen. Ich bin in der großen Gummizelle aus Himmel, Licht und Sand. Franza stemmte sich gegen die Fußleiste, sie vermied Martins fragenden Blick und sah unentwegt zum Fenster hinaus, wo es für ihn nichts zu sehen gab. Das konnte ja »gut« werden, Martin fragte sich, ob sie sich so in der Gewalt hatte, daß sie ihm ihre Furcht nicht zeigte. Aber er wußte nichts von Sire und ich werde ankommen, und wenn sie ihm über die Hand strich, die Hand auf seinen Arm legte, meinte er, sie wolle sich beruhigen, und so nahm er von Zeit zu Zeit auch ihre Hand und preßte sie, zur Beruhigung.

Der Bus ratterte nach Suez hinein und hielt, kaum zu bändigen durch ein paar Bremstritte, in einer Seitengasse vor der Hauptstraße. Erstaunen über Suez, wo kein stattgefundenes Drama in die Augen sprang, keine Spur von einem vergangenen Kampf. Martin und Franza blieben sitzen, überlegten, was das Aussteigen der meisten Araber bedeutete, ob Suez deren Ziel war und sie allein weitermußten. Dann stiegen sie doch aus, meinten begriffen zu haben, daß hier eine Rast gemacht wurde. Sie wanderten ein Stück die Hauptstraße hinunter und fanden eine Bruchbude, vor der Sessel standen und einige Männer Tee tranken. Franza sah andauernd zur Seitengasse auf den Bus, damit er ihnen nicht davonfahren könne, dann entspannte sie sich und trank ihren Tee, nicht mehr wie im Café Herrenhof oder im Operncafé ihren Kaffee, von Einkaufspäckchen umgeben, mit angefangenen Briefen zuhause, »Lieber Martin, ich muß dir schreiben, ich weiß gar nicht, wo ich anfangen soll, es ist so schrecklich, und ich habe nur dich...« und nicht mehr mit Syndromen an jedem Flimmerhaar und allen Antennen, sie ließ ihren Tee auch nicht kalt werden, rührte nicht, an Verstimmungen leidend, um. Ihre entzündeten Augen ließen nur nicht erkennen, ob sie glänzten, vom Daran-

kranken, oder weil es heiß war. Sie sagte: Suez. Wirklich Suez? –
wollte von Martin eine Bestätigung, daß das Suez war. Mehr als
zugeben, daß dieses Nest auf den berühmt berüchtigten Namen
hörte, konnte er nicht. Er scheuchte Fliegen weg und sagte, oh
noch unverwüsteter Irrtum! wenn du durchhältst, wenn du dich
zusammennimmst, neun Stunden bloß, dann sind wir am Meer,
und du kannst dich erholen. Franza schwieg und sah wieder an
ihm vorbei. Das glaubte er wohl selber nicht. Hier fuhr man nicht
nach Portofino oder Cannes und legte sich an einen Strand. Sie
dachte abfällig über zwei Orte, die sie nur vom Hörensagen kannte. Wußte Martin denn nicht, wo sie waren und wo sie war, und
folgerte er nichts aus diesem Suez.

Sie hatte La Gazette Egyptienne über den Kopf gebreitet, und
Martin rückte an seinem weißen Baumwollhut herum, der ihm
lächerlich vorkam. Nein, das wußte er nicht, wohin sie unterwegs
war, und er sollte bei seinen Karten und Plänen und Informations-
zetteln bleiben, glauben an einen Bungalow am Meer und Flug-
und Busverbindungen. Seit sie aus dem Bus herausgewankt war,
hatte ein Kampf in ihr angefangen, in ihr gingen zwei Gegner
aufeinander los, mit einer vehementen Entschlossenheit, ohne sich
mehr zu sagen als: Ich oder Ich. Ich und die Wüste. Oder Ich und
das andere. Und ausschließlich und nichts Halbes duldend, fingen
Ich und Ich an, gegeneinanderzugehen.

Martin, der Hunger hatte, war erstaunt, daß sie sich anbot, etwas zu tun, zum erstenmal von ihm wegging, freiwillig zu dem
Brotladen, den sie entdeckt hatte, sich einließ auf den Piasterhan-
del und zurückkam mit zwei Brotfladen. Er wollte ihr etwas
Aufmunterndes sagen, aber in dieser Hitze, die, seit sie sich gesetzt
hatten, angestiegen war, als hätte jemand an einem Regulierknopf
für Wasser zu schnell vom warmen bis zum siedenden gedreht,
kam er über ein Lippenfeuchten und ein Danke nicht hinaus. Er
hätte in Gelächter ausbrechen mögen, wenn er noch lachen hätte
können. Denn hier begann ein studium generale, von dem er keine Ahnung gehabt hatte, nicht eine Reise zwecks Studien. Würde
Franza umfallen, vom Sessel kippen, wenn das noch ein paar Minuten dauerte. Was machte man in Suez mit einer weißen Frau,
die umfiel oder zu schluchzen und aus ihrem Körper auszubrechen

anfing. Da sie so undurchdringlich aussah und sich über nichts beklagte, hielt er es für möglich, daß sie mit einem angenagten Fladen in der Hand beherrscht vom Sessel kippte und starb. Aber sie saß da und aß den ganzen Fladen auf und trank noch ein Glas Tee. Das war doch nicht möglich, nach diesen tagelangen Szenen auf dem Schiff, in der angenehmen Mittelmeertemperatur, in einer ventilierten Kabine, in der jedes Schlingern von dem Schiff und der Anblick ein paar kräftigerer normaler Wellen, nur durchs Bullauge gesehen, schon Hindernisse für eine erträgliche Stunde mit ihr gewesen waren. Sie saß da, durchaus zu ertragen, vor dieser Bude, studierte keine Bevölkerung, wunderte sich über nichts, nicht über die Pyjamas auf den Straßen und die Kinderwolken, die mit den Fliegenwolken durch dieses Suez trieben. Als wäre sie immer hier gesessen. Er blätterte mit klebrigen Fingern in seinem Reiseführer. Der Suezkanal. Führt zu einem Drittel durch natürliche Seen, den großen Bittersee und den kleinen Bittersee. Bitter, auch Namen. Er hoffte, Franza sei mit ihren Gedanken nicht schon wieder in Wien, weil sie sich durch jeden Namen, durch jeden Zufall zurückschleudern ließ. Wie auf dem Schiff, wo alles zu weiß war für sie, wo sie nie realisierte, daß sie auf einem anständigen Schiff war, sondern sie fuhr mit ganz Wien, das schlingerte, mit ihrem endlosen Lamento, und schlug an die Kabinentür, als müsse sie heraus aus Wien, aus ihrer Wohnung, oder heraus aus einem Operationssaal, und noch einmal verhandelte sie mit dem Chirurgen, einem schon sterilisierten, schneeweißen Chirurgen, und warf sich vor ihm auf die Knie, bettelte darum, ihr nachher diesen Fötus zu geben, ihn mit nach Hietzing nehmen zu dürfen in einem Einsiedeglas, und dieses Einsiedeglas wollte Martin noch immer nicht in den Kopf, daß sie noch ein Einsiedeglas gekauft hatte in einem Badener Haushaltsgeschäft, er wußte schon kaum mehr, was das war, früher in Galicien waren immer Fleisch und Obst in Einsiedegläsern im Keller gestanden, aber dieses Einsiedeglas, in das sie Spiritus füllen wollte, und dann nach Hietzing, wenn schon mit keinem Kind, dann mit einem Fleischfetzen zurückkommen zu dem Fossil, ihm den hinzustellen, damit er das ansehen konnte bis ans Ende seiner Tage. Diese Idee mit dem Einsiedeglas, das sie sich ausgedacht hatte – was dachte ein Mensch

sich bloß aus! –, mit dem lag sie auf dem Boden in dem Operationssaal und auf dem Boden der Schiffskabine, und er hatte schon
jeden vorübergehenden Passagier und den mißtrauischen Steward
gefürchtet auf diesem Gespensterschiff, weil ihr einziges Kind –
     Mein einziges Kind, mein Kind, geben Sie mir mein einziges
Kind. Damit es nicht in den Verbrennungsofen kam. Martin wollte das nicht glauben, aber sie hatte bestanden auf den Verbren-
nungsöfen, dort hatten sie dann doch die Fleischfetzen mit vielen
Fleischabfällen verbrannt, der Kanalräumung zukommen lassen,
diese weißen Teufel. Wer fiel heute noch vor jemand auf die Knie,
was hatte sie sich einfallen lassen, – auf die Knie, da riskierte man,
sofort in ein Irrenhaus abtransportiert zu werden. Niemand fiel in
dieser Welt, aus der sie kamen, auf die Knie, aber Franza, er glaubte ihr jetzt, die hatte etwas so Grauenvolles getan und gesagt, etwas
müssen sie mir trotzdem von ihm lassen, dann will ich es essen
dürfen, ein Stück, da will ich denken, es hätte sein Herz draus
werden können, denn ganz dürfen sie es mir nicht nehmen, dann
will ich es lieber auffressen, wenn es nicht leben soll. Der schon
sterilisierte Chirurg, und das vor dem sprachlosen Narkosearzt,
Martin stellte sich den zumindest sprachlos vor, weil der eine
Stunde lang aufgehalten wurde, in eine Vene zu stechen, der schon
keimfreie Chirurg mußte noch einmal aus dem Saal gehen und das
Fossil anrufen, eine Kapazität die andere, mit einem Bedenken-
Gerede, ohne diese Ungeheuerlichkeit zu erwähnen, die sich in
kein Telefon sagen ließ, nur Bedenken wegen nervlicher Verfassung, denn dem befähigten Chirurgen war schon allerhand untergekommen, aber noch niemals eine Frau, die ihr Kind auffressen
wollte. Und Bedenken waren zerstreut worden, Jordan, der Psychotherapeut in der Verantwortung, mußte ja am besten wissen,
ob Bedenken angebracht waren, und die Autorität Jordan versicherte autoritär: keine Bedenken.

Franza stand auf und sagte in Martins gequältes Halluzinieren hinein, denk doch nicht mehr daran, ich kann dir versprechen, ich
vergesse es. Woher wußte sie, daß er daran dachte? Er wußte fast
nie, woran sie dachte. Sie sah hinüber zu der Seitengasse. Die
Männer in den Galabayas und Pyjamas hatten sich wieder zusam-

mengefunden, ohne daß der Fahrer gehupt oder gerufen hätte. Sie
lief ein paar Schritte voraus und wandte sich, ihn drängend, um.
Ich habe es jetzt gefressen, ein Stück hinuntergewürgt, zwischen
Kairo und Suez, es hat mir bisher nur der Sand gefehlt, um etwas
davon hinunterwürgen zu können. Sie zog ihn mit sich. Ich werde
nie mehr auf die Knie fallen, vor keinem Menschen, vor keinem
Weißen.

Die Weißen. Hier waren sie endlich nicht mehr. Hier mußte sie
sich nie mehr umdrehen und sie hinter sich gehen hören und
fürchten, gewürgt zu werden, an eine Wand zu fallen vor Schreck,
aus einem Auto in den Schnee gestoßen zu werden. Sie hörte auf,
sich ⟨zu⟩ fürchten, von jemand angeschrien, belauert und gewürgt
zu werden. Sie mußte bei keinem Versuch mehr stillhalten. Ein
anderer Versuch fing an, und den würde sie selber an sich vorneh-
men.

Mit Ausnahme von Franza waren nur Männer in dem Bus, hell-
braune, braune, dunklere, zwei drei schwarze. Franza wandte den
Kopf hin und her, ihr Fenster genügte nicht, sie hatte den Zwischenfall vergessen, während Martin grübelte und noch einmal die
Schiffstage loszuwerden versuchte. Sie sah nach den Wasserschlau-
fen, Wasserläufen, die mit dem Kanal zu tun haben mußten oder
der Kanal waren, ein Wassergewinde, das sich mit der Wüste an-
legte. Dann war wieder nur die Wüste da. »Sie erfaßt den ganzen
Menschen« – ach, haben wir das nicht oft gehabt in einem Kolleg
und in Seminaren, was hat da nicht alles den Menschen erfaßt –
»und sie läßt nicht von ihm«, das mag noch hingehen. Was die
Wüste barg (barg! das war doch der reine Hohn), das war so karg
(das reimte sich wenigstens, aber sinnlos) – Martin war entmutigt.
Hatte das jemand zu schreiben gewagt

Aina Suchna. Zu erreichbar, die erste Ansiedlung an der Küste,
einer dieser propagierten Orte. Badeortversprechung, die Lügen
gestraft wurde von ein paar kläglichen Häusern. Martin kam sich
sehr klug vor, weil er den Ort gar nicht erst in Erwägung gezogen
hatte.

An der Militärstation vor Hurghada, neun Stunden Fahrtzeit längst

überschritten, war noch immer nichts zu sehen, aber hinter den
Dünungen mußten Baracken sein, weil zwei Männer dahin-
überdeuteten, Ingenieure, wenn Martin verstanden hatte, sie stiegen vor den anderen aus und winkten zurück. Dann verließ alles
den Bus, und Martin und Franza gingen als letzte hinterher, frag-
ten und überlegten auch nichts mehr. Für die anderen mußte es
eine abgemachte Sache sein, daß hier ein Haus stand, an dem
soundsovielten Kilometer, in dem Kaffee und Wasserpfeifen an-
geboten wurden. In dem freundlichen Nirgendworaum mit Tischen und geblümten Sesseln lümmelten sie erschöpft in den Stüh-
len, während jeweils die Hälfte der Männer an dem langen Gang
Schlange stand, der zum Abort führte; einige rauchten die Wasserpfeifen und standen auf, wenn andere zurückkamen.

Sechs Stunden früher, auf der Piste, vor einer gestreiften
Schranke, neben einem Kontrollposten, der nichts kontrollierte
und sich kurz mit dem Fahrer unterhielt, hatte die Szene anders
ausgesehen. Da waren alle ein Stück weit in die Wüste hineingegangen, eine Weile dort geblieben, die Gesichter der Wüste zugewandt. Franza war allein am Bus zurückgeblieben mit dem Posten und hatte zu Martin gesagt, so geh schon. Sie wußte zuerst
nicht, wohin sie schauen sollte, und nahm von dem Posten eine
Flasche Coca-Cola, trank ein wenig, und dann kam ihr das Bild
weniger grotesk vor, diese dreißig bis vierzig urinierenden Männer, die gleich von der Wüste verschluckt werden konnten, sie sah
ihre Füße einsinken, die Galabayas flattern.

Franza ging auf die andere Seite des Busses und zog sich, ehe die
ersten Männer zurückkamen, die Unterwäsche, unter Verrenkun-
gen, unter dem Kleid weg und stopfte das verschwitzte Nylon-
und Spitzenzeug in die Reisetasche. Als sie wieder fuhren, sagte sie
zu Martin, ich habe das nicht mehr aushalten können, sieht man
das, daß ich nichts anhabe darunter. Da Europa zuende war, alles
zuende insbesondre für eine Weiße mit Gewohnheiten, Tabus und
Deformierungen, unterließ Martin einen kritischen Blick und sagte, es sei doch völlig egal und sie ziehe so einen Blödsinn besser
überhaupt nicht mehr an. Er drückte ihr wieder die Zeitung auf
den Kopf, weil ihr Fensterplatz, den sie mit seinem daneben nicht
tauschen wollte, immer stärker angeheizt wurde von der Sonne.

Einen Hut brauchst du, weiter nichts. Der wird sofort gekauft.
Einen Hut, obwohl Brot angeblich nur vormittags... aber in Hurghada mußte es zumindest einen Hut geben.

Zwischen dem Fahrer und dem hochgestapelten Gepäck lagen seit
Suez ein paar Flaschen Joghurt, etwas Gemüse und eine Kiste voll
Fischen, beäugt von allen, da der Eisblock, der darübergelegt worden
war, zu einem wasserfarbenen, wässerigen Etwas zusammenschmolz.
Martin sah, daß Franza auf diese Kisten starrte, es
war die erste Anteilnahme, die sie zeigte für etwas in diesem Land.
Nie empfundene Besorgnis um Nahrungsmittel, um einen Fisch,
um die Feldflasche mit Wasser vor allem, die der Kondukteur von
Zeit zu Zeit herumreichte, dazu einen Metallbecher, aus dem alle
tranken, jeder vorsichtig, keinen Schluck zuviel. Die zwei ersten
Male hatten Martin und Franza noch höflich gedankt, das nächste
Mal sah Franza Martin erst gar nicht an, um kein Nein mit den
Augen zugeworfen zu bekommen, sie trank rasch, Martin sagte
nichts, nahm ihr den Becher weg, tat, als trinke er, und gab ihn
zurück. Er schob Franza das Buch hinüber.

Es ist nicht ratsam außerhalb der guten Hotels.

Frisches Obst möglichst geschält.

Wenn nicht möglich, mit Seife waschen.

Dann in Kaliumpermanganat 10 Minuten stehen lassen.

Leitungswasser zu Trinkzwecken nur in großen Städten.

Nur abgekochtes Wasser und dünnen Tee oder Sprudel.

Als Vorbeugungsmaßnahme bei starkem Mückenbefall jede
Woche 2 Tabletten Resochin Bayer.

Bilharziakrankheit, ägyptischer Blasen- und Darmwurm, Roter
Hund, genannt Nilfriesel, häufig auftretend.

Durchschwitzte Unterwäsche häufig wechseln, nur einmal am
Tag mit Seife.

Nicht öfter als dreimal am Tag duschen, Sublimatspiritus 1 pro
mille.

Staubinde, Rasierklingenschnitt, Eldoform, Farbwerke Hoechst
Abt. Behringpräparate, 10 ml.

Sie mußten beide lachen, während ihnen die Buchstaben und
Worte, grell beleuchtet, vor den Augen herumrutschten.

Ja, die Farbwerke Hoechst und Bayer, sagte Franza, und hoffentlich duschst du nicht zu oft.

Wer fürchtet hier die von den Weißen katalogisierten Bakterien. Wer wäscht einen Becher aus, wer kocht das Wasser ab, wer laust die Salatblätter, wer nimmt den Fisch unter die Lupe? Hunger, Durst, wiederentdeckt, die Gefahr, wiederentdeckt, die Ohren, die Augen geschärft auf die Außenwelt gerichtet, das Ziel wiedergewußt. Ein Dach über dem Kopf, ein Nachtlager, Schatten, ein wenig Schatten. Das Benzin soll reichen, kein Reifen platzen, keine Zündkerze verschmutzen, die Achse nicht brechen. Der Weg soll nicht verloren gehen, die Markierungen sichtbar bleiben. Die Piste ist schmal, fast nie zu sehen, weil nur die Räder auf ihr Platz finden.

Der Wind erhob sich zum erstenmal, griff in den Sand, der flüchtige Boden löste sich bedrohlich in der Luft auf. Er zeigte seine wahre Beschaffenheit. Die Augen und die Wüste fanden zueinander, die Wüste legte sich über die Netzhaut, lief davon, wellte sich näher heran, lag wieder im Aug, stundenlang, tagelang. Immer leerer werden die Augen, immer aufmerksamer, größer, in der einzigen Landschaft, für die Augen gemacht sind.

Wie sanft ist die Überredung der Wüste, die ihre feinen Zeichnungen ausspielt. Was suchst du in dieser Wüste, sagte die Stimme in der Wüste, in der nichts zu hören ist. Warum bin ich so verlassen. Warum ist das Rote Meer so voll von Haien, der grausamsten Tiere voll? Und die Stimme antwortet nicht, da es in der Wüste still ist. Diese Wüste hat sich einer vorbehalten, und dieser eine war keine Hotelgesellschaft und keine Ölkompanie.

Am Abend in Hurghada stand Martin mit dem Hoteldirektor in einem der unbewohnten kleinen Bungalows, Franza, die schon begriffen hatte, daß viel mehr nicht Hurghada war, sah den beiden herablassend zu, hier war nichts zu besprechen, aus der Leitung war nie Wasser gekommen, nicht nur als sie sich die Hände waschen wollte, die Dusche war ausgedörrt, der Boden, das Becken verschmutzt, verkrustet, von kleinem Sand- und Meerungeziefer bewohnt. Bis hier herauf komme das Wasser nicht, der Druck sei zu schwach, gab der Direktor zu. Sie gingen mit ihm hinunter an den Strand und zogen in eine der älteren Hütten, die dort versuchten, ein Stück Siedlung gegen ein paar weitere hundert Kilometer Niemandsland und den Sandangriff zu halten. Franza war zufrieden, weil die Dusche tröpfelte, und mit dem Rest fand sie sich ab, auch daß von nun an immer Sand in den Schuhen sein würde, daß immer welcher auf der Haut klebte oder durch die Kleider rieselte. Martin und Franza gingen in das große Haus, in den Speisesaal, der den Speisesälen in aller Welt nachgebildet war. Gedecke, eine Bar, Leute, die sich unterhielten. Es war schon zu dunkel, um den Strand zu sehen, die Sonne verleuchtete im Roten Meer. Sie starrten durch die Fenster nach dem Mekka für diesen unwirklichen Sonnenuntergang. Unter den Fremden in diesem Saal waren sie die einzigen, die zur Erholung hierhergekommen waren. An der Bar hielt ein Fernsehteam Beratungen ab, und abwechselnd versuchten die Teamleute, mit Kairo zu telefonieren, wegen eines Permits, auf die Verbindung warteten sie vergeblich, Kairo war diesen Abend mit Hurghada nicht mehr zu verbinden. Es wurde Martin, der an die Bar ging und ein Bier bestellte, nicht klar, was das Team wollte, jedenfalls noch weiter nach Süden und filmen, aber was, das Rote Meer von außen oder die Wüste zusammen mit dem Meer oder, da es Boote mit Glasböden geben sollte, das Rote Meer innen, Meeresfauna, Korallenbauten? Es war dann nur von einem Glasboot die Rede, und das funktionierte jetzt nicht, wo das Team filmen wollte, und Kairo meldete sich nicht. Außer den Arabern, die beziehungslos über den Saal verteilt waren, gab es festzustellen: drei krebsrote, übermüdete Naturhistoriker aus Paris, auch mit Interessen für das Rote Meer, aber wissenschaftlichen, und die drei Herren waren der Schandfleck des Speisesaals, da ihre Schuhe, Anzüge, ihr herumgelagertes Gepäck – intakt nur noch die Tauchanzüge und Kameras – schon aus dem Leim gingen, sie tranken auch Bier, natürlich erst als die Sonne sich davongemacht hatte, und ihre Hüte hatten sie noch auf dem Kopf, als sie die Biergläser hoben.

Martins Begabung, seine Umgebung rasch festzustellen und aus Gesprächsfetzen Personenumrisse zu erhalten (die Franzosen sprachen immer von Eingeborenen, hoffentlich verstand keiner von den Ägyptern Französisch), diese Begabung genügte, um jedesmal,

wenn er sich von ihr entfernt hatte, zu Franza mit ein paar Infor-
mationen zurückzukehren. Er versorgte sie wie eine Nachrich-
tenagentur und ein Märchenerzähler, denn sie saß bloß da und
wartete auf das Essen. Da ihn das Warten auf den Fisch, der ihnen
angekündigt wurde, nur noch hungriger machte, einen Fisch, den
sie jeden Mittag und Abend danach wiedersehen sollten, stand er
auf und sagte, er wolle vor dem Essen schwimmen gehen, schließlich hatte der Gedanke an Wasser und schwimmen ihn während
der Fahrt bei einem Rest von flauer Laune erhalten. Franza nickte,
sie wollte gern allein sein und sich üben in dem Alleinbleiben, und
sie war beschäftigt mit der Fahrt, die er vergessen wollte. Martin
kam unverhofft rasch wieder, er setzte sich und traute sich nicht,
sie anzusehen. Man kommt nirgends ins Wasser hinein. Ich muß
mir das morgen genau ansehen. Es dürften Quallen sein. Nein,
nicht Quallen, nicht ein paar, verbesserte er sich, weil er sie lächeln sah, es muß ein ganzes Minenfeld davor sein. Am Morgen
darauf lag der Minengürtel aus kleinen lilafarbenen Quallen schau-
kelnd im Wasser, weil leichte Flut war, und nach dem Mittag lagen
wirklich alle im Sand, so dicht, daß man keinen Fuß dazwi-
schensetzen konnte. Martin stand mit Franza am Strand und fluch-
te, wie konnte man hier bloß ein Hotel herbauen und zu Ba-
defreuden einladen, was für ein Land, was für ein Meer, sagte er.
Sie lachte ihn aus. Weiter oben oder unten mußte es einen Ba-
destrand geben. Aber Martin sagte zornig, in dem verdammten
Buch steht doch, die älteren Ägyptenreisenden hätten dieses Meer
immer gemieden, und erst in neuerer Zeit, – wir sollen da wohl
den Anfang machen! Die älteren, die dürften recht gehabt haben.
    Während sie kilometerweit nach Süden gingen, die Kleider
über dem Arm, rechnete er sich aus, was sie tun könnten, das
Flugzeug nach Kairo zurück, da müßten sie noch vier Tage warten, und den Wüstenbus zu nehmen weigerte er sich, Kairo hatte
er wegen Franza im Auge, er hingegen wollte nach Luxor, obwohl
Gerüchte gingen, daß es keinen Platz mehr dort gäbe wegen des
Staatsbesuchs. Aber Franza dachte, daß Hurghada gut sei, sie legte
sich neben ihn in den Strand und salbte sich und ihn mit Ölen und
Spray. Der Strand wurde nirgends besser. Zurück ging sie nur eine
Weile mit Martin, dann oberhalb des Strands und erreichte einen

Sandhügel, auf dem riesige flache Knochen lagen, ein Schlacht-platz, den die Sonne aufgeräumt hatte, dort zog sie sich wieder an, weil die Ortschaft zu sehen war, versteckt in der Wüste.

Das Tankschiff war ausgeblieben. Es wurde zur Abendunterhal-tung an allen Tischen. Der Direktor ging herum und bat, die Duschen nicht mehr aufzudrehen und sich nicht mehr zu wa-schen. Die Wasserreserve, die einzige auf über tausend Kilometer, war zwar nicht in Gefahr, aber Martin und Franza begriffen erst jetzt, was mit dem Wasser war. Für die paar Quadratmeter, auf denen versuchsweise Pflanzen gezogen wurden vor dem Hotel, für alle Fellachen und Beduinen, die das Recht hatten, hierher zu kommen, mußte das Wasser von Hurghada reichen, denn an einer wasserlosen Küste gehörte es allen, dieses teure Wasser, und durfte keinem verweigert werden. Ein ungeschriebenes Gesetz trat in Kraft, vor dem sich auch ein fortschrittlicher berechnender Ho-teldirektor und zwei Fremde beugten. Wasser, begehrter als Kaviar und Gold, als Diamanten und Grundstücke, kostbarer als Monats-gehälter und Versicherungen, als Wahlrecht und als eine ganze Charta von Rechten. Es fiel unter das älteste Gesetz, das nicht verletzt werden durfte.

Du siehst, sagte Franza, es darf auch mir hier etwas nicht ver-weigert werden. Ich komme zu meinem Recht.

Zum erstenmal meinte er, daß es richtig gewesen war, sie mit-zunehmen, weiß der Himmel, was sie hierher passen und so rasch begreifen ließ. Sie ging nicht mehr gebückt und hielt sich immer seltener verkrampft am Tisch fest. Wasser, ein Hauptwort, und ein Existenzkampf auf den letzten begehbaren Quadratmetern, zwi-schen einem mörderischen Meer und ein paar Kontrollstationen in der Wüste, die machten in ihr etwas lebendig, und dieser Stolz, mit dem sie sagte: ich werde hier zu meinem Recht kommen.

Martin, der wegen seines Sonnenbrands nicht mehr aufstehen konnte und hohes Fieber hatte, ein ohnmächtig gewordener Be-schützer, sagte manchmal zu ihr: mir kommt vor, daß du hier wieder gesund wirst. Sie nickte, dann fing sie zu weinen an, aber so, daß er es nicht sah, sie drückte ihm den dampfenden Lappen, aus dem das Wasser verdunstete, auf das Gesicht. Franza zeigte

noch immer eine hartnäckige Abneigung, nach Kairo zurückzukehren, sie drückte sich nicht klar aus, entweder mochte sie die
Stadt nicht oder sie wollte hier wirklich weiter, in die Wüste hinein oder hinunter, diese Wilde, die aufzuleben begann, wo ihm
der Mut sank. Darüber war kein Zweifel, daß auf einmal ihr
Fleisch mit ihr zusammenhielt, unter einer ehernen Notwendig-
keit, oder etwas (was?) half ihr, Gewalt darüber zu bekommen, sie
zitterte stundenlang nicht und wurde braun und fest. Er brannte
wie ein angegrilltes Stück Fleisch und konnte trotz seines tadel-
losen Kreislaufs und eines Geologenherzens, im Gebirg und in
Kohlenbergwerken gestärkt, an alle Strapazen gewöhnt, nur dalie-
gen und an einem Lappen saugen. Er erholte sich rasch. Er ritt mit
ihr in die Wüste, er fragte sie: warum willst du nicht nach Kairo
zurück? Darauf gab sie nie Antwort. Mit den Pferden kamen sie
gut zurecht, aber Franza setzte sich die Kamele in den Kopf, obwohl sie Angst hatte vor den Dromedaren. Das Aufsteigen und
Landen, wie sie es nannten, mit dem Kamel machte ihr Angst, sie
meinte immer, vornüberzufallen, wenn das Tier aufstand oder in
die Knie ging. Ich habe nicht mehr genug Zeit, um das Reiten auf
dem Kamel zu erlernen, ich könnte weit kommen auf einem Kamel, sagte sie mit einer resignierenden Stimme, aber sie packte ihn
jedesmal an der Hand, wenn sie ein Zelt sah und zwei oder drei
Kamele, die in die Wüste hineingezeichnet waren, mit trägen königlichen Köpfen. Sie war nur wegzubringen durch das Versprechen, weiter durch die Wüste zu dürfen. Auf keinen Fall nach
Kairo. Es ist wegen der Frau in Kairo, begriff Martin. Etwas andres
konnte sie nicht meinen.

In Luxor war nur ein Hotel beschlagnahmt für den Staats-Besuch.
Die Geschwister kamen in dem schöneren alten Hotel unter, allerdings ohne die Klimaanlage, nach der Martin sich seit Quena
sehnte, weil ihm dort einer der Wissenschaftsfranzosen von diesen
Klimaanlagen erzählt hatte, die jetzt also für die Staatsmänner re-
serviert waren. In Luxor wurden Lastwagen voll mit Militär aus-
geladen, die meisten Soldaten sahen aus, als hätte man sie erst an
diesem Morgen in eine Uniform gesteckt, sie gingen mit weiten
Hosen, offenen Jacken durch den Ort, der geschmückt wurde mit

Lichterketten. Die Soldaten gingen Hand in Hand wie Brautpaare, mehrere Arm in Arm, ein Gewehr hatte auch bei der Ankunft der Präsidenten nur jeder zehnte, wie die andren etwas bewachen sollten, war für Martin nicht zu begreifen. Die Leute waren alle aus den Häusern gekommen, auch die Frauen, in schwarze bis zum Boden reichende Schleier verborgen, hockten gruppenweise auf dem Pflaster und lachten gurrend, und wenn man schräg auf sie sah, konnte man die Gesichter und die versteckten Säuglinge entdecken, junge Frauen-Gesichter, die man sich nicht zu den Männern denken konnte, die hart, unzugänglich und zu früh gealtert aussahen. Ein riesiger Nubier streute Rosenblätter auf die Straße, und vor dem Hotel spielten vier Beduinen auf winzigen Musikinstrumenten. Einer der Männer trat aus der Gruppe, die sich um die Musikanten gesammelt hatte, und fing allein zu tanzen an, auf dem wenigen Platz, den ihm die Zuschauenden ließen. Während des Tanzes wand er sich das weiße Tuch vom Kopf und ließ es zuletzt auf dem Pflaster um sich schleifen. Ein Mann nach dem anderen bat, tanzen zu dürfen. Als sie das seltsame Schreien hörten, das dieses Dorffest unterbrach, gingen Franza und Martin vor das Hotel, und Martin ging gleich wieder mit ihr weg, nachdem die Limousine vorbeigefahren war, es war ihm peinlich, als Fremder regungslos zuzuschauen, und er las lieber die Zeitungen, aus denen Assuan und immer wieder Assuan und der Hochdamm hervorbrachen, von ein paar Verwünschungen der Weltbank und dem Lob auf die sowjetischen Ingenieure unterbrochen. Offenbar waren sie hier in ein historisches Ereignis hineingereist, nicht nur ein paar blockierten Hotels entgegen, und Martin schnitt Artikel aus den Zeitungen, um sich über die aufgedunsenen Amerikanerinnen hinwegzutrösten, die, alle über sechzig alt und mit Stöcken und Riesenhüten ausgerüstet, ihm die Hotelhalle verleideten, die an eine vergangene Zeit denken ließ, an große Reisende, die feierlich bedient wurden, an Nildampfer, die bis zu den Granitbrüchen zogen und nach Elephantine, und obwohl an den Gewändern der Diener nichts auszusetzen war, so waren doch die Gäste nicht mehr da für die Diener, nicht mehr die Gäste für die Tüllbaldachine über kühlen Betten für die Nilwinter. Es war Mai, das Shephardshotel auch längst niedergebrannt in Kairo, kein Platz mehr

für die Weißen, und Luxor war ein Dorf, das von einem Präsidenten einem anderen gezeigt wurde, der klein und weißgekleidet
und mit einem weißen Kinderhut verkleidet in der Gluthitze jetzt
sicher den Karnaktempel ansehen mußte, und Martin und Franza
ruhten sich aus und warteten das Vorübergehen des eintägigen
Ereignisses ab.

Der Staats- und Tempel- und Hochdammbesuch verlagerte sich
schon am selben Abend nach Assuan, und Franza stellte Überlegungen an, wann sie wieder ins rote Arabien konnten, obwohl sie
noch nichts gesehen hatten, und Martin gelang es nicht, ihr be-
greiflich zu machen, daß sie ihn hindere an allen Vorhaben, hier
war doch für ihn noch viel zu sehen. Sie war nicht nach Luxor
gekommen, sondern an einen Punkt der Krankheit, nicht durch
die Wüste, sondern durch eine Krankheit. Am Abend hatte sie
diesen Zusammenbruch. Ich habe gewußt, wie tot ich sein werde,
sagte sie. Im Schlamm habe ich es gewußt.

Am Nachmittag waren sie südwärts gefahren mit einem Segelboot
und an Land gegangen auf einer Halbinsel. Sie wühlte ihre Füße in
den Schlamm und bat Martin, sie in Schlamm einzupacken. Du
wirst sehen, sagte sie mit fiebernder Feierlichkeit, ich werde vom
Nilschlamm geheilt werden. Er deckte sie mehr und mehr zu, es
machte ihm großen Spaß, sie fing an, wie eine Mumie auszusehen,
hob sich nur in Umrissen vom Strand ab. Bevor er mit einer
dünnen Schicht ihr Gesicht bedeckte, sehr zärtlich, sagte sie noch,
so zum Beispiel wäre es mir recht. Dann lag sie ganz still da und
spürte den Schlamm langsam trocken werden. Martin stand auf,
weil das Präsidentenschiff vorbeizog, und wie die Kinder und
Frauen, die an den Ufern halb im Wasser standen und die Hände
wie einen Schirm über die Augen hielten, sah er hinüber. Er
mahnte Franza zu gehen, die Sonne war unberechenbar. Ehe ein
Hauch von Rot oder Bräune kam, war die Haut verbrannt. Bei
dem Versuch, sich zu regen, merkte Franza, daß sie sich nicht
bewegen konnte, dann, daß sie ihm nicht antworten konnte, bei
dem ersten unhörbaren Wort bröckelte ihr der Sand in den Mund
und die Augen, und der Schlamm hielt sie mit einem Zentner-
gewicht auf dem Boden fest. Sie war eingemauert. Er sah unge-

duldig auf sie nieder, verstand nicht, daß sie nicht rufen und nichts erklären konnte. Sie versuchte zu schreien. Er merkte noch immer nichts. Das Blei beschwerte ihre Badekappe. Sie war lebendig begraben.

Im Hotel fielen ihr die Tabletten auf den Boden, sie suchte herum, wieviel habe ich denn schon genommen, Martin, du mußt es doch wissen, ich glaube, ich muß noch eine nehmen, das geht gleich vorbei. Wieviel Tabletten? Martin hob die verstreuten Tabletten auf, er hatte doch nicht gezählt, er kannte sich auch nicht aus. Als sie wieder zu sich kam, sagte sie beharrlich, es sei schon oft ärger gewesen, aber Martin hatte sie noch nie in einem ärgeren Zustand gesehen, sie drehte an dem Tüllvorhang, sie redete nachher soviel. War das ein geschichtlicher Augenblick, fragte sie ironisch, morgen ist doch der 15. Mai, in den Geschichtsbüchern wird etwas stehen von diesem Tag, den ich am Vortag gesehen habe. Was habe ich denn gesehen, eine Limousine und ein Schiff und Rosenblätter. Dann werden sie die Schleusen öffnen, das Wasser wird kommen. Die Geschichte wird den Wassertag verzeichnen. Und ich war lebendig begraben. Meine Geschichte und die Geschichten aller, die doch die große Geschichte ausmachen, wo kommen die mit der großen zusammen. Immer an einem Straßenrand? Wie kommt das zusammen?

Franza wand sich im Schlamm, in den Mund rann der Sand, in die Augen, sie erstickte schon. Noch eine Regung, dann würde sie wirklich ersticken. Wenn sie schrie, dann würde der Sand zustoßen und ihr die Luftröhre füllen. Martin zog sie hoch, und es gelang ihm nicht, sie zu bewegen, er schlug die erstarrten Schlammstücke von ihr. Warum hast du denn nichts gesagt, warum sagst du denn nichts! Sie taumelte ins Wasser mit tränenden Augen, spuckte den Sand aus, tauchte in den Nil. Ich wollte ja schreien, immer wollte ich schreien. Aber ich habe ja nie schreien können.

»Wenn das Ersticken anfing, ging ich rechtzeitig aus dem Zimmer. Ich weiß nicht, ob er es damals schon merkte. Ich schloß mich ins Badezimmer ein. Aber ich wußte nicht, ob er nicht genau wußte. Ich bin jetzt ganz sicher, er belauerte mich. Ob er wußte, wieviel ich schon wußte?«

Jetzt fing das wieder an, und Martin hatte, ohne es zu wollen, schuld daran. Dann kippte Franza weiter mit ihren Gedanken, ihre Hände und Füße verdrehten sich, und sie kippte wieder weiter und wiederholte etwas von den Kürzeln in Jordans Mappen, der Fall F., ich zu einem Fall gemacht! Dann jammerte sie übergangslos: mein Körper, er ist ganz beleidigt, an jeder Stelle beleidigt. Ich kann so nicht weiterleben. Ich kann das nicht. Wie oft muß ich noch in den Nil tauchen, damit das abgewaschen wird von ihm.

Daran hatte Martin auch schon gedacht, er mußte ihr das wegnehmen, aber es gelang ihm nicht, mit ihr darüber zu sprechen, nicht im Ernst und nicht im Scherz. Es war nicht so leicht. Er beugte sich über sie, küßte sie auf den Hals und zog das Leintuch höher über der Brust. Er mußte sie dazu bringen, mit jemand zu schlafen, ganz gleich mit wem. Er konnte es wohl tun und würde es auch tun, wenn es keine andre Möglichkeit gab, aber er wollte nicht dieses Risiko für sie beide, am wenigsten für Franza, und dann war es die Frage, ob das die Hilfe war. Aber das Fossil mußte er auslöschen. Ein paar Tage Wüste hatten ihn getäuscht, die Verwüstung ging weiter. Sie war todkrank.

Ins Tal der Könige fuhr er zuerst allein. Den ganzen Tag tauchte er in die Stollen, die Felsengräber, hinunter. Am Abend auf der Rückreise traf er die beiden jungen Araber. Er aß mit Franza zu Abend, dann ging er wieder ins Dorf und traf sich mit den beiden. Sie gingen die Anlagen am Nil hinunter, nahmen ein Boot, und er kam spät zurück. Franza wachte auf und sagte, ich weiß, wo du warst. Und du hast mit jemand geschlafen. Martin antwortete darauf nicht, er sagte nur, du mußt in der Nacht mit mir einmal auf den Nil kommen.

Enigma. In einer Nacht am Nil, in der ich nie sein werde, in einer Nacht am Nil, wenn nicht die Dorflampen, sondern alle Sterne angezündet sein werden. Am Nil, am obersten Nil, weit weg von den Schattenjahren, in denen kein Stern mir in den Mund hing.

Martin, der, wieder »ganz erschlagen«, wie er es für sich nannte, über die Tempel kletterte oder stehen blieb und die Steinriesen musterte, durch die Steinwälder aus Säulen mit ihr ging, durch diese gewaltigste Nekropolis, sah, daß Franza nur fröstelte. Sie sah nicht das »farbenflammende« Theben, das sich Martin vorstellte mit Hilfe der verbliebenen Farben, dieser kleinen Sternhimmel in den Gräbern, er sah die Goldstraßen zu den Kolossen führen, und sie sah nur Wüste, sie saß oder stand, erdrückt unter diesen Säulen, das war wohl ein Weltwunder, das war es wohl, soviel zum Tod gesagt und ein so gewaltiges Angebinde für ihn, eine so große Huldigung und die zeitliche Fortsetzung in ihm, nicht die Ewigkeit, sondern die Verlängerung in der Zeit suchend, durch Gold und Stein und Mumifizierung und Zeichnung. Sie lernte die Zeichen leicht lesen. Nie war eine Geschichte, von der sie nichts gewußt hatte, leichter zu erlernen gewesen, hier stand ja alles, keine Botschaft, aber eine Geschichte.

Franza sagte: sie haben die Gräber geschändet. Martin dachte zuerst, sie denke an die Grabräuber, die in seinen Vorträgen, die er ihr hielt, vorkamen, und wie man deretwegen immer tiefere Verstecke für die Toten und die Gräber gesucht hatte. Aber sie blieb hartnäckig. Nein, nicht die Plünderer. Die Weißen. Sie haben die Gräber... Sie lassen nicht einmal die Toten liegen. Die Archäologen. Sie haben die Toten weggeschleppt. Sie starrte in das Tutanchamon-Grab und sagte, es ist eine Schande, das alles ist eine große Schande. Verstehst du mich nicht. So sind sie. Ich kann das gar nicht ansehen. Die ganze Schande kommt in mir zusammen, weil sie sonst niemand spürt.

Mit so unvereinbaren Vorstellungen gingen sie durch die Totenstadt, und Martin konnte erst wieder mit Franza rechnen, als sie die ausgekratzten Zeichen sah, in Dêr el-Báhari, in dem Tempel der Königin Hatschepsut, von der jedes Zeichen und Gesicht getilgt war auf den Wänden, durchgehend die Zerstörung, aber keine durch Plünderer und keine durch Archäologen, sondern zu ihrer Zeit zerstört oder nach ihrem Tod, ⟨von⟩ dem dritten Thutmosis. Siehst du, sagte sie, aber er hat vergessen, daß an der Stelle, wo er sie getilgt hat, doch sie stehen geblieben ist. Sie ist abzulesen, weil da nichts ist, wo sie sein soll. Martin war unsicher, was sie meinte, aber es war tatsächlich das Sonderbarste, das er je gesehen hatte, diese Zerstörungswut, mit Meißeln ausgeführt, dieses Aus-

löschenwollen einer großen Figur, und er fragte sich, warum das
geschehn war, denn darüber war nichts zu lesen, und wenn Ehrgeiz das Motiv für den dritten Thutmosis war, dann hätte er ihn
auch an vielen Dynastien vorher stillen können. Aber der Tempel
der Hatschepsut stand da, ein Steinlicht in dieser Totenstadt,
griechisch tausend Jahre vor Griechenland. Nie mehr die Griechen. Martin hoffte, er würde nicht in Athen aussteigen müssen,
um noch einmal ein paar harmlose griechische Brocken sehen zu
müssen, danach war das nicht mehr gut möglich. Aber dafür war
Franza ohne Verständnis, sie sagte nur: Er hat sie nicht zerstören
können. Für sie hier war das nicht Stein und nicht Geschichte,
sondern, als wär kein Tag vergangen, etwas, das sie beschäftigte.

In dem großen Zelt, das mit Teppichen ausgeschlagen war, Tausendundeine Nacht mit einer erbärmlichen Armut verdeckend,
waren die Kinder die ganze Nacht wach, sie lächelten Martin an
und berührten Franza mit den Fingern, ganz zart, griffen immer
wieder nach ihrem rotbraunen Arm, der doch weiß blieb unter
den Arabern. Die Kinder, die stillsten, die Franza je gesehen hatte,
waren keine Kinder, sie warfen Liebesblicke, hatten Liebesgesten.
Weil sie sich nicht zu helfen wußte, sagte sie zu Martin, die Kinder
hier sind nicht normal, siehst du das nicht. Das sind eben andere
Kinder, sagte Martin und hoffte, sie würde von den Kindern weg-
kommen und von ihnen in Ruhe gelassen.

Das sind doch gar keine Kinder, wiederholte Franza immer
wieder. Sie fing zu weinen an und wiederholte den Satz ein paarmal. Martin packte sie an der Hand, das hieß, wein doch nicht,
hör, zum Teufel, auf, hier zu weinen. Das ist eine Hochzeit. Die
dicke, in einem durchsichtigen Kleid tanzende Ägypterin, gemä-
stet fett, daß die paar Flitter sie nicht zusammenhielten, ganz anders als die kleinen zarten schwarzverschleierten Frauen aus dem
Dorf, sang und bewegte kunstlos ihren Bauch, es waren nur Männer und Kinder im Zelt. Junge und alte Männer, alle ausgedörrt,
finster blickend. So ritten sie auf den Eseln von den Feldern herein, ein Ackergerät wie eine Waffe vor der Brust haltend, gefährlich nur auf diesem Esel, auf dem sie ritten, bedrohlich, nicht mehr
bedrohlich in der Nähe, sie rückten beiseite, sie redeten im Stac-

cato mit Ahmed und Sallah, und Franza bekam eine Coca-Cola-Flasche in die Hand gedrückt. Aber die Kinder. Die Kinder betasteten sie noch immer und warfen ihr diese Blicke zu, lieb mich, lieb mich. Keins war älter als dreizehn, und schon die ganz kleinen hatten die Verführerblicke, nichts davon war zu finden in denen der Erwachsenen, die pausenlos rauchten. Franza sah Ahmed und Sallah forschend an, sie waren noch schön, weil sie jung waren, aber die Blicke hatten sie nicht mehr.

Was suchst du in dieser Wüste, in dieser Totenstadt, Westufer, Ostufer, gleich welches Ufer, ist doch nur Wüste da und dort. In der Straße der tausend Sphinxe, der tausend Widderschädel heimgehend, von deiner Angst flankiert, flankiert von nicht einer Sphinx, von tausend Sphinxen, steinern, mit Händen zu greifen. Was, in dieser einzigen Landschaft, die nichts sagt, die sich nicht ausspricht, über die nichts zu sagen ist! Was willst du hier? Die Reinheit vor Augen und wovor auf der Flucht, gehetzt jeden Tag in die Wüste und wieder in die Wüste, um dort noch mehr Wüste mit den Augen zu trinken.

Wo ist der Golf von Akaba! Gehetzt immer noch, über den Nil setzend, in der Nacht am Nil, im Segelschatten, der allein dunkel ist. Was willst du in dieser Wüste. Läßt die sich ein mit einem Fremden, der den Nimbus eines Schwachsinnigen hat, gefoltert von Worten, die nachklingen, von Handlungen, die ihn noch immer zittern machen und die von keinem Paragraphen für strafbar erachtet werden. Ich werde hier zu meinem Recht kommen. Aber das Alibi der Weißen ist stark. Vergiß das nicht. Nichts ist unterblieben, um dich aus dem Weg zu räumen, dich auf den Minen ihrer Intelligenz, die sie mißbrauchen, hochgehen zu lassen, dich ihren Plänen und Machenschaften dienstbar zu machen.

Die Weißen kommen. Die Weißen gehen an Land. Und wenn sie wieder zurückgeworfen werden, dann werden sie noch einmal wiederkommen, da hilft keine Revolution und keine Resolution und kein Devisengesetz, sie werden mit ihrem Geist wiederkommen, wenn sie anders nicht mehr kommen können. Und auferstehen in einem braunen oder schwarzen Gehirn, es werden noch immer die Weißen sein, auch dann noch. Sie werden die Welt weiter besitzen, auf diesem Umweg.

Schmerz, seltsames Wort, seltsames Ding, in der Naturgeschichte des Menschen dem Körper zugedacht, aus dem Körper abgewandert und brisanter gemacht in seinem Gehirn. Ich bin in der Wüste, um meinen Schmerz zu verlieren, und verlier ich ihn nicht, der durch meinen Kopf, durch meine Atemorgane, durch die Herzcoronarien wütet und bis in die verdrehten Extremitäten, dieser wahnsinnige Schmerz, der sich alle paar Stunden ein anderes Feld aussucht, um mich auszuprobieren, meinen Kiefer, um ihn zu sperren, meine Zähne, um sie klappern zu lassen, meine Hände, damit sie taub werden, fremd an mir weghängen und mir die Schale aus der Hand gleitet, und wenn ich den nicht mehr verliere, nicht in diesen Knien, die einsacken, diesen Augen, in denen nach dem vorübergehenden Tod die Pupillen schaukeln und schiefstehen. Und wenn ich den Schmerz nicht mehr verliere...

Martin sah in ihre schielenden offenstehenden Augen und drückte sie langsam zu, er behauchte sie wieder. Was suchte sie in dieser Wüste?

Er konnte sie nicht bis zum Golf von Akaba bringen, aber er schwor sich, er werde sie hier noch einmal lebendig machen oder töten, damit das ein Ende nahm. Aber nachts stand er auf, wenn sie schlief, denn sie schlief jetzt oft sehr gut, und er traf die beiden.

In dem Hochzeitszelt saß Franza angestrengt bis nach Mitternacht, die Bauchtänzerin bewegte noch immer ihren Bauch, und die Musik wiederholte sich, eine ungewohnte Litanei. Franza hielt sich kaum mehr aufrecht, sie tat es Martin zuliebe und weil Ahmed und Sallah diesen Aufenthalt recht kurz hielten für ein dreitägiges Hochzeitsfest, sie wollte auch nicht mehr auf die Braut und den Bräutigam warten. Im Hof war das Kamel gelegen, als sie gekommen waren, sie war hingegangen und hatte mit ihm gesprochen, wie früher mit den Kühen und Pferden in Galicien. Als sie den Kopf zurückfallen ließ, steif, auf dem harten Sessel, stand Martin auf und die beiden Araber mit ihm, sie gingen über den dunklen Hof. Das Kamel war nicht mehr da. Einige Meter weiter, im Sand schon, blieb Franza stehen, sie war auf roten Sand getreten, aber der Sand war nicht nur rot, sie stand im Blut. Dann sah sie auf und zu der Stallaterne an der Wand. Dort lag jetzt das

Kamel, und einige Männer standen darum herum, die Kehle war ihm durchschnitten, und Franza rührte sich nicht in dem blutigen Sand. Komm, sagte Martin. Ich kann nicht weiter. Die Männer hatten riesige Messer und schnitten in das Kamel, sie hatte es schon begriffen, ehe Ahmed und Sallah es ihr erklärten, aber ich will nicht durch das Blut, durch diesen Sand, der von seinem Blut... sie wurde an den Armen gezogen von einer weißen und einer braunen Hand, sie watete durch den blutenden Sand. Das Kamel, sie hatten das Kamel getötet. Ich weiß, wie ich aussehe. Ich sehe aus wie das Kamel, das mich ansieht. Es war ein Geschenk des Bräutigams, sagte Ahmed. Es gab keinen anderen Weg von dem Zelt und aus dem Hof heraus.

In dem Hochzeitszelt stiegen die Kinder über die Sessel und zwischen den Reihen durch bis zu Franza. Den Kretin sah sie erst, als Martin ihn ihr zeigte. Sie sah und sah nicht, sie hatte noch nie eine so grausige Gestalt gesehen, auch auf keinem Höllenbild gemalt, einen Kahlschädel, der auf der Erde hockte, mit von biblischen Schwären bedeckten verdrehten Armen, mit verdrehten Beinen, nicht größer als ein Kind. Die Kinder traten auf seine Füße, zwei kleine Mädchen setzten die Coca-Cola-Flasche an seinen Mund, die Ahmed und Sallah bezahlt hatten. Er ist ein heiliger Mann, sagten sie. Schau doch, befahl Martin, aber sie sah starr an dem Kretin vorbei, sie hatte trotzdem sein Grinsen noch im Vorbeischauen gesehen, sie wollte nicht einmal bis zum Boden blicken, wo die Kinder auf ihn traten, und er grinste, ohne Gefühl für die Tritte, jetzt bezahlten andere Männer eine Flasche für den Kretin, und Franza dachte, wenn ich aufstehen muß, dann werde ich ihn sehen müssen, ganz; einmal kam sein verkrüppelter Fuß bis zu ihrer Sandale, sie sagte, Martin! — jetzt berührte der Kretin sie, sie ließ ihre Coca-Cola-Flasche fallen in den Sand unter den Holzsessel. Sie starrte auf die Bauchtänzerin. Es mußte drei Uhr früh sein, Martin, es ist spät. Ich kann aber nicht über ihn hinwegsteigen, das kann ich nicht. Das ist alles schon in mir. Er fährt in mich, deswegen kann ich nicht hinschauen. Der Kretin hatte einen riesigen Schädel, der direkt über seinem Gesäß zu sitzen schien.

Haschisch, hashinin, assassin, zu Mörder abgeleitet, assassin, Cannabis indica, Kif, und auf wieviel mehr Namen noch hört der Hanf? Sallah und Ahmed hatten nur ein winziges Stück bekommen können, aber ein sehr gutes, hartes erdbraunes Stück. Sie prüften es und ließen es Martin und den verrückten Irländer befühlen. Desmond hatte sich eine Galabaya angezogen, und Franza sagte ärgerlich: Sie sehen kostümiert aus, verkleidet, und sie ließ nicht zu, daß Martin sich verkleidete. Ein sowjetischer Ingenieur, der am Hochdamm arbeitete, wollte bleiben, fuhr aber dann doch weg.

Sie setzten sich an den Tisch und fingen an, vorsichtig aus den Zigaretten den Tabak herauszubröseln, während die beiden jungen Araber das Stück Haschisch zerkleinerten und das Mischen mit dem Tabak übernahmen. Dann wurden die Zigaretten langsam wieder gestopft, nicht zu locker, nicht zu fest. Es geschieht mit äußerster Vorsicht, ist eine Handlung, ist ein Zeremoniell. Sie begannen alle gleichzeitig zu rauchen. Nach den ersten drei Zügen legte Franza die Zigarette in den Aschenbecher und sagte, ich will nicht, Martin gab ihr die Zigarette wieder und sagte: Tu es. Tu es für dich. Was wollte er nur von ihr? Sie verstand auf einmal nicht mehr, was er ihr zu befehlen anfing, er hatte etwas beschlossen für sie, er wollte einen Keil treiben zwischen sie und die Krankheit oder zwischen sie und Wien, und sie fing wieder zu rauchen an, gehorsam, sie spürte nichts. Daß Schweigen der Brauch war, mußte nicht gesagt werden. Als Martin ihr die dritte Zigarette gab, bemerkte sie, wie die Gesichter der andren sich nach innen kehrten, und sie sah zum erstenmal ein sanftes Lächeln auf dem braunen und auf dem dunkelbraunen Gesicht. Der Irländer war aufgestanden und hatte sich auf den Teppich gelegt, er hatte seine dritte Zigarette schon geraucht.

Es geschieht, es geschah etwas, erst unmerklich, dann schneller, der Rauch fing an, in Schwaden durch den Körper zu ziehen, Franza fühlte ihn zuerst in den Schenkeln, er fing das Fleisch zu quälen an und niederzuhalten. Sie wollte aufstehen, in einer Panik. Wo waren die anderen hingeraten, wo sind die, wo ist jeder. Es war unerträglich, so noch einen Augenblick sitzen zu bleiben – Augenblick, wenn das noch ein Augenblick war, da war schon die Zeit weg, keine Zeit mehr, der Raum in der Bewegung, der Kör-

per in Gegenposition zur Zeit und dem Raum hier. Sie kroch, da
von niemand Hilfe zu erwarten war, von dem Stuhl herunter, ließ
sich gleiten, kroch auf dem Boden mit aufgesperrten Augen, es
war schon gefährlich, wenn einmal die Lider den untren Lidrand
berühren mußten. Sie erreichte die Terrasse, die mit Teppichen
ausgelegt war, und legte sich auf den Rücken, die Augen nach
dem Licht im Zimmer dirigierend. Sie hatte zuletzt ganz tief inhaliert, den Rauch angehalten in den Lungen, bis zum Erbrechen,
aber die Übelkeit war keine wie vor dem Erbrechen: sie wendete
das Fleisch um. Franza schloß die Augen und ließ sich hinunter-
stoßen. Wo hinunter? Sie wollte zurück vor Entsetzen, weil sie
nicht mehr einen, sondern zwei Körper hatte, sie hatte sich verdoppelt, sie verschränkte die Hände über der Brust, aber da verschränkten sich ihre anderen riesigen Hände auf ihrem anderen
Körper. Ich bin zwei geworden, einmal riesengroß und einmal
von meiner Größe. Ihre beiden Körper, auf dem Rücken liegend,
kamen in die Schwebe, die vier Füße gingen in die Höhe, die zwei
Köpfe blieben auf dem Teppich, ich muß eins werden, sie dachte
immerzu nur daran, daß sie wieder eins werden müsse, sie riß
unter dieser Anstrengung die Augen auf, es war alles da, wie sie es
verlassen hatte, das Zimmer, die Lampe, sie sah die Galabaya von
Ahmed, seinen herabhängenden Arm, dann drückte es ihr wieder
die Augen zu. Unter ihre Körper wurden Schraubstöcke gefahren,
Hüften und Rücken hineingepreßt, gequetscht. Kein Stellungswechsel mehr möglich.

Unter den geschlossenen Lidern lief ein Zeichenband, mit
schwarzweißen Ornamenten bedeckt, es lief und lief, und die
Hieroglyphen walzten über ihre Augen, unter ihren Augendek-
keln. Die Augen wieder offen, blitzschnell geöffnet trotz des
Drucks, damit diese unentzifferbare Schrift ins Stocken kam. Versicherung, daß alles noch da war, wieder das Zimmer. Ein schaler
warmer Geruch vom Nil. Ein Ende mit der Schrift. Ein andrer
Anfang. Sie krampfte die Hände fest um ihre Körper, in denen
alles für diese Hände fühlbar wurde, alle Arterien und Venen, die
Muskeln, alle Knochen, ein Röntgengefühl, niemand konnte einen Körper so durchleuchten und zerlegen, wie er ihr aufging
durch diese Gefühlssonden. Sie warf sich auf die Seite und rollte

wieder auf den Rücken. Das Minarett von der Moschee. Versicherung, die ist wirklich, das war zu sehen gewesen, der Schraubstock löste sich. Sie flog auf das Minarett zu, kam wieder zurück auf den Teppich, flog wieder hin, begann zu lächeln. Gestöber von Gedankengeschossen im Flug, es denkt sich etwas, rasend schnell, zu schnell für ein Hirn, die Gedanken fegen und wirbeln neue Gedanken auf. Die Weißen kommen. Nicht denken, nur nicht mehr denken und so zerstäuben. Die Augen müssen noch einmal −. Einmal müssen die Augen aufgehen. Ich will wieder fliegen, ich will ankommen, Sire, ich will ankommen.

Franza wußte nicht, wann sie wieder in die Zeit zurückgekommen war und was im letzten Augenblick vor der Rückflugschneise ihr andrer Zustand gewesen war, eh sie mit einem Körper, eins geworden, im Schlaf aufsetzte, wann sie eingeschlafen war.

Sie wachte, von Martin geweckt, auf dem Teppich auf. Ja, sie war gestern abend auf die Terrasse gegangen. Der Morgen war hell, schon zu heiß. Sie gingen ins Hotel zurück mit klaren Köpfen, brauchten sich nicht einmal an den Kopf zu greifen. Sie versuchten, sich die Nacht zu erzählen, aber Martin verstand Franza nicht, am wenigsten das mit ihrem doppelten Körper, und sie verstand nicht, was er gehört hatte. Was war denn zu hören gewesen? Martin machte ein paar Anläufe, ihr das mit seinem Hören der Klangkörper zu erklären, und gab es auf. Der Hanf hatte sie in verschiedene Gegenden geschickt.

In der Ferne, wieder am Roten Meer, weiter im Süden, das rote Arabien eingehandelt gegen das schwarze Ägypten, in einem Auto den Shell-Ölfeldern entgegen. Kein Tank, kein Wasser. Martin und die beiden Männer wollten tauchen, ihr eine Stelle finden zum Schwimmen, aber sie kamen sofort wieder zurück, da nur ein Gewölk von Schlangen im Wasser war. Franza ging an einer seichteren Stelle ins Wasser; nachdem sie es untersucht hatte, denn es war ihm keinen Meter weiter zu trauen, legte sie sich flach ins Wasser, dann wieder an den Strand. Sie sonnte sich, schlief ein. Die Männer fuhren weg, um zu tanken.

An dem einsamsten Strand der Welt fuhr sie in ⟨die⟩ Höh und fing zu gehen an, neben diesem Höllenbassin, vollgepfropft mit

Quallen, Spinnen, Krabben, und am Strand lief das zwischen ihren
Füßen, flog auf, was sich herausverirrte, Stechendes, Klebriges,
Verfolgendes. Sie fing zu laufen an und sprang immer auf die paar
Handbreit Sand, die frei waren. In der Helle war nichts zu sehen,
dann wanderte ein Schatten über die Piste, sie hörte das Geräusch
von einem Auto, das mußte der Wagen sein, aber Geräusch und
Schatten verschwanden, und sie lief noch immer.

Dann stand sie, suchte sich eine Stelle zum Stehen aus, zwischen
dem, was krallen, stechen, zustechen wollte, und die Sonne stand
genau über ihr. Da sah sie das Bild, in dem roten Arabien. Nicht
mehr die immer vorgestellten Bilder von der Frau in Kairo, nicht
mehr die Blutlache, das abgestochene Kamel, nicht mehr den Kretin. Sie schaute fassungslos. Ich sehe. Und jetzt wieder. Ich sehe,
was niemand je gesehen hat, ein Bild, sie ging ein paar Schritte, zu
langsam, und das Bild zog sich zurück. Ihre Haut fing zu brennen
an. Ich muß laufen, es wird schon deutlicher, er ist es, ich muß
noch bis zu ihm, aber es war nicht Martin, der zurückwich, aber er
ist es ja, er in dem weißen Mantel, er steigt aus dem Bild, er ist
gekommen aus Wien, in dem Trostmantel, um mich heimzuholen,
nein, in dem schrecklichen Mantel, den er abwirft, aber er ist es
nicht. Mein Vater. Ich habe meinen Vater gesehen. Er wirft seinen
Mantel ab, seine vielen Mäntel ab. Sie legte ihre Hände über den
Kopf, damit ihr Kopf nicht in Feuer aufging. Aber es ist nicht er,
er ist nicht mein Vater. Wer ist er denn? Sie begann schneller zu
laufen, und schwarz und hochaufgerichtet kam das über den
Strand und war über dem Sand und faßte wieder Fuß. Aber
schwarz und finster und jetzt über den Strand kriechend, sich wäl-
zend, kam es. Gott kommt auf mich zu, und ich komme auf Gott
zu. Sie lief wieder und weinte, weinte, und weil kein Wort aus ihr
herauskam, nur der Zigarettenschleim in ihrem Hals hochkam,
spuckte sie in den Sand und lief weiter. Ich habe Gott gesehen.
Zum Greifen nah, zwischen, wo bin ich? Safaga und, zwischen
Safaga, kurz vor Safaga, schöne Berge um und über 2.000 Meter,
im Zelt neben dem Militär-Posten, wo ist der Posten, die Phosphatgesellschaft, ehemaliger englischer Hafen, man muß zulassen,
daß ich es noch erreiche. Die Phosphatgesellschaft kann Gott nicht
verhindern.

Sie stürzte und kam auf die Knie zu liegen, und da lag Er vor ihr, ein schwarzer Strunk, aus dem Wasser geschwemmt, eine Seewalze, ein zusammengeschrumpftes Ungeheuer, keine dreißig Zentimeter lang, in dem ein leises Leben war. Darauf war sie zugerannt. Sie weinte noch immer, griff nach dem Tier und schob es ins Wasser zurück, ließ es ins Meer schaukeln. Ich habe ein Bild gesehen. Sie blieb liegen, mit den Konvulsionen, wie auf dem Korridor in Wien, auf einem Parkettboden, einem Linoleumboden, in einem Spitalsbett, jetzt wieder im Sand, auf dem die Kamele verbluteten, sie lachte und lachte und lachte – und in ihr Lachen, die Einfallsstelle für die Dekomposition: wer bin ich, woher komme ich, was ist mit mir, was habe ich zu suchen in dieser Wüste, trat, ja trat nicht, da ja nichts eintreten kann, da trat etwas sie nieder und mit ihr das andre, den halben Tod, die halbe Vernunft, das halbe Tier, den halben Menschen, die halben fünf Sinne, die eine Schwester, die andre Frau, das von der Sonne anvisierte Fleisch im Verderben, im Übergang zu etwas nicht Erkennbarem.

Sie schrie. Martin hob sie auf, und sie trugen sie zu dem Wagen auf der Piste.

Die arabische Wüste ist von zerbrochenen Gottesvorstellungen umsäumt.

* Hier fehlt ein Stück, mit den Stationen Assuan und Wadi Halfa, vor der Rückkehr der Geschwister nach Kairo.

Die ägyptische Finsternis *(Teil III; Hauptfassung)*

II.

Im Westkorridor ist der Mumiensaal. Das sechzehnschichtige Leinen, immer dünnblättriger über allen Körpern der Könige und Königinnen, ist brüchig, wo es noch ist. Die Totenschädel treten hervor, eingesunken sind die Stirnen, die Reste der Binden sind grau, gräulich. Das Grauen für 45 Piaster Eintritt, für 5 Piaster wäre das ganze Museum zu sehen, aber hier drängten sie sich, nicht die Grabschänder, Soldatenhorden und Beduinen auf Schatzsuche, sondern das Publikum, die Leicas im Anschlag, die von Gier entstellten Gesichter bis dicht über die Grabsärge gesenkt, Breughelfiguren aus Holland, aus Deutschland, aus Dänemark, mit sonnverbrannten Unterarmen und glühenden Nasen, irgendwoher jedenfalls, wo das Fleisch sich leicht rötet. Farbfilm oder nicht, das ist die Frage. Martin ging einmal rasch durch den Raum, an allen Glaskisten vorbei, nur um die Namen festzustellen, denn Franza wollte wissen, bei wem sie das noch gewagt hatten. Sie blieb im Eingang stehen, weil sie sogleich den dritten Amenhôtep gesehen hatte, den großen, den Märchenkönig mit den gelben Sternen über seinem blauen fernen Totenzimmer und den Koloß-Erschaffer. Hierher hatten sie ihn gebracht, und sie stand da mit einem Billet, aber sie würde es nicht benutzen, auch auf keine dritte Aufforderung des Saal-Wächters hin, und sie fragte Martin: sind wirklich alle darin? Martin war endlich einmal mit seinem Empfinden nah bei dem ihren, sie sah ihm das an, er zählte hastig betreten auf, wen sie hier noch ausgestellt hatten, die Ramessiden, alle, die Nefertiti auch, Mentuhôtep auch. Franza hörte nicht mehr zu, sie blinzelte mit fast geschlossenen Augen zu dem dritten Amenhôtep, so wie sie beinahe den Kretin angesehen hatte, und doch an ihm vorbei. Sie krümmte sich plötzlich, es riß ihr den Kopf nach unten, und sie erbrach sich vor dem Mumienzimmer. Ein Gerinnsel von Tee und kleinen Brotbrocken war auf dem

Boden, Franza war erleichtert, es würgte sie noch ein paarmal: ich
habe euch, euch Leichenschändern wenigstens vor die Füße ge-
spien. Der Wächter ließ sich ein Trinkgeld von Martin geben, hob
aber ratlos die Arme, zeigte sich verständnisvoll, die Hitze. Die
vertrugen doch alle die Hitze nicht, diese Fremden. Franza nahm
Martin die Zeitung weg und wischte den Boden. Zwei junge
Deutsche, die dauernd fotografiert hatten, eine Mumie, ein Skelett
nach dem anderen, bald in die Knie gehend, bald sich auf die
Zehenspitzen stellend, machten einen Bogen um Franza und
wechselten weiter weg von dem Zimmer ihre Filme aus.

Ihr Toten zwischen 9 und 12 und von 4 bis 6. Hier ist ein un-
benutztes Billet, hier ist einer, der will euch nicht zu Staub ver-
fallen lassen, der will euch das Leinen wieder überziehen, euch die
goldenen Masken überstülpen, euch in die bemalten Schreine zu-
rücklegen, sie schließen, eure Sarkophage zurückbringen, euch in
die Felsen einfahren, euch dem Dunkel zurückerstatten, damit ihr
wieder regiert und eure Schriften bleiben, Lebenszeichen, Was-
serzeichen, die geflügelte Sonne, die Lotosblume. Ihr habt euch
gut beschrieben. Sollen die Lebenden die Lebenden beschreiben.
Dies ist die Rückgabe. Dies ist die Wiederherstellung. Die Stol-
leneingänge verschüttet, für niemand mehr zu finden. Soll Theben
versinken, kein Felsen sich mehr öffnen.

Im Kairo Tower, Kairo, die Siegreiche? schon im Lift fragte
Franza: die Siegreiche, hast du es mir so gesagt? und Martin dach-
te, wie und wann nahm sie etwas auf, da sie nie zuhörte und dann
doch mit einem Satz herauskam, der auf Zuhören schließen ließ.
Da sie mit den Ohren nicht hörte, wie hörte sie, über welche
Schaltungen, und was für eine seltsame Auswahl traf sie immer.
Sie trafen sich in der Bar mit »seinen« Leuten, Martins Leute nannte Franza alle, die sie in Kairo sehen mußten, es waren ein dilet-
tierender Archäologe und ein Angestellter der amerikanischen
Botschaft. Bei der Begrüßung standen Franza und Martin den riesigen dunklen Fenstern zugewandt, die um den Turm führten, die
Stadtlichter waren nach allen Seiten zu sehen, der andere Nilarm,
der Gezira hielt, und Martins Leute deuteten auf die Stadt hinunter, stolz, als hätten sie nicht nur den Verabredungsplatz so gut

gewählt, sondern Kairo und den Nil dazu erschaffen. Da schwoll der Nil an, er wurde eine bewegte schnelle Schlange, der Nil hob und senkte sich eilig, sein ganzer Arm, Franza hielt sich an dem Tischchen fest, ihre Knie sackten ein, und sie kam auf den Hocker zu sitzen, den Martin ihr unterschob. Während der Kellner die Aperitifs abstellte und alle in die Erdnußschale griffen, versuchte sie fest auf den Boden zu schauen, Halt zu bekommen auf dem Fußboden, sie konnte diese Fenster, die bis zum Boden reichten, nicht beherrschen, die Fenster waren überall, sie konnte nicht aufsehen, ganz gleich, was die nun denken mochten, da sie wieder von etwas sprachen, was zu sehen war, auf der anderen Seite. Wenn nur der dunkel beglänzte Nil nicht durch das Fenster kam und sich über den Boden bewegte, so lautlos, so glänzend. Die Stimmen versammelten sich jetzt auch auf dem Boden zu ihren Füßen, Lachen, Fragen, Sagen, sie kamen in einen Strudel zu Franzas Füßen, da wo sie hinschaute, dann tat der Kairo Tower ein Übriges, er fing zu schwanken an, und Franza riß die Augen halbhoch und sagte mitten in die Unterhaltung hinein, ich muß sofort weg, ich muß weg. Sie stand auf und ruderte mit den Händen, und sie hörte, daß Martin sich bei den anderen entschuldigte und für Franza Kopfschmerzen ins Treffen führte, zu ihm sagte sie leise, es sind die Fenster, nur die Fenster.

Der Liebhaberarchäologe und der Amerikaner standen auf und zahlten, und im Lift atmete Franza auf, obwohl er sich bewegte, sie redete und lächelte. Sie fuhren dann alle wieder zurück ins oberste Stockwerk, dort waren weniger Fenster, nur Aussichtsfenster über den Tischen in Brusthöhe.

Der Amerikaner sagte, das Restaurant sei eine Fehlkonstruktion, es solle sich langsam während des Essens um den Turm bewegen, es setze sich aber nie in Gang. Aber in dem Moment, als der Kellner kam, gab es den Ruck, nicht nur für Franza, sondern auch für alle anderen, und Martin nahm alle Rücksichtslosigkeit, deren er fähig war, zusammen und sagte, wenn sie, die anderen, nichts dagegen hätten, dann gingen sie sofort, denn seine Schwester werde so leicht schwindlig, er machte ein paar Scherze über Frauen mit Schwindel und Schwindelgefühlen, aber er stand schon, und sie verließen den Turm und suchten im Zentrum ein Restaurant.

Es war immer später geworden. Der Besitzer des italienischen Restaurants, ein alter Alexandria-Italiener, sagte an dem soundsovielten Abend zu den soundsovielten Fremden, er sei schon einer der letzten im Land und er gehe nach Australien, bald. Als er das Gedeck auflegte, vor Australien, tat er es, als decke er den Tisch zum letzten Mal, und während Franza noch willig zuhörte und den Eindruck bekam, daß es bald nirgends mehr was zu essen geben werde in der Stadt, weil alles nach Australien wollte, aber sie war zu ebener Erde, da ruckte das Restaurant, der Tisch schwankte ihr mit den Gläsern und Gedecken entgegen, sie konnte sich auch am Tisch nicht festhalten, sie nahm Martins Hand und preßte die Fingernägel in sein Handgelenk, sie dachte, sie reiße ihm die Vene auf, aber sie preßte ihre Nägel noch tiefer, sie fing zu schluchzen an, wenn er nur nicht blutete wegen ihr, verblutete. Martin, es ist nicht mehr auszuhalten, es ist schrecklich, sie sah ihn an, obwohl auch sein Kopf hin- und herruckte in dem Raum und sie ihn nur ungenau sehen konnte und immer an einer anderen Stelle, es ist schrecklich, leg mich auf den Boden, Martin zog sie in die Höhe, sie sagte: auf den Boden, ich will auf dem Boden liegen, ich glaube, ich sterbe, ich glaube, es fängt an.

Am nächsten Tag kam der Amerikaner mit seiner Mutter ins Hotel und wollte die Geschwister besuchen, Franzas wegen. Franza saß allein in der Bar, und es machte sie verlegen, weil sie da saß und nicht im Bett lag, das erwartete man sicher, nach dem Zwischenfall, von ihr. Warum hatte der seine Mutter mitgeschleppt? Diese Mutter. Franza hatte nie jemand soviel fragen und behaupten gehört, sie sah auf das durchsichtige rosa Kleid der hageren Frau und die rosa Schminke, bis sie auffaßte, daß ihr geholfen werden solle, die Frau war schon bei ihrem gestrigen Schwindelanfall angelangt, und Franza sagte, mir fehlt gar nichts, daran hat der Turm schuld, ich darf eben nicht auf Türme steigen. Franza behielt die beiden Hoteleingänge im Auge, denn Martin sollte sich gefälligst mit seinen Leuten beschäftigen; ihr war das unmöglich. Die Frau war eine Hexe, gichtig und rosig, sie erteilte Franza lauter Ratschläge, lud sie ein für den Abend, und dann langte sie bei ägyptischen Ärzten an und erklärte, daß der Botschaftsarzt nichts tauge, und

Franza sagte, aber ich brauche doch keinen Arzt, und die rosa Hexe erzählte jetzt von einem Leiden, dann einem anderen, sie wollte wohl, daß Franza Nierensteine habe oder Migräne, und Franza befeuchtete mit Mineralwasser wieder die Lippen, die rosa Mutter sagte, während der Sohn von dem Nierenstein weg zur Bar ging und sie allein mit dem Ungeheuer zurückließ, es gebe aber einen Wunderdoktor, einen Deutschen, und Franza müsse zu dem Wunderdoktor, aber im Geheimen, sie gehe auch im Geheimen hin, Franza dachte, entweder war dieses Rosa nicht bei Trost oder hatte einen Fimmel für Krankheiten. Das war ihr in Wien auch oft untergekommen, Frauen in diesem Alter, die zu Wunderdoktoren liefen mit Pendeln und auf Augendiagnosen schwörten, auf Akupunktur und Abrakadabra. Das Rosa sagte kichernd, Franza, meine Liebe, Sie müssen aber keinen Schreck bekommen. Es sei einer von den Deutschen, sie errate doch wohl, und eine Praxis habe er nicht, das erlaubten die Behörden nicht. Es ist wahnsinnig aufregend, sagte die Frau, ich war so aufgeregt im Anfang, aber nun gingen schon einige Leute zu ihm, nicht nur sie, es laufe ihr immer noch ganz kalt über den Rücken, aber die Migräne oder die Nierensteine seien wie weggeblasen. Die Frau hatte ihre Hand genommen, beugte sich zu ihr und flüsterte: Er wohnt in der Sharia El Gabalaya. Wer? Er. Aber sagen Sie nur, daß Sie von mir geschickt wurden. Die rosa Frau ließ Franzas Hand nicht los. Franza zog ihre Hand zurück und stand auf, sie stellte Martin vor, der Amerikaner kam mit einem Hallo zurück, Franza bedankte sich für den Besuch, sie sagte zu Martin gewendet, Mrs. Holden war so freundlich, sich um mich Sorgen zu machen, es war sehr nett von Ihnen, Mrs. Holden, aber wir müssen gehen, wir sind verabredet, sie sah Martin rasch an und nahm seinen Arm.

Kaum bist du weg, passieren mir solche Sachen. Eine schreckliche Frau, sagte Franza. Was war denn? fragte Martin. Oh nichts, sagte Franza, ein Geschwätz, sie hat Nierensteine gehabt, und die Ärzte hier taugen angeblich nichts, der Botschaftsarzt auch nichts, das ist eine gute Stunde gegangen, alle ihre Krankheiten, zum Kopfwehkriegen. Jetzt habe ich wirklich Kopfweh bekommen. Ich will keine Leute sehen, schon gar nicht aus der Kolonie. Verstehst du denn nicht?

Auf der Insel Zamalek, in der Nähe des Grotta-Gartens, in der Sharia El Gabalaya fand Franza das Hausboot. Sie hatte die Hausnummer, die von Ranken überwachsen war, nicht gleich entdecken können und schaute von der Straße hinunter zur Holzbrücke. Ein ungestrichnes, leckendes Boot war am Haus neben der Brücke festgemacht. Sie ging zögernd über den Steg, dem ein paar Bretter fehlten. Der Nilarm war hier schmal, an beide Ufer waren Hausboote gelegt, es gab schöne weiße Boote mit farbigen Fensterrahmen vor Böschungen aus leuchtenden Blumen und verlassene, verfallende, vor mannshohen staubigen Stauden. Dieses Hausboot hier gehörte weder zu der schlechtesten noch zu der besten Sorte. Sie stieß die Tür auf zu einem Vorraum, in dem ein kleiner dicker Ägypter auf dem Teppich lag. Nicht Franza, sondern eine Frau Jordan, die es gewohnt war, überall vorgelassen zu werden, fragte zerstreut-bestimmt nach Doktor Körner. Sie hatte sich den ganzen Tag nicht recht erinnern können, ob Mrs. Holden von ihm als einem Doktor Karner oder Kerner gesprochen hatte, überdies hätte es auch ein falscher Name sein können, bis ihr vor dem Haus plötzlich eingefallen war, er könne Körner sein. Der Diener stand verschlafen auf und zeigte auf einen Sessel. Sie wartete lange, und je länger sie wartete, desto weniger begriff sie, warum sie gekommen war, als wäre ihr der Grund abhanden gekommen, als hätte sie ihn verloren spätestens beim Entdecken der Hausnummer. Der Diener kam zurück und bedeutete ihr, die Treppe hinaufzugehen. Im nächsten Augenblick bewegte sich das Haus. Franza wurde schwindlig. Es kam zurück, es kam wieder. Sie griff sich an den Nacken. Als sie die letzte Stufe erreicht hatte, sich ans Geländer klammernd, und sah, daß die Treppe direkt in ein Zimmer führte, trat der Mann durch eine Tür von der Seite. Er sprach sie englisch an, sie antwortete sofort deutsch.

Sie kommen von wem? Bitte nehmen Sie Platz. Ich muß Sie darauf aufmerksam machen, daß ich als Arzt nicht zugelassen bin.

Franza nickte. Er war aus Wien, das war unverkennbar an dem Tonfall zu hören. Das hatte sie nicht gewußt. Sie hatte automatisch angenommen, er sei Deutscher.

Mir ist schwindlig, sagte sie und war froh, daß sie ohne Stocken sprechen konnte. Ich habe gedacht – sie versuchte zu lächeln –, mir war, als hätte sich das Haus bewegt.

Wenn ein Dampfer vorbeifährt, schaukelt es. Man gewöhnt sich daran. Trotzdem geht nichts über ein Hausboot in Kairo.

Franza studierte seine Stimme. Er gehörte nicht zu »jener« Schicht, seine Sprache hatte keine Jordanklasse, keinen hochmütigen Nasal. Ein eckiges, angestrengtes Kleinbürgerhochdeutsch aus Wien. Ein Gesicht mit Brille, braunes Haar, ins Grau übergehend, ein muskulöser Körper, untersetzt, sicher gebräunt wie das Gesicht, gebräunt vielleicht von Nachmittagen im Gezira Sporting Club. Besondere Kennzeichen keine.

Zugelassen war er also wirklich nicht.

Ich habe gehört von Ihnen... in der amerikanischen Kolonie.

Franza brach ab, sie schaute die schäbigen Möbel an, dann auf den abgetretenen Teppich. Sie hatte sich die Kulisse anders vorgestellt, eine Villa, ihn ausgehalten vom Staat oder von einer Geheimorganisation. Aber schlecht konnte es ihm auch nicht gehen. Also recht gut. Sie versuchte mühsam, weiterzukommen.

Ich habe gehört, Mrs. Holden sagt, Sie hätten die reinsten Wunder, Sie könnten auch in ganz hoffnungslosen Fällen.

Er sah sie kühl an und sagte, er sei Arzt, Internist, um es zu präzisieren. Wunder könne er keine wirken, aber sie fange besser an, ihm zu sagen, was ihr fehle. Es sei denn, sie suche einen Quacksalber.

Ich bin krank, sagte Franza, und da sie meinte, dieser Satz ließe sie blöde erscheinen, fügte sie rasch hinzu: Aber ich bin nicht deswegen gekommen. Ich weiß, wer Sie sind.

Der Satz war gefallen, nicht mehr rückgängig zu machen. Für Franza: eine lautlose Detonation.

Das wissen einige. Man weiß das hier. Sie sagen mir nichts Neues. Leben Sie in Kairo?

Nein, sagte Franza, ich komme aus Wien. Ich heiße Jordan. Ich bin mit einem Arzt verheiratet. Sie machte eine Pause. Mit Leopold Jordan. Sie bemühte sich, ihn wieder anzusehen, wich mit den Blicken vorbei und hielt den Kopf schräg. Sie merkte erst nach einer Weile, daß er aus einem anderen Grund nicht antwortete. Der Name Jordan, seit mehr als fünfzehn Jahren ein brillanter Name in Wien und in der internationalen Fachwelt, schien Körner tatsächlich nichts zu sagen.

Er saß ruhig hinter dem Schreibtisch und spielte mit einem Kugelschreiber.

Ich verstehe Sie nicht. Wenn Ihr Mann Arzt ist... wenn Sie krank sind...

Ich verstehe das auch nicht, sagte Franza. Sie wußte nicht mehr weiter, aber sie konnte nicht aufstehen und gehen, das Hausboot schaukelte wieder, sie hörte die Wellen an die Wand klatschen und hielt sich an den Sesselarmen fest. Die mit Kalendern und schlechten Kunstdrucken österreichischer Schlösser bedeckte Wand rutschte ihren Augen nach oben weg, das Stift Melk wackelte neben der Tür, dann beruhigte es sich und gab ihr Halt. Nichts deutete in diesem Raum darauf hin, daß ein Arzt hier ordinierte, außer dem weißen Mantel, der auf einem Sesselrücken hing. Körner hatte ihn nicht angezogen.

Mein Mann hat ein Buch geschrieben. Ich habe mitgearbeitet.

Sie fing zu murmeln an. Über die Versuche an weiblichen Häftlingen. Über die Spätschäden. Sie war kaum mehr zu hören, sie krampfte die Hände ineinander. Ich kenne alle Dokumente. Sie waren in Dachau und in... in... Hartheim. Es ist mir heute wieder eingefallen.

Ich habe nie an weiblichen Häftlingen Versuche gemacht.

Ich weiß, sagte Franza, das weiß ich. Es sind auch andere – sie suchte nach einem Wort, dann griff sie seines auf – andere Versuche gemacht worden. Habe ich nicht gesagt, daß ich alle Dokumente kenne. Die Sulfonamid- und Phlegmoneversuche, Fleckfieberimpfstoffversuche, Lost- und Phosgenversuche, sie gerieten ihr jetzt durcheinander, sie hatte sie nicht mehr paginiert vor sich, sie konnte nicht nachschlagen. Gepeinigt suchte sie die Wiener Bibliothekswand ab. Davon bin ich auch krank geworden, dachte sie, und dann fiel ihr endlich ein: die Ausmerzung unerwünschten Volkstums, die Ausmerzung, ja, die direkte Ausmerzung unerwünschter Kranker, die Sterbehilfe, der Gnadentod. 2 ccm Morphium-Scopolamin. Sie hatte Körner in den Kapiteln über das Euthanasieprogramm wiedergefunden.

Ich verstehe Sie noch immer nicht, sagte Körner. Was wollen Sie von mir. Er machte einen Anlauf in die Ironie, der mißlang.

Was verschafft mir die Ehre? Er fing an, mit dem Kugelschreiber kleine harte Striche auf ein Blatt zu setzen.

Franza dachte, es gehe nicht an, wenn sie sagte, sie habe, aus einem bestimmten Grund, einem ganz bestimmten Grund, ihn sehen wollen, jemand wie ihn, der so etwas getan habe. Er würde glauben, sie wolle ihn besichtigen, und das war es doch nicht, sie vermochte nur selber nicht mehr, ihren bestimmten Grund in einen mitteilbaren Satz zu bringen, der Grund war nicht flüssig zu machen, in keiner Rede.

Etwas hat mir Eindruck gemacht, ich habe einmal Medizin studiert, ich habe dann aufgehört, ja, geheiratet eben, der hippokratische Eid, sagte sie zusammenhanglos. Alle Berufe sollten – ich meine, ich weiß nicht, warum nicht auch die anderen Berufe... da gibt es nichts, worunter sie stehen.

Und dann sah sie es gedruckt vor sich, viele Male: 2 ccm M.-Scn.

Sie sind doch nicht gekommen, um mir Belehrungen zu erteilen. Wollen Sie mich ausspionieren, oder kommen Sie von einer Illustrierten, um sich ein Sensationsinterview aus Kairo mitzubringen. So prominent war ich nicht.

Aber, sagte Franza, aber merken Sie denn nicht, daß ich Sie nichts frage? Ich frage mich etwas. Ich frage mich schon seit so langer Zeit. Ich frage mich. (Sie wollte aber sagen: ich bin krank, aber nicht wie Sie denken könnten, es hat mit keinem Kreislauf und keinem der Nervensysteme zu tun, mit keinem Herz und keiner Lunge.)

Er stand auf, und sie wußte, daß er ihr damit bedeutete, sie habe zu gehen.

Wenn Sie nicht krank sind, fing er an, und seine Sicherheit verlor sich zum erstenmal.

Aber ich bin krank, sagte Franza leise und stand auf. Es ist mir nur nicht mehr zu helfen.

Sie wich vor ihm zurück, das war unnötig, sie fühlte sich auch nicht bedroht, nichts war unheimlich. In diesem Zimmer war nur ein schlechter Geruch von der Nilfäulnis, aber keiner von Verbrechen. Der SS-Hauptsturmführer Dr. Kurt Körner strömte keinen besonderen Geruch aus.

Verzeihen Sie, sagte sie. Beide standen, er drängte sie jetzt nicht mehr, und sie rührte sich auch nicht.

Ihr fiel plötzlich ein, daß sie zu ihm gesagt hatte: Verzeihen Sie. Und auf dem letzten Blatt, das sie Jordan hingelegt hatte, stand zuunterst: verzeih mir. Nicht mehr ihr Name.

In dem Nürnberger Prozeßbericht hatte sie nicht mehr weiterlesen können, als der Zeuge B. an der Reihe war, kastriert, Verbrennungen, nachträglich noch Hodenoperation, aber nicht das war es gewesen, was sie an dieser Stelle jedesmal ⟨x...x x...x⟩ gesehen, sie hatte schon zu viele Protokolle und Krankengeschichten gelesen, kaum je anderes in den letzten Jahren. Der Zeuge B. war ins Stocken gekommen, das stand aber nicht da in dem Protokoll, nein, vielmehr er war auf der Seite plötzlich wie vom Papier und vom Druck verschluckt. Anklagevertreter MacHaney, nachdem er auf seine Frage keine Antwort bekam:

Zeuge, haben Sie keine Furcht!

Aber dann war wieder das Schweigen nach dieser protokollierten Zeile. Und dann Zeuge B., nachdem die Erde sich einmal um ihre Achse gedreht hatte, damit diese Seite beschrieben würde:

Verzeihen Sie, daß ich weine...

Sonst war in den ganzen Protokollen kein »Verzeihen Sie« vorgekommen, und von den Ärzten lauter Sätze über Erlässe und was als rechtsverbindlich erscheinen mußte, und: das konnte ich gar nicht beurteilen. Und: das weiß ich nicht. Und: darüber war mir nichts bekannt. Und: das kann meines Erachtens nicht so beurteilt werden. Immer war von Erachten die Rede, niemals brach ein Schweigen aus, nie kam etwas ins Stocken.

Franza, in dieser schmachtenden Luft, in diesem Zimmer, dachte nach über Verzeihen und Protokolle und Ausmerzung. Wie kam das zusammen mit einem Mann in Kairo, der da stand und so wenig zu reden wußte wie sie.

Sie nickte, sie war erleichtert, daß er nicht grüßte. Sie ging die Treppe hinunter, an dem Diener vorbei, der schon wieder auf dem Boden lag, und dann über die unsichere Brücke.

Auf dem Bahnhof in Kairo hatte Franza bei ihrer Ankunft die Frau gesehen. Die Frau war auf den Knien gelegen, mit Stricken ge-

fesselt, die Hände auf dem Rücken verschränkt, auf dem Rücken
die Hände mit Schnüren gebunden, die Füße, nackt, schmutzig,
auch zusammengebunden, das sah Franza zuerst; dann den Kopf
der Frau, einen langen, schmalen, überdehnten Kopf, wie ihn die
Töchter Echn Atons hatten, der Kopf war zurückgebogen, so daß
die Frau in die Höhe schauen mußte, so hoch, daß rundum nichts
mehr in ihr Blickfeld kommen konnte, und zuletzt erst nahm
Franza den großen Araber wahr, der die Haare der Frau, zusammengezwirbelt, nicht zu einem Zopf, sondern zu einem schwarzen
festen Strick, gedreht hielt in der einen Hand, damit sie den Kopf
unbeweglich halten mußte, und mit der anderen Hand führte er
sich genießerisch gelbe bohnengroße Körner zum Mund, lächelnd. Franza ließ das Gepäck stehen und ging auf eine Gruppe
von Männern zu, die danebenstanden. Sie konnte nicht sprechen,
jetzt war es die Sperrung im Mund, sie sah sich nach Martin um,
der noch mit den Koffern am Zug stand. Sie blickte inständig, mit
verkrampften Kiefern, die Männer an. Die Frau, Martin! Der
Mann ist wahnsinnig, er ist wahnsinnig, so tut doch etwas, er ist
wahnsinnig. Sie wiederholte so viele Male in sich den Satz, bis sie
ihn herausbrachte in einem so deutlichen Englisch, daß jeder verstehen mußte. Der junge, ihr zunächst stehende Mann grinste be-
gütigend und antwortete: Nicht er ist verrückt. Sie ist wahnsinnig.

Die Frau, die Frau auf dem Bahnhof. Franza, die auf der Straße
ein Taxi angehalten hatte, ließ sich zum Bahnhof fahren, es war
wichtig, sie mußte es überwinden, noch einmal auf den Bahnhof
gehen. Sie hieß den Fahrer warten, stieg aus und lief zu dem ersten
Bahnsteig hinüber. Da war seit Wochen keine Frau mehr, die
gefesselt auf den Knien lag, der Mann vom Lande hatte ja mit ihr
auf einen Zug gewartet und sie nachhause gebracht, ins obere
Niltal. Er hat sie wenigstens mit sich nachhause genommen. Er hat
mich nicht einmal, Franza fing zu schluchzen ⟨an⟩. Immer wird
hier die Frau sein, Franza nickte und ging, ich bin die Frau geworden, das ist es. Sie stieg in den Wagen und fuhr zum Hotel
zurück. Ich liege dort an ihrer Statt. Und mein Haar wird, zu
einem langen, langen Strick gedreht, von ihm in Wien gehalten.
Ich bin gefesselt, ich komme nie mehr los.

Franza zählte das Geld. Sie hatte noch dreihundert überzählige Dollar, die Martin verwahrte, und Martin mußte mehr als doppelt soviel haben. Sie kam zu sprechen darauf am Abend im Zimmer, wieviel sie noch brauchen würden vor der Heimreise. Wird da nicht etwas übrigbleiben, fragte sie. Du könntest mir von dir hundert geben, ich möchte so gerne etwas kaufen. Martin war erstaunt, weil sie sonst nie etwas kaufen wollte. Einkaufenwollen war sicher ein gutes Zeichen, Martin wollte sich nur nicht anmerken lassen, wie positiv er ihren Geldwunsch bewertete und sagte darum nur: Wir gehen dann miteinander einkaufen, am vorletzten Tag, dann können wir alles übriggebliebene Geld ausgeben. Man weiß sowieso nie recht, was man vor einer Abreise tun soll. Bist du einverstanden?

In der Nacht stand sie auf und nahm 300 Dollar aus seiner Brieftasche. Sie steckte sie gefaltet in ihren Paß, denn im Grund hatte er sie ihr doch geschenkt, so redete sie sich zu, dann suchte sie nicht mehr nach Argumenten und legte sich schlafen. Und wenn ich sie gestohlen habe, er muß das nicht einmal verstehen. Nein, das muß er nicht verstehen. Sie lag noch lange mit offenen Augen.

Vor dem Hausboot in der Sharia El Gabalaya war sie unschlüssig, aber da sie es nun schon kannte, war der Weg ins Haus wie ein gewohnter Gang. Als sie nach dem Arzt fragte, sagte der Diener, nach einem zu auffälligen Lauschen, da das Holz über ihnen im ersten Stock knarrte, er sei nicht da. Wahrscheinlich hatte Körner sie kommen sehen. Sie ging schnell die Holztreppe hinauf und sah sich um. Das Zimmer war leer, sein weißer Mantel hing an einem Haken der Tür. Sie setzte sich in den Sessel, den er ihr beim erstenmal gewiesen hatte, und versuchte ein paar Atemübungen, tief durchatmen, ganz ausatmen. Körner riß die Tür auf und sagte, unterdrückt schreiend: Gehen Sie sofort. Was erlauben Sie sich.

Franza sagte: Sie mißverstehen mich. Sie sprach sehr schnell. Ich bin zurückgekommen, weil ich Sie um etwas bitten muß. Ich habe Ihnen doch gesagt, ich bin krank. Ich muß Sie um etwas bitten, und Sie müssen mich anhören.

Er griff mechanisch nach seinem Mantel und sagte ruhig, aber bedrohlicher: Sie gehen jetzt augenblicklich, oder Sie sagen mir, was Ihnen fehlt.

Franza dachte, wenn das so einfach wäre, aber sie mußte reden, laut, und sie sprach wieder schnell: Ich kann es nicht mehr aushalten, ich kann nicht mehr weiter. Es ist meine letzte Hoffnung. Verstehn Sie mich denn nicht. Noch immer nicht.

Körner sagte: Wenn Sie schwanger sind und eine Abtreibung machen lassen wollen, könnten Sie sich ruhig deutlicher ausdrükken. Aber ich mache keine Abtreibungen. Da sind Sie an der falschen Adresse.

Die Aufregung rann ruckweise durch Franzas Kopf, in ihre Hände, zuletzt in ihre Beine.

Damit wäre ich doch nicht zu Ihnen gekommen, mit nichts dergleichen. Ich habe Ihnen doch gesagt, daß ich alles über Sie weiß.

Er antwortete nicht. Franza hielt das Kuvert mit den dreihundert Dollar in der Hand, es hüpfte leicht zwischen ihren Fingern. Sie sagte: Verzeihen Sie, ich glaube, es werden hier alle lieber in Dollar als in Pfund honoriert. Ich möchte bloß sagen, ich kann in Dollar zahlen. Dreihundert, würden die reichen.

Körner setzte sich, er ließ vielmehr sein Gewicht fallen. Ich nehme die üblichen Sätze, von mir aus in Dollar. Sie können aber auch in hiesiger Währung zahlen. Machen Sie es nicht kompliziert. Aber ich kann mir nicht denken, warum Sie dreihundert Dollar für eine Untersuchung mitnehmen. Für wen halten Sie mich?

Ich will nicht von Ihnen untersucht werden. Darum geht es doch nicht. Ich will, daß Sie es wieder machen. Und mehr Geld habe ich nicht. Geben Sie mir eine Spritze.

Hören Sie, sagte er, stand ⟨auf⟩ und kam auf sie zu. Was wollen Sie damit sagen?

Nichts. Ich habe es doch schon gesagt. Ich will nicht mehr leben, ich kann wirklich nicht mehr.

Wie konnte sie ihm bloß klarmachen, daß sie ausgemerzt werden wollte? Ja, ausgemerzt, das war es.

Ich kann versuchen, noch mehr Geld zu bekommen. Sie müssen es tun, für Sie ist das doch... Sie stockte.

Ich bin Arzt, sagte Körner. Sie sind wahnsinnig. Das ist eine unerhörte Zumutung.

Franza dachte, ich bitte ihn um etwas, was er früher freiwillig getan hat und ohne darum gebeten worden zu sein, und jetzt kommt jemand und darf nicht einmal betteln darum und zahlen dafür. Was ist das für eine Welt?

Wenn Sie Unannehmlichkeiten befürchten, geben Sie ⟨es⟩ mir, ich kann es selber tun. Aber geben Sie mir etwas. Niemand weiß, niemand wird wissen... Aber geben Sie mir das. Ich kenne niemand außer Ihnen, zu dem ich gehen könnte... Sie brach wieder ab. Sie wollte ihn nicht aufbringen gegen sich. Vielleicht ging das gegen seine Mörderehre oder seine Arztehre, diese Leute waren sicher alle sehr empfindlich, und plötzlich dachte sie an Jordan und nicht anders an ihn als an Körner. Jordan hätte die gleiche Entrüstung über eine solche Zumutung und eine Überzahlung des Honorarsatzes gezeigt, seine Berufsehre wie ein Banner vor einem Patienten aufgezogen.

Hören Sie, sagte Körner. Ich will das vergessen. Sie sind – er räusperte sich – in einer psychisch schlechten Verfassung. Ich will das zu Ihren Gunsten annehmen. Rezept kann ich Ihnen keines schreiben, aber ich gebe Ihnen ein Wort für einen ägyptischen Kollegen mit. Nehmen Sie ein, zwei Librium pro Tag...

Franza schüttelte den Kopf.

Ich brauche kein Rezept von Ihrem Kollegen, danke, kein Librium und kein Meprobamat und kein Dominal und kein Megaphen. Sie sehen, ich kenne mich aus. Ich habe genug davon. Es hilft nicht. Ich will die toxische Dosis, fünfzig oder sechzig Milligramm (es muß ja nicht Benzin sein, dachte sie zwanghaft). Ich will nichts Halbes tun. Ich habe nicht mehr viel Zeit.

Sie ließ das Kuvert auf dem Sessel liegen und lief die Treppe hinunter.

Am nächsten Tag, zur gleichen Zeit, kam sie wieder. Die Tür war verschlossen, sie setzte sich davor und ließ die Beine übers Wasser hängen. Um die Hausbrücke herum kam der kleine Diener, drehte um, als er sie sah, und kehrte nach einer Weile wieder. Er gab ihr das Kuvert und sagte, der Doktor sei nach Alexandria gefahren. Verreist. Weggefahren. Für eine Woche. Sie stand betäubt mit dem Kuvert in der Hand da. Er ließ sich verleugnen. Sie ging an dem

Diener vorbei, er hielt sie nicht auf, ging um die Brücke herum und durch den Kücheneingang ins Haus. Sie machte jede Türe auf, ging in den ersten Stock, durch alle Zimmer und wieder zurück, dann auf die Terrasse und setzte sich einen Augenblick vor Schwäche auf einen zerrissenen Strohsessel. Langsam suchte sie den Weg hinunter und wischte sich immerzu mit der Hand etwas aus dem Gesicht, ein taubes Gefühl, dann ein Prickeln, dann fing sie zu weinen an und weinte den ganzen Weg durch Zamalek und noch im Hotel, wo der Liftboy sie ansah, als wollte er sie etwas fragen. Im Korridor wischte sie die Tränen ab, vor der Zimmertür nahm sie Taschentuch und Kamm aus der Handtasche, schneuzte und kämmte sich und setzte die Sonnenbrille auf, damit Martin ihre verschwollenen Augen nicht sah. Sie atmete ein paarmal tief durch, und als sie sich ruhig genug fühlte, die Tür aufzumachen, wurde ihr bewußt, daß sie sich irrte. Körner war wirklich weg-gefahren, ihretwegen, aus Furcht vor ihr. Jemand hatte Furcht vor ihr gehabt, zum erstenmal jemand vor ihr und nicht mehr sie vor jemand.

Auf der Fahrt nach Gizeh sagte sie Martin im Taxi:

Er – sie verbesserte sich – Jordan hat sich nie vor mir gefürchtet. Er war so sicher, daß ich es niemand sage, daß ich eher krepiere. Auch zuletzt. Es war ihm nicht einmal ein Unbehagen anzumer-ken gewesen. Aber ich habe jemand doch noch das Fürchten bei-gebracht. Einem von denen. Ja, das habe ich.

Martin sah, daß sie die Fäuste geballt hatte. Er verstand ihre Bemerkung nicht, die Zusammenhanglosigkeit solcher Sätze lähmte ihn, und um sie aus ihrer Erstarrung zu holen, nahm er sie bei der Hand, öffnete sanft ihre Faust und sprach lebhaft von etwas anderem.

Wenn ich aus der Stadt heraus bin, atme ich auf, du nicht? sagte er. Wir könnten, auch wenn ⟨ich⟩ nicht zurückmüßte, nicht länger bleiben. Holden meint, den Sommer hält keiner von uns aus. Hol-dens fahren diese Woche nach Marsa Matruh ans Meer. Das ist bei El Alamein. Komischer Gedanke. Wie gut, daß wir beide nicht sentimental sind.

Er hielt ihre Hand, und sie sah ihn mit gespielter Aufmerksam-keit an.

Ich kanns mir nicht vorstellen, dort mit gesenktem Kopf herumzugehen und mir einzubilden, ich stattete meinem Vater einen
Besuch ab.

Martin fuhr nach Mena House mit ihr, es waren dort weniger
Menschen als im Gezira Sporting Club, sie konnten allein schwimmen in dem großen Schwimmbecken und zu Mittag im Schatten
neben dem Bassin essen. Öfters verriß es sie, sie versuchte es ihm
zu erklären, es geht ein Strom durch meinen Kopf, tausend Volt
stark. Ist tausend Volt viel? Dann reißt es mich, der Blitz schlägt bis
zu den Füßen durch. Trotzdem stand sie am frühen Abend wieder
mit ihm auf von den Planken und trottete mit zu den Pyramiden,
mit einem neuen Hut auf dem Kopf. Die Hüte gingen ihr immer
verloren. Sie wollte noch einmal hinausreiten nach Sakkara und
Memphis, aber dann fiel ihr ein, daß es für Martin die letzte Gelegenheit war, auf die große Pyramide zu steigen. Franza sagte, du
hast schon auf so vieles verzichtet, ich warte im Restaurant. Sie
bestellte sich ein Bier und Karotten, trank ein paar Schluck und sah
hinüber, über ⟨die⟩ ganze Stadt bis zu den Mokkatambergen, dahinter ging die Stadt im Sand verloren wie hier in Gizeh. Martin
kam noch einmal zurück, trank ihr Bier aus und sagte, es sei kein
dragoman zu finden, und er werde allein hinaufsteigen. Wenn
keiner da war, konnte man ihm das nicht verbieten. Wie lang
meinst, dauert das, Franza sah forschend hinauf. Sie kam bis zur
Pyramide mit, sah seinem Aufstieg zu, und als er gegen die Mitte
kam, merkte sie erst, wie hoch die Pyramide sein mußte, er wurde
so klein, immer kleiner, immer langsamer, sie winkte trotzdem,
denn vielleicht konnte er sie besser sehen. Die Abendstunde war
hell, nur das stechende Licht war ihr entzogen. Franza ging die
Pyramide entlang auf die andere Seite und dachte, wenn sie rundherum ginge, dann müßten sie in einer Stunde zusammentreffen.
Sie konnte ihn von hier aus nicht mehr sehen. Sie watete durch
den Sand, der ihre ganze Kraft brauchte, mit einer Hand die großen Quadern berührend wie ein Geländer. Jemand kam ihr entgegen, vom anderen Eck aus, sie sah kurz auf, ein Weißer, sie
achtete nicht auf ihn, wenigstens war es keiner der echten und
falschen Fremdenführer, Kamel- und Pferdebesitzer, die einen immerzu ansprachen und die Preise zuschrien zwischen Gizeh und

Sakkara. Als sie schon beinah auf gleicher Höhe waren und sie dachte, er werde ausweichen, sie dachte aber an etwas anderes, an Ausweichen nur nebenbei mit dem Instinkt, geschah das. Er hatte einen Stock in der Hand, er war stehen geblieben und hatte sich gegen sie gewandt, sie sah ihn den Stock bewegen, ausholen gegen sie, sie stand erstarrt da, erhielt den leichten Schlag, als hätte er sie mit einer Axt getroffen, dann erst sah sie, was er tat mit der anderen Hand und was er wollte von ihr. Sie brachte keinen Ton heraus und bewegte sich nicht, bis er an ihr vorbeigegangen war. Sie fing wieder zu gehen an, sie hatte noch gesehen, wie er seine enganliegende Bluejeans zuknöpfte, sie ging weiter und zog sich ⟨an⟩ der Wand entlang, rutschte aus, zog sich hoch. Dort auf der anderen Seite war ihr Bruder, und sie mußte noch zwei Pyramidenseiten entlanggehen, um zu ihm zu kommen, sie fing vor sich hinzureden an, ein armer Teufel, und sie zog sich wieder an der Quader hoch, er wollte mich nur erschrecken, und in Wien, er auch, er wollte mich nur erschrecken, immer erschrecken, ich bin zu gut erschrocken, schon damals, sie brauchen es, sie machte die Zeitschriften und Nachschlagwerke in Wien auf und ging an der Bibliothek entlang und blätterte in den Büchern, sie zog sich an der Bibliothek hoch, mit der letzten Kraft, Exhibitionismus, Satyriasis, damals hätte sie schon nachsehen und denken sollen, sie war aber nur an der Bibliothek kleben geblieben mit abgewendetem Kopf und hatte zu ihm gesagt, nein. Nein. Laß mich aus dem Zimmer gehen, und er hatte sie, als sie sich lösen wollte, wieder an die Bibliothek mit den harten Kanten gestoßen und das getan, nicht um diese Franziska zu umarmen, sie, die dort in Wien seine Frau war, wie hatte sie das so ganz vergessen können, den Stoß, vor allem daß es darum gegangen war, sie zu erschrecken, tausend Volt Schrecken, die Wiederholung, vor dem Ermordetwerden. Er muß ja krank sein, ich bin nur davon krank geworden. Sie hörte den Sand hinter sich rieseln, sie wandte sich um und wußte schon, ehe sie ihn sah, daß der Mann zurückgekommen war. Sie wollte laufen in dem schweren zähen Sand und kam etwa noch fünfzig Meter weiter, es waren keine Kameltreiber da, nicht einer, nicht ein einziger, und keine Frau Rosi war im Hinterzimmer, die schlief schon, die hatte Ausgang. Der Mann packte sie von hinten, fast sanft, wie sie noch merkte, sie fiel gegen die Steinwand, er hielt sie mit schwachen Armen umklammert, dann stieß er ihr noch einmal den Kopf gegen das Grab, und sie hörte keinen Laut aus sich kommen, aber etwas in sich sagen: Nein. Nein. Die Wiederholung. Die Stellvertretung. Sie blieb so an dem Stein hängen, mit seitlich hingelegtem Kopf, und als sie sich umdrehte, sah sie ihn langsam weitergehen, in die Richtung, aus der er zuerst gekommen war. Er entfernte sich, sie dachte, sie müsse vielleicht um Hilfe schreien. Sie mußte nur einen Schrei herausbringen, aber warum jemand zuhilfe rufen, er kam schon fast zur Biegung, und wozu schreien, warum denn, ein armer Teufel, die brauchen das, nur erschrecken, sie strich das Leinenkleid hinten glatt. Es ist nichts, nichts ist geschehen, und wenn auch. Es ist gleichgültig. Ihr Denken riß ab, und dann schlug sie, schlug mit ganzer Kraft, ihren Kopf gegen die Wand in Wien und die Steinquader in Gizeh und sagte laut, und da war ihre andre Stimme: Nein. Nein.

Sie konnte die Augen öffnen und mit ihnen etwas bedeuten, als sie zum Bewußtsein kam. Sie hörte ihnen zu, ließ sich aufheben, es waren drei muskulöse ältere Holländerinnen. Immer, wenn mein Bruder nicht dabei ist, dachte sie. Sie ließ sich halb tragen, halb schleifen und versuchte, den starken Frauen zu sagen, sie sei nur gefallen, aber wichtiger war, daß sie ihnen sagte, wohin sie wolle. Es war nicht notwendig, denn sie trugen sie in die einzig mögliche Richtung, zurück zu dem Restaurant. Sie schloß beruhigt die Augen und dachte mit Genugtuung, vielleicht können wir jetzt nicht abreisen. Als man auf der Terrasse zwei Sessel zusammenschob und sie darauf legen wollte, schüttelte sie den Kopf, sie deutete mit der Hand auf den Boden, dann lag sie da und spürte das feine Beißen des Sands an den nackten Armen, im Haar am Hinterkopf und wartete. Warum kam er nicht herunter. Er konnte ja noch zuhause in den Bergen klettern. Warum mußte er auf diese Pyramide steigen. Schwarzwerden vor den Augen. Warum mußte er jetzt so weit weg sein? Dann war er bei ihr, nach so langer Zeit, nach zehn Jahren, es waren mehr als zehn Jahre vergangen seit Galicien und wieder Galicien. Im Taxi hielt er ihren Kopf im Schoß, sie lag mit angewinkelten Beinen neben ihm. Als sie vor dem Semiramis-Hotel hielten, wachte sie wieder auf, sie probierte ihre Beine aus, sie konnte stehen und ging mit Martin durch die Halle und bis ins Zimmer hinauf. Der Lift war außer Betrieb. Am späteren Abend wurde sie lebhaft, fröhlich, sie hatte die Tabletten genommen. Die Kopfschmerzen waren ganz ferne, leicht, dumpf. Sie wollte nicht auf dem Zimmer essen, und Martin brachte sie in den Speisesaal, sie aß mit Heißhunger und wollte auch Wein trinken, ließ das Glas aber halbvoll stehen. Sie redete, redete, wie schon einmal in Galicien, sie machte Bemerkungen über die Kellner, die nie kamen, sie hatten die Gabeln vergessen, und Franza aß ein Stück mit den Fingern, wie in Wadi Halfa, aus jener Schüssel, sie lachte und sagte, wie in Wadi Halfa, das war das beste Essen, so gut kann nie mehr eines sein. Dieses Hotelessen, sie nörgelte an dem Hotelessen herum und lachte dann wieder über die Diener in den roten langen bestickten Gewändern, die mit Besen den Saal zu fegen anfingen und die Besen stehen ließen, wenn der Oberkellner verschwunden war, dann wieder ziellos und apathisch die Besen herumbewegten. Sie wurde auf einmal still und machte keine Bemerkungen mehr. Es war schon sehr spät geworden, sie waren die letzten, die den Speisesaal verließen. Im Zimmer legte sie sich hin, ohne sich ganz auszuziehen. Martin war am Einschlafen, als sie mühsam sagte: das wollte ich nicht. Das hier nicht. Das ist kein Ort für mich, dieses Zimmer nicht.

Dann, nachdem er sein Licht abgedreht hatte: Ich bin wenigstens in der Wüste gewesen.

Sie wandte ihren Kopf zu Martin und sah ihn in ihrem schwachen Nachttischlicht. Hoffentlich hatte er das nicht verstanden, und dann sah sie, daß er nicht beunruhigt war, nicht merkte, er, der so oft vor Besorgnis wach geblieben war, er merkte nicht, daß sie vor lauter Sterben zu sterben anfing.

Martin.

Unter hundert Brüdern.

Die Wüste ist etwas.

Der Rand der arabischen Wüste.

Von zerbrochenen, von zerbrochenen, das Zerbrechen.

Alle Vorstellungen zerbrochen.

Die Weißen.

Mein Kopf.

Die Weißen, sie sollen.

Sie sollen verflucht sein. Er soll.

Sie bewegte noch den Mund, als wollte sie ihm etwas sagen, zuletzt, was sie ihm noch nicht hatte sagen können. Sie wollte nichts geheimhalten, Enigma, aber nun blieb etwas geheim.

Die Weißen.

Am Morgen kam ein ägyptischer Arzt, sie war noch immer bewußtlos, der Arzt für die Botschaften hatte, angeblich unfähig, doch die Fähigkeit, festzustellen, aber keine mehr, etwas zu tun. Er wartete mit Martin im Zimmer, sprach leise, er hatte in London studiert, er sprach englisch, und Martin zog sich aus seinem Englisch ein paar Stützworte, das Hirndrucksyndrom, ein freies Intervall zwischen Sturz und Bewußtlosigkeit, kam vor, kam oft vor, er zog sich eine Ventrikelblutung heraus, arteria cerebralis media, die Hauptarterie des Hirns, die Blutung, und es war also der Sturz gewesen. Martin meinte, das könne nicht wahr sein, der Arzt von den Botschaften stand neben ihr, und jetzt mußte er nicht mehr englisch sagen, daß es vorbei war. Der Arzt sagte leise, man hätte noch operieren können, aber eben wissen müssen von dem Sturz, und dieses »man hätte noch« ließ Martin den Kopf schütteln. Vielleicht hätte man noch! aber wie hatte sie sich zutodgestürzt, nachdem sie so lange durch eine Krankheit gereist waren, von der er am Ende etwas begriffen hatte, mehr jedenfalls, als das Fossil je begreifen würde. Er kam über den sinnlosen Sturz nicht hinweg, und als er den Arzt bezahlen wollte, waren die dreihundert Dollar wieder aufgetaucht, die er verloren oder gestohlen geglaubt hatte. Er zog sie mit Befremden aus seiner Brieftasche.

Ehe er die Direktion verständigte, rief er das Konsulat an, und kurze Zeit später erschien ein Herr Nemec, der maßvoll erschüttert war und zum Erstaunen versiert in den Fragen, die eine tote Ausländerin betrafen. Dieser Herr Nemec – warum bloß mußte er so heißen und Martin dadurch erinnern an jemand anderen, der Nemec hieß, an eine wahrscheinlich gekränkte Elfi Nemec mit stolzzarter Kopfhaltung, und damit in die Gedanken über Sterben einige über Leben mengen? – dieser Konsulatsbeamte half ihm bei allen Formalitäten und setzte seinen Ehrgeiz darein, sich dem Fall gewachsen zu zeigen, auch nachdem Franza durch einen Hinterausgang im Hotel geschafft worden war, zu einer Nachtstunde, in der kein Mensch außer dem Hoteldirektor und zwei Angestellten, kein Gast vor allem, durch den leisen, heimlichen Transport eines Sarges aus dem Semiramis-Hotel belästigt werden konnten.

Die Behörden waren die Handlanger der Finsternis. Martin begriff am Ende nicht, wie es ihm, trotz Nemec' Hilfe, gelungen war, einige Tage später wegfliegen zu können. In der Flughafenbar wartete er, endlich allein, er bestellte einen doppelten Whisky und spuckte den ersten Schluck auf den Boden, schob das Glas zurück, bestellte danach einen Fernet Branca, den er daneben stehen ließ, bezahlte zwischendurch, damit im Barmann kein Mißtrauen aufkomme, bestellte ein Coca-Cola, das er nun trinken zu müssen meinte, aber Coca-Cola war plötzlich ganz unmöglich geworden, er vermochte nicht einmal, zu dem Glas hinzusehen. Es kam ihm in den Sinn, daß das Wort stimmen konnte, es brannte ihm der Boden unter den Füßen. Hinten im Flugzeug lag der Sarg. Oder war der, wie sein Gepäck, in eine andere Maschine geraten? Über das Meer flogen sie nachhause, und er brachte sie nach Galicien. Aber nicht dort verlor er seine Schwester, als der Sarg in die ausgehobene Grube gesenkt wurde, sondern er hoffte, sie sei ihm schon früher verloren gegangen, in den Bewußtlosigkeiten und von Schmerzstation zu Schmerzstation, auch in den Augenblicken des triumphierenden Widerstands, in dem er sie bestärkt hatte, in den Versuchen, zu denen er sie ermutigt hatte, im Haschisch, in den Umarmungen am Nil, an einem Katarakt und noch einem und in dem roten Arabien. Er hoffte, sie habe das Semiramis-Zimmer und seine Ahnungslosigkeit zuletzt doch nicht wahrgenommen, sie sei auch nicht dort bewußt gestorben. Wadi Halfa würde bald untergehen, dort sollte sie liegen, weil sie dort am glücklichsten gewesen war und der Nil bald über die Ufer durfte, um die Wüste fruchtbar zu machen und den Sandboden wegzunehmen, auf dem sie gestanden war. Darüber hinaus fiel ihm kein Quadratmeter ein, auf den er sie hätte legen mögen. Es war nur noch eine Frage der

Zeit, daß Wadi Halfa unterging. Und es war Zeit, daß der Pfarrer
aufhörte mit seinen Sprüchen und dem dialektgefärbten Latein,
Franza hatte vergessen, aus der Kirche auszutreten, und Martin tat,
was man von ihm erwartete in Maria Gail. Eine Schaufel Erde
hinunterwerfen, einen zu teuren steifen Blumenkranz niederlegen,
ein ernstes Gesicht machen. Hände schütteln, Namen erinnern.

Ein paar Monate später war er bei Altenwyls in Döbling zum
Abendessen eingeladen, und Antoinette und Atti erinnerten ihn
daran, daß sie den Abend gewählt hatten wegen eines Fernseh-
films, ihm zuliebe, und weil er es schon ein paarmal aufgeschoben
hatte, von der Reise zu erzählen. Sie sahen sich zu dritt den Film
an, nach den ersten Metern wollte Martin die Altenwyls bitten,
den Apparat abzustellen, schaute dann aber mit weit vorgerecktem
Kopf zu, ohne die beiden im Zimmer zu sehen und neben sich zu
fühlen. Das war also Assuan, das war Abu Simbel, da war wieder
Kairo, aber wie er auch versuchte, die Bilder mit den erinnerten
Bildern übereinzubringen – es gelang nicht, es war nichts auf dem
Filmstreifen von dem, was sein Gedächtnis gespeichert hatte, nicht
nur nichts von den Plagen, nichts von dem Sand und der Helle,
nicht einmal etwas von dem klobigen Abu Simbel, das von allen
Seiten gezeigt wurde. Kein Film konnte ihm seine Schwester in
dem Tempel zeigen, sitzend auf den großen Zehen des Ramses,
Kühlung suchend, und auch er war nicht darin, mit einer Lampe
die Wände beleuchtend und eine Geschichte erlernend. Damals
hatte er sie schon verloren gehabt, und Wadi Halfa wurde zum
Glück nicht gezeigt, weil es außerhalb Ägyptens lag, dafür hätte er
den Filmern gerne eine Flasche Schnaps geschickt, daß sie davon
Abstand genommen hatten. Er saß noch immer weit vorgebeugt,
entzog den anderen sein Gesicht und trank Attis besten Dürnstei-
ner. Das Trinken hatte er sich wieder angewöhnt in Wien, nach
vielen Wochen in einer Glutgegend, in der man nicht trinken
konnte. Sein Gebiet war das ja nie gewesen, zwischen dem verkieselten Holz, den versteinerten Wäldern und dem nubischen
Sandsteingebiet. Ägypten war ein Irrtum für ihn gewesen und
überdies ein vieltausendjähriger grandioser Irrtum, wenn auch
nicht größer als der anhebende dieser Zeit, und es war nicht nur

ein wenig Finsternis, als der Film aussetzte, die dunkle Pause, in
der Antoinette rasch ihre Brille weglegte und Atti ein Gähnen
unterdrückte, ehe ein Flimmern entstand, ehe ein Frauengesicht
auftauchte, um die Sendung abzusagen, in einem Tonfall, in dem
man auch für Finsternis werben konnte. Es war Finsternis nach
dem Film, der keinen Bericht zu geben vermochte, und die Finsternis hielt noch an, als Martin den Altenwyls schon ergänzende
Erklärungen und Berichtigungen gab, Überlegungen aufredete,
sich in Details verlor, Zahlen und Prozente nannte und der wirt-
schaftlichen Situation Nordafrikas auf den Grund ging.

Damals. Wie unwiderstehlich.

Wie aber hätte er in Döbling, in einer Wohnung von vertrauten
Freunden, ein Weißer ⟨unter⟩ Weißen, erklären können, warum
jemand gesagt hatte, die Weißen, sie sollen verflucht sein, und wie
etwas von einer Wüste, die er durch die Verwüstung eines anderen
zuletzt doch erfahren hatte.

Damals. Am letzten Abend haben wir getrunken. Sonst nie.

Die arabische Wüste

ist von zerbrochenen,

zerbrochen.

Er stand spät auf, obwohl er doch ein paarmal Atti Altenwyls
unterdrücktes Gähnen gesehen hatte, und dankte und verabschiedete sich. Er torkelte beinahe, kam noch die Stiege mit Anstand
hinunter. Wie unwiderstehlich, was war es gewesen? Galicien? wie
unwiderstehlich ist die Wüste. Aber die Wüste. Die Liebe aber ist
unwiderstehlich. Was hatte er denn bloß? Wenn er so betrunken
war, mußte er versuchen, ein Taxi anzuhalten, er hielt sich an
einem Laternenpfahl fest, und das Schwanken, auch der Sätze in
ihm, hörte auf. Er winkte. Er zahlte nicht ganz dreißig Schilling
für die Unwiderstehlichkeit und kam nachhause, wo er wieder
zuhause war, in den dritten Bezirk, und schlief ein und dachte nie
mehr in dieser Art daran.

Zu der Zeit ging Wadi Halfa unter. Ein Militärputsch brachte
die Bilder von General Abboud zum Stürzen von allen sudanesi-
schen Wänden, auch von der Wand des Speisesaals auf dem Schiff.
Der Rest war aus den Wiener Zeitungen nicht zu ersehen.

Aber es ist anzunehmen, daß das Postamt, telegrams are delayed,

planmäßig, mit einer unplanmäßigen Verspätung, evakuiert wurde
und die braunen und schwarzen Hände wieder in einem Teller
voll Bohnen zusammenfinden würden, tiefer im Süden, in einer
neuen Siedlung. Aber Franzas weiße Hand konnte in der Schüssel
nach keinem Bissen mehr suchen, und die stille Frau an der Mauer
würde nie erfahren, daß sie ihr das Essen zubereitet hatte, das ihr
am besten geschmeckt hatte.

Die Laterne von Wadi Halfa, wenn sie vergessen worden sein
sollte beim Aufbruch der Umsiedler, würde der Nil aufheben.
Nicht forttragen, denn er trägt nichts fort. Nicht hinunterziehen,
denn er zieht nichts hinunter. Aufheben. Der Überschwemmer.

Die ägyptische Finsternis, das muß einer ihr lassen, ist vollkommen.

Aus den Entwürfen
zum Buch Franza (Todesarten)

Textstufe I: frühe Entwürfe

Der Ehrendoktor, das Fossil, hatte sie so zurückgelassen. In den Mundwinkel ⟨waren⟩ kleine Blasen eingekehrt, das Mundfleisch war entzündet, sie rieb eine Salbe hinein, aber sie blieb wund. Eine andere kleine Krankheit, die sie ererbt hatte, war eine Entzündung am After, er hatte sie angesteckt mit Würmern, später dachten wir, sie habe ⟨sich⟩ auch eine Geschlechtskrankheit, über die ein arabischer Arzt sich ausschwieg, eingehandelt, aber das ist ungewiß.

So fand ich meine Schwester wieder, in Tschinowitz, und sie verschwieg mir, daß dies nur die sichtbaren Zeichen einer Hinterlassenschaft waren, Entzündungen, Ansteckungen. Kurz vor meiner Ankunft hatte sie einen Versuch gemacht, sich umzubringen, mit aufgesparten Schlaftabletten, die sie dann mit Hagebuttentee im Haus der Nona schluckte, und ehe sie zu wirken anfingen, ging sie hinunter an die Gail südlich von der Zündhölzelbrücke und tastete sich ins Wasser. Oft redet man, oder fast immer, vom ins Wasser Springen, aber wenn man einen Fluß kennt, wie wir diesen, weiß man, daß meine Schwester die Wahrheit sprach, es gab für sie nur diesen beschwerlichen Weg, sie stieg ⟨erst⟩ langsam in den Fluß hinein, und dann war ihr die Strömung nicht günstig, nicht einmal die Kälte, ein Arbeiter aus Tschinowitz, der auf einem Motorrad den Weg nach Turdanitsch nahm, seine Notdurft ausgerechnet am Gailufer verrichten wollte, aber nie mehr dazu kam, sah sie zurücktreiben zum Ufer, als sie eben, mit zwanzig Tabletten, weiter in den Fluß, in die Mitte zu kommen versuchte, und dieser Mensch, alkoholisiert, hatte des Alkohols wegen keine Bedenken, knöpfte seine Hose sogar noch rasch zu und zog meine Schwester aus dem Wasser.

Eine andere Vorbereitung für unsere Reise ließe sich nicht denken. Ich hatte mit meiner Schwester nichts zu tun, aber ich sah ihre Mundwinkel, ich hörte ihr Schweigen, ich sah sie manchmal in Atemnot, Erstickungsanfälle, die ich noch gar nicht ernst nahm, und ich kapitulierte vor ihren körperlichen Verletzungen, ich gestand, während ich sonst niemand etwas sagte. Meine Schwester, die an dem Abend vor der Abreise zu mir kam und sich zu mir aufs Bett legte, sagte, ich möchte nichts sagen. Ich möchte mit.

Tot ist, wer liebt, nur der Geliebte lebt. Sie schlug grade diese Stelle auf, und dazu hatte ich nun auch nichts zu sagen, weil ich dem Fossil keinen Tribut zu zollen hatte und nicht einmal meiner Schwester, die sich zu ihm jahrelang ins Bett gelegt hatte. Meine Schwester war mir widerwärtig, alles schlug ⟨bei⟩ ihr an, die Krankheit wie früher die Gesundheit, ich stand am Kachelofen, und ich wartete, daß sie aufstehe. Ich wußte, in dieser einzigen Abendstunde, daß in uns beiden, früher einmal, als wir Kinder waren, ein unendlich langer Wurmfortsatz von einem Wunsch, der noch weiter zurücklag, virulent war, und diesmal sagte sie es mir, sie habe immer mit mir schlafen wollen, ich sagte ihr, mit dem Rücken gegen die Wand, ich habe es auch oft wollen, jedenfalls in den Zeiten, in denen ich an sie dachte wie an ein abstraktes Wesen (nie wenn ich sie sah) und in denen ich allerdings andre Dinge dachte und mit einer anderen Frau war, die ich erwählt hatte oder mit der ich zusammengetrieben worden war, während meine Schwester mir aufoktroyiert war, wie jetzt. Ich sagte das, dann legte ich mich zu ihr aufs Bett, und wir taten nichts, lagen nebeneinander, ich wußte, daß dieses Fleisch mir nicht bekömmlich war, schon ihr Mundgeruch widerte mich an, ihre Poren, jedes Äderchen waren uneinnehmbar, und trotzdem geschah etwas, während wir nichts taten, wahrscheinlich geschah es, daß wir beide dachten, wir könnten uns das ersparen, sie stand plötzlich auf und ging von der Kommode zum Waschbecken und wieder zurück, sie ließ Wasser laufen, sie schluckte eine Tablette, dann sagte sie, es ist ja nichts. Und es war auch nichts, es war unwiderruflich nichts. Erst als sie draußen war, dachte ich, nun hätte es ganz gut passieren können, aber es wird nun nie mehr passieren, wir haben unsre schmerzlichen Einbildungen hinter uns gebracht.

Ich war auch verwirrt, mein Gedächtnis hatte einen Schlagschatten, und darum funktionierte es in einem Sektor so gut. In dem einen. Wenn sie krank war an ihrem Körper, so war ich es in meinem Kopf. Das konnte die einzige Gemeinschaft sein in Hinkunft. Am nächsten Tag würde ich ihr sagen, daß ich sie mitnehme, ein zweites Billet lösen. Wir waren beide am Ende, das war alles, was noch zählte, noch zählen konnte. Wir konnten nie mehr eine Geschichte abgeben von bürgerlicher Pikanterie. Ihre Salben, ihre Atemnot, wegen eines lächerlichen Individuums, konnten mich nicht erweichen. Ich liebte meine Schwester, die Idee, eine zu haben, und ich hatte aufgehört, sie zu lieben, seit sie mir erzählte, wie sie in der Nacht an die Gail gegangen war. Sie hatte eben nicht die geringste Ahnung, daß Tabletten und kaltes Wasser, daß Mord mich abstoßen könnte, dieser als Selbstmord getarnte Mord. Damals dachte ich tatsächlich noch, sie habe ihn strafen wollen. Ich hatte zu viele Bücher gelesen. (Es sollte sich herausstellen, bei Tell el Amarna, daß sie sich gar nichts gedacht hatte, und das machte mich milder, ich plädierte für Freispruch.)

Ich dachte, nun werde also die Reise ganz anders werden, mit diesem Stein um den Hals, in Gestalt meiner Schwester.

Die Ideologien der Liebe – der Stolz, das Aristokratische, Bürgerliche, Proletarische, Bäuerliche –, von all dem hatte meine Schwester keine Ahnung, aber ich habe sie nun ins Schubfach geworfen, Kreuzung aus feudaler und bäuerlicher Ideologie. Das heißt, diese Person kannte die Liebe, und zwar die hochgestochene, und sie hatte anfangs und einmal zwischendurch den gesunden Menschenverstand und ihren Körper benutzt, um im Heu zu liegen, auf den Maifeldern oder in einem Bett, in dem jedenfalls niemand sie zum Sprechen und Versprechen, zu den Cantos aus Schwüren und Versicherungen verleitet hatte.

Der Sexus hatte in meiner Schwester eine willige Vertreterin eines verbrecherischen Systems, denn, wahrlich, meine Schwestern, die Küsterinnen, Schläferinnen, meine abgetanen Schwestern, meine Mohrrüben, meine Haarnadelnsucherinnen, meine Menstruattinnen, meine Häsinnen mit den halbjährlichen Würfen und ihren Techniken, ich hatte sie alle immer nur belehren wollen, daß sie, aber diese Tiere belehren, daß sie. Ich habe diese Tiere zu belehren versucht, das steht fest. Mit meiner eigentlichen Schwester, und das steht auch fest, bin ich glimpflicher umgegangen, ich habe sie mitgenommen.

Tot ist, wer liebt. Ich hatte gar nie geliebt. Aber es war etwas

Furchtbares passiert mit mir, eigentlich nur wenig, ich hatte mich
unterdrückt, zuerst nicht mehr als jeder andere auch. Mein Geist
war seit einiger Zeit verwirrt, daher die Flucht. Verwirrt, ⟨das ist⟩
nicht der Ausdruck, umnachtet, eine Phrase, die Sache war ein
wenig ernster und von mir und Doktor T. seit eineinhalb Jahren
besprochen worden. Ich hatte früher Ärzte nur bei Halsentzün-
dungen in Anspruch genommen, einmal wegen eines Stichs in die
Ferse, und es ⟨ist⟩ nie festgestellt worden, welches Tier, welcher
Span sich in meine Ferse gerammt hatte, vor der Entzündung. Um
so unwahrscheinlicher scheint es mir, weil unsere Eltern und
Großeltern und allesamt rundum gesund waren, daß ich plötzlich
den Verstand verlor, und das nicht auf der Straße, sondern ihn
eines Nachts und dann immer wieder nachts verlor. Man müßte
sich also vorstellen, daß ich tags ganz gesund war und auch so
erscheinen konnte. Aber nachts war es anders.

*   ⟨ ⟩ euch auspeitschen, ihr ewigen Masochistinnen, euch foltern, bis
ihr den Verstand verliert. Diesen Weibern kann man auf dieser
Welt nicht kommen, mit nichts, die sterben noch, wo die andern
sich zutodlachen würden.

Enigma, meine einzige Schwester, anima, meine Dorfelektra,
meine Wilde von Tschinowitz und von den Blechhütten, meine
Schwimmerin aus der Gail, meine anima. Meine Blöde vom Land,
meine kleine Idiotin, meine am Nil gegrillte Seele, wenn ich eine
habe, meine einzige und meine nicht vorhandene.

Du wirst nicht sterben. Ich werde sterben. Du wirst nicht sterben.
Aber ich sterbe doch.
Du wirst nicht sterben. Wir sind beide stärker als der blaue und
der weiße Nil. Aber ich sterbe. In einer Nacht am Nil, wo ich nie
sein werde, wo du nie sein wirst. Mein Enigma.
Wir sind ja am Nil, es ist der Nil. Es ist einer der Großen. Wir
sind am Nil.
Am dritten Katarakt.
Es ist die Wüste und der Fluß, sonst ist nichts mehr, nur wir
zwei. Du wirst zurückkehren. Ich werde dableiben. Nein, noch
nicht. Ich will Gott sehen. Ich werde die Medikamente fressen

und in der Sonne verrückt werden, aber ich werde Gott sehen. Gott soll mich sehen, ich werde vor Gott kommen. In dieser verdammten Wüste.

Lies mir noch einmal vor, lies das noch einmal: der Saum der arabischen Wüste ist von zerbrochenen Gottesvorstellungen gesäumt.

Martin kam zurück, er mußte nicht stolpern, das Taxi hatte ihn nachhaus gebracht.

Franza lag auf dem Bett, sie wandte sich um, als er zur Tür hereinkam. Sie sagte: da wären wir also. Hast du bezahlt?

Martin verstand nicht, natürlich hatte er bezahlt.

Franza sagte: Du mußt alles bezahlen, wir werden bezahlen, die Klinik und alles. Du mußt bezahlen. Du bist – sie hatte plötzlich zwei anwachsende Tränen in den Augen, eine Ansammlung von Wasser. Du mußt für mich bezahlen, du bist mein Bruder. Dieses Schwein darf nicht bezahlen. Sie fügte lächelnd hinzu, während nun die Tränen zu groß geworden waren, um sie aufhalten zu können: »Er würde auch nicht bezahlen.«

Martin erwiderte nichts. Mit dieser Cocktailschwester ließ man sich am besten nicht ein. Er wußte nicht genau, warum er an Cocktail dachte, nie an »uns«, an Galicien, Tschinowitz, Turdanitsch. Maria Gail. Er dachte an Elli, dann was Franza mit »uns« meinte.

Du mußt bezahlen, wir müssen bezahlen. Das Taxi hatte sie also nicht gemeint. Sie meinte die Klinik.

Martin sagte abweisend: aber das wird er doch wenigstens bezahlen. (Bin kein Krösus, auf Schwester nicht eingerichtet etc.)

Er wird nichts bezahlen, verlaß Dich darauf, wir müssen alles bezahlen. Martin überschlug sofort sein Bankkonto, es war eigentlich unmöglich, was Franza da verlangte, aber während er noch mit ihren Forderungen beschäftigt war, sagte sie: Du mußt ihn töten. Du bist mein Bruder. Oder nimm mich mit. Du mußt mich mitnehmen. Du bist mein Bruder. Meine Familie. ⟨Daß⟩ Du nicht begreifst.

Martin beugte sich über sie, sie hatte eine Wolldecke übergeschlagen, eine dieser stinkigen Wolldecken von Tante Marie, und sie sah nicht mehr wie Franza aus, wie Franza danach, sondern wie zuvor, wie das Kind, das angeblich für ihn gehungert hatte, aber wußte man denn, was Franza je getan hatte, angeblich für ihn gehungert 1945.

Aber Franza, sagte er, aber Franzina, aber Du. Was machen wir denn.

Nimm mich mit. Du mußt mich mitnehmen.

Weißt Du, daß ich Würmer habe, irgendsowas Scheußliches wie Würmer, von ihm, das heißt, das haben die feinen Leute nicht, aber seine Unterhosen waren immer dreckig und Würmer hatte er auch. Die habe ich nun behalten, den Dank des Hauses Habsburg.

Martin legte sich zu ihr aufs Bett, und da schlang sie die Arme um ihn und sagte, jetzt endlich, jetzt könnte sie es tun.

Was tun?

Es tun.

Dich habe ich immer geliebt, Dich. Mein Bruder, unter hundert dieser eine. Dich. Martin vergaß Elli und er drängte sich an seine Schwester, und an ihre Würmer und an das, was das Fossil übriggelassen hatte von ihr, und er sah, daß ihre Augen geschwollen waren, alles an ihr war aufgeschwollen. Er hörte sich plötzlich sagen: mein Engel.

Dann küßte er sie, und nur sie küßte ihn nicht, sie drehte sich weg, sie weinte, aber sie weinte auch nicht, sie war in dem Weinen, sie war in etwas, was er überhaupt nicht verstand. Dann verstand er, daß sie krank war. Seine Schwester war krank. Nicht die Cocktailschwester, die Wienschwester, die Fossilangetraute, die Dame aus Hietzing, sondern seine Schwester.

Unter hundert Brüdern dieser eine.

Jetzt mußte er dieser eine sein, und er wollte mit ihr schlafen, obwohl er gar nicht mit ihr schlafen wollte, nie und nimmer. Franza, Franzina. Sie war aufgestanden und hielt den Krug in der Hand, goß sich Wasser ins Glas und nahm eine Tablette. Sie wandte sich um und sagte, nicht sanft, nicht bitter: wir werden das nicht tun, das weißt Du genau. Das nicht. Das ist zu billig. Das meiste ist zu billig. Für uns. Wir tun das nicht.

Darüber war er so erstaunt, daß er sich in sein Bett legte und einschlief. Franza lag lange wach. Immer hatte sie sich gewünscht, mit ihrem Bruder zu schlafen, jetzt wünschte sie es nicht mehr. Es war überhaupt vorbei, alle diese Narreteien waren vorbei. Jetzt ging er nach Ägypten, und sie ging nirgendmehr hin, sie ging nicht. Sie war zuhause. Man hatte auch von einem Bruder nichts. Man hatte von niemand etwas. Nur die Idolatrie und die Magie, und die praktizierte sie beide, aber sie kam nicht heran an Martin und an die Gräber, an die Gail und an den Tod, – um wieviel weniger war sie an das Fossil herangekommen, an ihre Wohnung, die jetzt in Brand aufging, an alles, was ⟨ihr⟩ gehörte, jetzt trocknet er sich in meinen Handtüchern, jetzt ißt er aus meinen Tellern, jetzt legt er sich in meine Leintücher. Jetzt, jetzt. Das Galicische Erbteil war aufgebraucht, sie wußte es genau, sie rechnete zum erstenmal genau. 300.000 Schilling waren weg, ⟨das⟩ Fossil hatte sie geschluckt, alle. Alles hatte sie mitgenommen, nichts nachhaus gebracht. Martin hatte nie etwas gehabt. Und sie, sie hatte ihm gesagt, er solle töten, zahlen, töten, irgendwas tun. Töten. Ich will, daß er ihn tötet. Er soll ihn töten. Er soll mich rächen. Er, mein Bruder, soll mich rächen. Dieses Schwein soll, wenn es auch nichts versteht, verstehen, daß meine Familie mich rächen wird. Ihn töten ⟨ ⟩

Der Professor, das Fossil, hatte seine Schwester auf dem Gewissen, so schien ihm. Er hatte Franzas Telegramm erhalten und war sofort nach Wien gefahren und wieder zurück zur Südbahn, weil Franza nicht mehr dort war, wahrscheinlich abgereist. Als er um drei Uhr nachts von Villach in einem Taxi nach Tschinowitz fuhr, war er zu erschöpft, um zu merken, daß er Hedi hätte aufhalten ⟨müssen⟩ zu kommen, denn Hedi kam also morgen ⟨heute⟩, und er wußte noch immer nichts, als daß ⟨es⟩ Franza schlecht ging und daß sie nicht mehr aus und ein wußte, wie es in dem dreiseitenlangen Telegramm hieß, das, echt Franza, nach einem ebenso langen Telegramm im Vorjahr das einzige Lebenszeichen seiner Schwester war.

Als er in Tschinowitz gezahlt hatte und ausstieg und wieder

wach wurde, ging er noch an die Gail, er überlegte, ob er in den
Fluß steigen solle, da sah er sie, seine Schwester, mit einem To-
tengesicht, und sie sagte zu ihm: bring mich fort. Bring mich
heim. Und jetzt erst war sie seine Schwester, nicht mehr verheiratet mit diesem philiströsen Schwein, das er nie gemocht hatte,
noch diese hochherzig studierende kleine Verrückte, der an der
ersten Leiche schlecht geworden war, noch die Signalgeberin aus
Wien: lauter miese Leute, nichts ist los, herrliche Ferien ⟨⟩

Paralipomena zur Textstufe I

* Zu A. hinüber, Schöneanna, Naschöne, Annaschöne, Allegra,
Anemone, Ada, Annabelle, Alba, Angela: sie ist muskulöser geworden, das Fleisch glatter, hellbraun, von ihren Arabern erzogen
zu einem anderen Gang, stolz von Demütigungen, die ihr gemäß
sind. Die beiden Weißen, die manchmal im Café X sitzen, auf sie
warten und in amerikanischen Heften blättern, ihre Schatten, ihre
Schleppträger, ihre Entfernungsmesser, ihre Zuhälter, die den Isth-
mus ⟨⟩ das Landstück zu halten versuchen, heute keine Spur. Im
Red Sea Reisebüro treffe ich sie wieder über die Prospekte ge-
beugt. Um den Cairotower flanieren ihre hellen Jacken.
  A. spricht gegen den Morgen, sie bleibt stumm in ⟨der⟩ frühen
Nacht, ihre Lippen, aufgequollen, die gespannten Wangen machen
ihr Gesicht plastischer ⟨⟩

* Die kühle Nacht. Der Kompromiß. Ich werde den Kompromiß
suchen, wenn ich nichts mehr suchen kann, darüber hinaus. Aber
ich bin wie alle Gesteine oft im Zustand des Magma, ich bin dann
nichts, aber diese gefährliche Lotion, die wieder auskristallisieren
kann zum Granit, die umkristallisieren kann in Kalk, die die Erd-
geschichte wiederholt. Über die das letzte Wort noch nicht gesprochen ist. Ich suche die Geologie, ich suche die brüderliche
Geschichte der Erde in der Menschengeschichte, die Theorie der
Alpen in der Theorie unserer Gesellschaft. Schichtung, Decken-
schichtung, Faltung, ich suche den Muschelkalk und den Gedan-

ken, mit meinem Bruder und mit keinem anderen schlafen zu
können. Ich suche mit Leidenschaft, weil ich nur noch ⟨die⟩ Leidenschaft habe, diese ganze Literatur abzutragen, die unsere Geschichte verdeckt, und ich werde über ihre Gesteine und ihre
Gefühle, über den Erdrutsch und den Selbstmord sprechen wie ein
Wahnsinniger, der die Fakultäten vermischt, aber zu wach ist, um
noch an Kompetenzen glauben zu können. Wer glaubt noch an
die Fakultäten.

Ich habe in einer unendlichen Raserei, seit Jahren, die stumm
geblieben ist, die stumm bleiben wollte, die Gürtel aufgelöst, den
Muschelkalk und diese ganze Geschichte über Enns und die
Ennser Berge, die natürlich niemand kennt, dieses Geschlecht von
Lesern nicht, die sich umtun in den Buchhandlungen, die die
Räusche und sachlichen Beschreibungen zum gleichen Preis ein-
handeln.

Ich habe wenig Liebe für meine Leser, die nicht wissen, die
suchen. Und ich weiß zugleich auch nicht, ich suche auch. Aber
ich habe wenig Liebe für diese und mich.

Ich also und die Erde, und mein Bruder, der nichts dazu kann,
aber auch nichts dagegen. Ich also habe, nel mezzo del cammin
⟨di⟩ nostra vita (Dante, so fängt das Inferno an, so und nicht anders, für alle, die das italienische Idiom nicht kennen), damals also
wußte ich, ich würde wahnsinnig werden. Oder morden. Oder
mich selber morden. Darüber später mehr. Aber mein Bruder,
dieser Herr, der regiert über den kristallinen Schiefer und die ⟨⟩
und den Granit, über den ich nun einiges weiß und mehr, als daß
man auf Granit beißt, wenn man auf dieses Leben und auf diesen
Tod beißt.

Ich also bin in die Wüste gegangen. Ich habe mich beinahe erbrechen müssen, als ⟨⟩

Textstufe II: Züricher Lesung und Entwurfsreinschriften

Galicien und Ägypten (Züricher Fassung und Ergänzungen)

Entwurf zum Romananfang

* Der Professor, das Fossil, hatte seine Schwester zugrundgerichtet. Martin hielt das zweiseitenlange Telegramm von Franza auf der Fahrt nach Wien entweder in der Hand oder mit seinem Paß, und erst als er spätnachts nach Galicien zurückkam, auf der Straße zwischen Tschinowitz und Galicien das Taxi aus Villach anhalten ließ und bezahlte, hatte er das Gefühl, daß die verschwundene Franza hier ganz in der Nähe sein mußte, er fühlte ihre Gegenwart wie die eines Gegenstandes, den man verlegt, verzweifelt sucht und, bevor man ihn aus dem richtigen Schubfach oder Kasten zieht, plötzlich weiß, er wird hier sein, muß hier sein.

Von diesem Moment an wurde er ruhiger, er fing auch an, sich über Franza zu ärgern, besonders da dies alles vor seiner Abreise passierte, er Elli hindern mußte zu kommen, die keinen Moment glauben würde, daß es sich um seine Schwester handle. Den Weg der Gail entlang ging Martin im Dunkel zu Fuß, er wollte allein sein, eh er in das muffige ungelüftete Haus der Nona zurückkam, womöglich ⟨mit⟩ Franza dort oder ⟨einer⟩ Nachricht konfrontiert wurde. Als er tief einatmete, das demütigende Suchen in Baden und Wien und das demütigende Telefongespräch mit seinem Schwager repetierend, fiel ihm ein, daß er handelte wie der Angehörige einer antiken Familie und dies in einer Zeit, in der es Familien überhaupt nicht mehr gab oder geben sollte. Was hatte er mit Franza zu tun, die er in Wien nicht öfter als einmal im Jahr gesehen hatte, zuerst in dem Haus dieses Fossils, das mit Fachärzten, Assistenten und Studenten umgeben seine Belehrungen austeilte und ab und zu seiner Schwester an die Schulter griff, ihr einen leichten Schlag gab, um zu verstehen zu geben, daß sie sein Geschöpf war, und diesem Geschöpf konnte Martin nichts abge-

winnen, kleine schwarze Kleider auf dem Leib, sehr mager ge-
worden, Aufmerksamkeit im Gesicht, Gläser herumreichend,
Franziska genannt, und, wie er vermutete, Mausi oder Schnucki
genannt, wenn alles fortgegangen war, oder Hasilein, alles was
Martin von jeher den kalten Schweiß heraustrieb. Gewiß hatte das
Fossil nie den Boden hier betreten, nie das Haus gesehen, nie die
Franza gekannt, die mit einem ausgeschnittenen Kürbis durchs
Dorf ging, nie diejenige, die für ihn gehungert hatte, die auf dem
Stadel mit ihm und den andren Kindern gespielt hatte, nie das
fantastische Wesen, das ihm, dem fünf Jahre Jüngeren, einmal nur
den einen Gedanken eingegeben hatte. Mit ihr im Heu zu liegen,
wenn er »groß« war, wie es hieß, mit ihr durch die Welt zu vagabundieren, von ihr eingeweiht zu werden, von ihren schrägstehenden ausdruckslosen Augen. Sie, die Gitsche, die für ihn der
Inbegriff aller Gitschen geblieben war, aber die er im Café Herrenhof so nicht mehr nannte, höchstens Franza, obwohl er sich nie
Rechenschaft ablegte, wichtigerer Dinge wegen, warum er und
die Gitsche einander nichts mehr zu sagen hatten, warum diese
kleine Dame, mit akzentlosem Übergang, mit ihrer Sprachbegabung, auf Wien hereingefallen ⟨war⟩ und als Galeerensträfling des
Mitglieds einer Fakultät diesen Kauderwelsch mitredete, den er nie
zuvor von ihr gehört hatte. Aber er hatte seine Eltern schon nicht
mehr gekannt, während Franza noch alles erinnern mußte und
ihren Vater vermißte, nicht nur in den Suchlisten, nicht nur auf
Kreta oder auf dem Balkan, sondern wegen zweier schwarzer
Punkte, Warzen im Gesicht, die er in dem Gesicht des Fossils
gesehen hatte. Damals hatte er ⟨das⟩ sichre Gefühl gehabt, daß
Franza Schutz suchte und ihren Vater geheiratet hatte. Während
Martin ⟨an⟩ Warzen als Heiratsgrund dachte, öffnete er die Tür.
Die Petroleumlampe brannte im Gang, der überging in das größere Zimmer mit den zwei Betten. In dem einen lag Franza, wirklich sie, mit einem aufgedunsenen Gesicht. Sie machte einen Versuch, aufzustehen, blieb aber liegen und stützte sich auf einen
Ellenbogen, als er sie küssen wollte, wandte sie sich ab. Sie versuchte zu lachen, während ihr die Tränen übers Gesicht liefen,
diese noch fremdere Frau, nicht im kleinen schwarzen Kleid, sondern auf der Matratze auf den Kurkuruzfedern, im Halbdunkel.

Ich habe ja gewußt, daß Du kommst. Er merkte, daß sie plötzlich
nicht weiterwußte, sie würde also gleich ins Italienische fallen,
ihrer beider Geheimsprache, einem Gemisch aus Operntexten,
Dialekten, die sie von den Wallischen aufgeschnappt hatten, aus
Dante und Behördenitalienisch. Alfin sei giunto. Sai. Sono finita, e
stanca e morta e muta.

Er küßte sie aufs Haar, das schmutzig und verschwitzt war, dann
nahm er das Glas vom Boden auf, aus dem sie getrunken hatte,
und trank. Alla tua.

Sai, sono finita. Sie wiederholte nur diesen Satz. Er zündete die
Lampe neben seinem Bett an, sah kurz wieder zu ihr hin. Sie war
todkrank, stellte er für sich fest, und er hatte nie jemand gesehen,
der todkrank war, aber die Sicherheit stellte sich bei ihm ein, wie
⟨ein⟩ ererbter Reflex seiner Art, und während er sich auszog und
ihr die Odyssee erzählte, wie er sie gesucht hatte, das Licht dabei
nicht abdrehte, sondern sich vor ihr umzog wie als Kind, während
sie ihm zusah, dachte er, daß er wohl nie mehr eingeweiht würde,
daß er die Nemec zurückschicken würde, daß er Franzas Spitals-
kosten bezahlen würde, schon aus Wut über das Fossil, das ihn am
Telefon abgefertigt hatte wie einen Patienten, der an Einbildungen
leidet oder nicht kreditwürdig ist oder sich in Privatangelegenhei-
ten mischt, die ihn nichts angehen. Martin wollte verhindern, daß
Franza in dieser Nacht auch nur ein Wort sagte, schließlich, bevor
er ihr gute Nacht sagte, wurde er noch einmal hellwach und sagte:
was ist denn aus deinem Geld geworden. Ich meine, dem von der
Nona. Er hatte auf seinen Anteil verzichtet, zugunsten Franzas,
und immerhin wollte er sich vorstellen, was sie nach ihrer Heirat
damit gemacht hatte. Franza schwieg, dann sagte sie, ich habe es
nicht mehr, es ist alles weg, sonst hätte ich doch bezahlt. Aber ich
habe noch das, was ⟨ ⟩

Vorrede-Entwurf

*   Meine Damen und Herren,

es gibt nichts Mißlicheres, als aus einem Roman ein paar Stücke
vorzulesen, der für den Autor teils vagen, teils schon bestimmten

Vorstellungen unterworfen ist. Das Buch heißt »Todesarten«, und was ich Ihnen vorlese, ist zusammengestellt mit Rücksicht auf Sie und ohne Rücksicht auf das Ganze, da ich es doch nicht auszudrücken vermag und auch nicht mag. Nur soviel: es wird heute sehr viel Vergangenheit bewältigt, von Romanciers, Gedichteschreibern, Journalisten, und ich muß gestehen, daß mein selbstverständliches Entsetzen über die Greuel, von denen wir alle wissen, mich nicht gehindert hat, auf eine andre Suche zu gehen. Ich komme aus einem Land, ohne mich anbiedern zu wollen mit seinen Genies, die das unbekannte Wesen, der Mensch, seine Abgründigkeit und Hintergründigkeit immer beschäftigt hat ⟨⟩. Ich habe auch keine Erklärung dafür, warum in meinem Land einige revolutionäre Entdeckungen in der Wissenschaft stattgehabt haben. Ich konstatiere es nur. Von dem unentdeckten Sacher-Masoch bis zu dem größten Pionier, Sigmund Freud, wie historisch er auch geworden sein mag, ist diese Linie nie abgerissen, diese recherche. Und in den letzten Jahren habe ich mit dem größten Interesse die Arbeiten eines andren Gelehrten verfolgt, die von Konrad Lorenz, dem Zoologen und Verhaltensforscher. Trotzdem erklärt das nichts, denn ein Schriftsteller entdeckt a conto suo, und es ist höchstens eine zitternde Freude, Entdeckungen zu entdekken, die von fern etwas mit den eigenen zu tun haben. Direkte Zusammenhänge bestehen nie. Aber es hat mich sehr beschäftigt, wo das Quantum Verbrechen, der latente Mord ⟨geblieben⟩ ist, seit ich begreifen mußte, daß 1945 kein Datum war, was wir so gern glauben möchten, um uns beruhigt schlafen zu legen. Sie dürfen nicht glauben, daß ⟨ich⟩ mich einer Vergangenheit entziehe. Ich will nur wissen, was jetzt geschieht, und dieses Buch kommt »danach«. Das Jetzt ist schwer aufzufinden, weil alles in Watte verpackt ist, aber nur zum Schein. Und Mord und Grausamkeit in dieser Gesellschaft, die sind zu entdecken.

Die Todesarten wollen die Fortsetzung sein, in einer Gesellschaft, die sich die Hände in Unschuld wäscht und nur keine Möglichkeit hat, Blut fließen zu lassen, zu foltern, zu vergasen. Aber die Menschen, die sind nicht so, nicht plötzlich zu Lämmern und Entrüsteten geworden. Unsere Literatur möchte kühn sein, auf Kosten der Vergangenheit, aber ich habe herausgefunden, daß sie unbewußt einer Täuschung unterliegt. Daß sie, ohne es zu wissen, verheimlicht, welche Dramen sich abspielen, welche Arten von Mord.

Der Protagonist, von dem Sie kaum etwas merken können, ein junger Wiener Historiker, den ich erst langsam und auf Umwegen zur Zentralfigur machen muß, kommt in diesen Szenen kaum vor. Er wird vor seiner Studienreise nach Nordafrika (obwohl sonst das Buch ausschließlich in Wien sich abspielt) mit seiner älteren Schwester konfrontiert, die er nicht versteht, die sich ihm aufoktroyiert, nach einer Flucht aus einer Wiener Klinik, weil sie weiß, daß sie unheilbar ist. Das groteske Opfer eines bekannten Psychiaters, der mit ihrer Hilfe die erwähnte Vergangenheit bewältigt, ein Buch fabriziert, das ihm alle Ehren einbringt, und zugleich seine Frau vernichtet, – es ist ein dialektischer Prozeß, jenseits von Gut und Böse. Das Buch beginnt in einem Dorf in Kärnten, zwischen Galicien und Tschinowitz, der Bruder nimmt seine Schwester wider Willen auf eine Reise mit, der sie nicht gewachsen ist, die ihr, wenn auch zufällig und durch Analogie, zu ihrer Todesart verhilft. Es ist nur eine unter vielen, und die Person, die ich Ihnen vorstelle, mit ihrem Sterben und Untergehen, ist nur ein Fall, der später nie wieder auftaucht. Insofern bitte ich Sie um Nachsicht, ⟨⟩

Todesarten *(Züricher Lesung vom 9. Januar 1966)*

* Meine Damen und Herren,

es ist nicht nur etwas Mißliches, aus einem Roman ein paar Bruchstücke vorzulesen, der für den Autor nur vage, teils aber auch schon bestimmten Vorstellungen unterworfen ist, noch unangenehmer ist es, mit einem Manuskript zu kommen, das eigentlich ein Rohmanuskript ist, also es ausprobieren zu müssen, selber wissend, daß so viele Sätze noch nicht stimmen, so viele Übergänge noch gar nicht stimmen können. Das Buch heißt »Todesarten«, und wenn ich Ihnen sage, daß es Wien zum Schauplatz hat, so werden Sie das nicht einmal merken können, weil gerade diese Stücke sich nicht auf Wien beziehen, ja, auch nicht merken können, daß der Protagonist dieses Buches, der erst im Entstehen ist, ein junger Wiener Historiker ist, der hier nur am Rande vorkommt. Dieser Wiener Historiker macht eine Studienreise nach Nordafrika und wird vor der Abreise mit seiner älteren Schwester konfrontiert, die einige Jahre lang mit einem Wiener Psychiater verheiratet war.

⟨Todesarten⟩

Der Professor, das Fossil, hatte seine Schwester zugrundgerichtet. Dieser Ansicht war er, ehe er die geringsten Beweise in der Hand hatte, denn auf der Fahrt nach Wien hatte er nichts als das Telegramm, zweiseitenlang, typisch für Franza, wie er in seinem Jargon sagte, die entweder nichts oder, da sie unfähig war, sich schriftlich auszudrücken, am liebsten in Telegrammen etwas zusammenstotterte, die viel zu lang, zu teuer, zu überraschend, zu selten waren. Martin verlegte zwar mehrmals seine Fahrkarte, aber das Telegramm ließ er nicht aus der Hand, er mußte zwischen stop und stop lesen, raten, erfinden, sich etwas einbilden. Und erst als er zurückfuhr und spätnachts von Villach aus ein Taxi bis in die Nähe von Tschinowitz nahm und auf Galicien zuging, weil er unbedingt gehen mußte, gehen zu müssen glaubte, nach dieser sinnlosen Reise, hatte er das Gefühl, daß die verschwundene Franza hier in der Nähe sein mußte. Er fühlte ihre Gegenwart wie die eines Gegenstandes, den man verlegt hat, vergessen hat, verzweifelt sucht, nicht findet und plötzlich, ehe man ihn findet unter einem Haufen von Papier oder Wäsche oder einer nie benutzten Schublade – plötzlich weiß man, einen Augenblick zuvor, er wird hier sein, er ist immer hier gewesen. Hier ist die Stelle. Heiß, heiß.

Von diesem Moment an wurde er ruhiger, er fing auch an, sich über Franza zu ärgern, weil dies alles vor seiner Abreise passierte, weil er nun die Nemec hindern mußte zu kommen, für die er schon ein Zimmer im Warmbader Hof bestellt hatte und die nie und nimmer glauben würde, daß es sich um seine Schwester handle, und er überlegte, ob er mit der Nemec wenigstens eine Nacht zubringen und sie dann nach Wien zurückschicken solle oder ob

er ihr sofort telegrafieren müsse. Den Weg der Gail entlang, den er
kannte wie keinen anderen, die besondre Intonation des Flusses,
die er kannte, entlanggehend, versuchte er, etwas über sich und
Franza zu denken, aber es fiel ihm schlechterdings nichts ein. Er
wollte jedenfalls allein sein, ehe er in das gemeinsame Haus kam,
das muffige ungelüftete Haus der Nona, das er nicht einmal der
Nemec zumuten konnte, und in dem womöglich Franza war, sein
mußte, sie mußte dort sein. Oder eine Nachricht von ihr oder,
was ihm auch einfiel zum erstenmal, eine Todesnachricht, mit der
er konfrontiert werden konnte. Er atmete immer tiefer die Nacht-
luft ein, Zweiuhrluft, um die Eisenbahnluft aus sich herauszubrin-
gen, um das hinter sich zu bringen, das kriminalistische Suchen in
Wien und Baden und das demütigende Telefongespräch vor allem,
das er mit seinem Schwager, abscheuliches Wort, Schwager, geführt hatte, der ihn behandelte wie einen Patienten, der an einer
nichtexistierenden Krankheit leidet oder nicht kreditwürdig ist
und den man abzufertigen hatte mit frommen Sprüchen. Dies repetierend, fiel ihm ein, daß er tatsächlich nicht anders gehandelt
hatte als der Angehörige einer antiken Familie, und dies in einer
Zeit, in der es Familien überhaupt nicht mehr gab und nicht mehr
geben sollte. Was hatte er mit Franza zu tun, die er in Wien nicht
öfter als einmal im Jahr gesehen hatte, zuerst im Haus dieses Fossils, das sich mit minderen Fachärzten, Assistenten und Studenten
umgab, um als Zentralsonne auftreten zu können, Meinungen und
Belehrungen von sich gebend. Am meisten angewidert hatte ihn,
daß dieser Mensch seine Schwester leicht auf die Schulter schlug,
um ⟨zu⟩ verstehen zu geben, daß sie ihm gehöre, daß sie sein
Geschöpf sei, und diesem Geschöpf konnte Martin allerdings
nichts abgewinnen, mit diesen kleinen schwarzen Kleidern auf
dem Leib, diese magere kleine Gesellschaftsziege, mit blinder Aufmerksamkeit im Gesicht, Franziska hin und Franziska her gerufen,
Franziska hin und her reichte Gläser herum und redete das Kauderwelsch der Fakultät. Er vermutete, und das trieb ihm den kalten
Schweiß heraus, daß danach, wenn alle gegangen wären, auch
dieser schweigsame Bruder, der sich immer seltener einstellte, sie
Mausi oder Schnucki oder womöglich gar Hasilein genannt wurde. Martin war immerhin froh, daß, trotz gelegentlicher Drohun-

gen, das Fossil nie diesen Boden hier betreten hatte, nie die Keusche gesehen hatte, nie die Franza gekannt hatte, die er kannte, er allein und als letzter, die mit einem ausgeschnittenen Kürbiskopf, die brennende Kerze darin, durch das Dorf gegangen war. Nie diejenige, die für ihn und seine Mutter gehungert hatte, sich angebiedert hatte mit dem Captain, vergessen der Name, also jedenfalls eine Vierzehnjährige, die zu allem imstande gewesen wäre, die auf dem Heustadel mit ihm und den anderen Kindern fantastische Spiele sich ausgedacht hatte und die ihm, einem halben Kind, nur den einen Gedanken eingegeben hatte: mit ihr zu sein, wenn er »groß« war, mit ihr zu leben, durch die Welt zu vagabundieren, von ihr eingeweiht zu werden in alles, mit ihren schrägstehenden stumpfen Augen, eine Gitsche, mit ausdruckslosem Blick und einem Körper, der sie ganz ausdrückte. Sie, die Gitsche, war für ihn der Inbegriff aller Gitschen geblieben, obwohl er sie im Café Herrenhof nicht mehr so nannte, höchstens noch Franza, um etwas festzuhalten von früher, obwohl er sich darüber keine Rechenschaft ablegte, wichtigerer Dinge wegen, auch nicht, warum er und die Gitsche so weit auseinander geraten waren und einander nichts mehr zu sagen hatten. Diese kleine Dame, mit ihrer Sprachbegabung, hatte mühelos und akzentfrei den großen Sprung getan, den kein Bauernmädchen sonst tut, sie war aber einfach auf die Wiener Gesellschaft hereingefallen und zu einem Galeerensträfling einer Stadt und eines Milieus geworden, das er verachtete. Er hörte sie reden, mitreden, besser gesagt, mitreden wie er es nie für möglich gehalten hätte. Aber er hatte seine Eltern nicht mehr gekannt, während Franza sich noch an alles erinnern mußte und ihren Vater vermißte und sich versteckte, weil sie ihn vermißte, nicht nur auf den Suchlisten, nicht nur auf Kreta oder auf dem Balkan. Sie vermißte etwas, was er nicht verstand, und zwar etwas mit einer einzigen Ausnahme. Sein Vater mußte zwei Warzen im Gesicht gehabt haben, und das Fossil hatte ebenfalls zwei Warzen im Gesicht. Das war ihm sofort aufgefallen, und er hatte damals, als Student, das sichere, von halbverdauter Wissenschaft unterstützte Gefühl gehabt, daß Franza einen Vater geheiratet hatte, und Schutz suchte, und jetzt nach zehn Jahren, dachte Martin noch einmal über zwei Warzen als Heiratsgrund nach, da war er angekommen zuhause, öffnete die Tür, er brauchte keinen Schlüssel. Sie war ja da, die Tür war unversperrt. Die Petroleumlampe brannte im Gang, und er ging weiter ins Zimmer mit den zwei Betten, eines an der einen, eines an der anderen Wand. Von Franza sah er zuerst zwei Füße, die Strümpfe heruntergerollt noch daran, die sie aus dem Bett schob, sie wollte aufstehen, dann zog sie die Füße zurück, richtete sich auf, stützte sich auf den Ellbogen, und er hoffte, sie würde seinen Schrecken nicht bemerken, als er ihr aufgedunsenes Gesicht sah. Er ging rasch zu ihr, küßte sie, weil sie sich abwandte, auf das Haar, das schmutzig und verschwitzt roch. Sie wandte sich eben zu rasch ab, versuchte zu lächeln, aber das mißlang, die Tränen liefen ihr schon übers Gesicht. Das war nicht die Gitsche, auch nicht die Dame in dem schwarzen kleinen Kleid mit Redensarten, sondern eine fremde Frau, die auf der Matratze aus Kukuruzfedern lag, die andauernd raschelten, während er etwas Vernünftiges zu denken versuchte, ungewaschen, verschwollen, im Halbdunkel, das barmherzig war. Ich habs gewußt, deswegen bin ich noch wach, weißt du. Er wußte, daß sie nicht mehr weiterreden konnte und sogleich ins Italienische fallen würde, ihrer beider Geheimsprache aus früher Zeit, die sie von den wallischen Arbeitern gelernt hatten, ergänzt durch Libretti, Behördenitalienisch und Grenzübergänge. Alfin sei giunto, sagte sie, mit dem Gesicht ins Kissen geduckt. Sai. Sono finita, e stanca e morta e muta.

Er küßte sie noch einmal aufs Haar, dann nahm er das Glas vom Boden auf, aus dem sie getrunken hatte, und trank daraus. Billigen burgenländischen Wein. Alla tua. Alla tua, sagte sie und dann noch einmal, als hätte sie ihn nicht überzeugen können. Weißt du, ich bin am Ende. Sie wiederholte nur diesen Satz. Er drehte die Schraube an der Petroleumlampe im Gang aus, dann machte er die Lampe im Zimmer an, sah nur zwischendurch lauernd zu ihr hin. Er hatte noch nie jemand gesehen, der schwerkrank war, niemand, der todkrank war, aber die Sicherheit, wie es um sie bestellt war, stellte sich bei ihm sofort wie ein Reflex ein, er wußte es einfach, er brauchte keinen Arzt und keine Diagnosen. Das war nicht mehr seine Schwester, das war jemand, der noch ein paar Tage zu leben hatte. Er fing an, sich auszuziehen, als wäre er ein Kind und sie ein

junges Mädchen, die Halbmutter, die große Schwester, sie sah ihm
zu, und er erzählte, wortreich, viel zu wortreich, ohne einmal das
Fossil beim Namen zu nennen, die Odyssee der Reise, Einzelhei-
ten, die ihm erst jetzt einfielen, er drehte das Licht nicht ab, zog
sich den Schlafanzug an, immer mit den aufmerksamen Augen
Franzas auf sich. Sie stirbt, dachte er, aber hoffentlich nicht heut,
das kann ich überhaupt nicht brauchen. Zudem dachte er, daß er
bestimmt jetzt die Nemec zurückschicken würde, denn Familie
hin oder her, das ging jedenfalls über das Begriffsvermögen eines
nichtangestellten Mannequins, und sie durfte nicht einmal bis Villach kommen. Da er mit der Erzählung der Odyssee am Ende war
und ihm nichts mehr einfiel, sagte er, um etwas gegen die Stille zu
tun, es ist selbstverständlich, daß ich das Spital zahle, und das sagte
er nicht nur Franzas wegen, sondern aus Stolz und Wut, gegen das
Fossil, das ihn abgefertigt hatte am Telefon, Arbeit vorschützend,
die es sicher hatte, aber ohne Begreifen dafür, daß Bruder und
Schwester etwas bedeuten können, und daß zehn Jahre Ehe nichts
bedeuten können. Martin wollte trotzdem verhindern, daß Franza
in dieser Nacht, in seine Müdigkeit hinein, noch ein Wort sage,
nur bevor er gute Nacht sagte und die Beine spreizte, auf dem
Rücken liegend, wie immer vor dem Einschlafen, während sie
zusammengekauert, winzig, in ihrem Bett auf der anderen Seite
etwas vor sich hindachte, fragte er: was ist denn aus dem Geld
geworden, ich meine, hast du das Geld von der Nona noch. Er
hatte auf seinen Anteil verzichtet wegen Franza, und immerhin
wollte er sich vorstellen, was sie nach ihrer Heirat, also nach dem
Tod der Nona, damit gemacht habe. Franza schwieg, dann sagte
sie, mit der Stimme der ganz fremden Frau: ich habe es nicht
mehr, wir, das heißt also, nein – es ist nicht mehr da, das heißt, ich
habe noch etwas, aber fast nichts mehr, sonst hätte ich doch bezahlt dort, aber ich habe noch etwas, das was ich brauche, damit
du mich mitnimmst.

Was? Wie bitte, sagte Martin, als wäre er nicht am Einschlafen,
sondern in dem Wohnzimmer der kleinen Dame.

Du wirst mich mitnehmen, sagte Franza. Er war sicher, daß sie
jetzt nicht weinte, ihre Stimme klang so trocken. Ich gehe mit dir,
da hinunter. Ich bin deswegen ja fortgegangen, ich habe alles vor-

bereitet, ich habe auch das Visum, ich habe gewußt, du fährst. Du
mußt mich mitnehmen.

Im Dunkeln war es schwer zu argumentieren, aber er wurde
noch einen Augenblick lang ganz wach. Ich werde dich morgen
nach Wien bringen, ich habe noch eine Woche Zeit, du mußt zu
dem besten Arzt, in die beste Klinik. Ich werde sofort Alda anrufen. Überlaß das mir. Du mußt hier weg. Das hier ist der
Wahnsinn. Du kannst nicht hier bleiben.

Ja, sagte sie, ebenfalls hellwach, ich muß von hier weg, aber ich
gehe nicht nach Wien.

⟨⟩ Jetzt gehörte sie ihm, für den Rest, jetzt war sie heimge-
kommen, viel zu spät, und jetzt war keine Zeit für Heimkom-
men. Er schleppte sie, weil sie es sich so sehr wünschte, bis zur
Zündhölzelbrücke, in einer sanften Aprilsonne durch die aufgeweichten Wege. Auf dem Fußballplatz neben den Keuschen,
den verrutschten kleinen Häusern, die längs dem Fluß standen,
grüßten sie alle Leute, manchmal blieben sie stehen und sagten,
sie führen zwar weg, aber kämen bald wieder, immer waren sie
ja weggefahren und manchmal auch wiedergekommen. Und
immer gingen sie nach Galicien auf den kleinen Friedhof, jä-
teten die Gräber ein wenig, weil sich jedesmal herausstellte, daß
der alte Bohan es mit dem Jäten nicht genau nahm und das Geld
für die Blumen vertrank. Das war nun auch nicht mehr zu
ändern, wenn man Gräber schon einmal in Kommission gegeben hatte, weil man studieren und heiraten und ⟨⟩

Sie sind also in die Wüste gegangen. Das Licht erbrach sich über
ihnen, der Auswurf des Himmels, ein heißer, mit einem heißen,
beinah sauberen Geruch. Die große Heilanstalt, die große, unverlaßbare, aber nach allen Seiten offene, das Purgatorium, arabisch,
libysch, in seinen Unterabteilungen feinkörnig, steinhart, zu Felsen
aufgetürmt, jetzt feinkörnig. Die hatte sie aufgenommen.

Der Wüstenbus fuhr neun Stunden, hielt nur einmal kurz in
Suez, wo die Schwären schon aufgebrochen waren und eine Flüs-
sigkeit, etwas Weißes von den Weißen abzufließen begann. Franza
kaufte einen Brotfladen, und Martin bestellte zwei Gläser Tee, sie
sprachen jetzt nicht mehr miteinander, es war nicht alles gesagt,

aber er sah ihr, seit sie aus dem Bus herausgewankt war, mißtrauisch zu. Wenn man noch von einer Studienreise sprechen konnte,
was ihn schon, falls er hätte lachen mögen in dieser Hitze, ein
Gelächter gekostet hätte, dann begann jetzt sein großes studium
generale mit den zusammengekniffenen Augen. Würde sie umfallen, was tat man in Suez, wenn eine weiße Frau plötzlich umfiel
oder zu schreien anfing oder, da sie so schweigsam geworden war,
ohne ein Wort zu sagen, mit einem Brotfladen in der Hand starb.
Er sah sie auf sich zukommen, sich niedersetzen vor dieser Bruchbude, sie hatte einen ihm unverständlichen glänzenden Blick, er
hoffte, daß sie sich jetzt gerade nicht in Wien befand, nicht mit
einem Chirurgen verhandelte und darum bettelte, ihren Fötus in
einem Einsiedeglas mit nachhaus nehmen zu dürfen. Was ihn auf
dem Schiff mit Entsetzen erfüllt hatte, was er überhaupt für ausgeschlossen gehalten hatte, die fibrille Feierlichkeit ihrer Vorhaben, den Ausbruch eines archaischen Appetits auf das, was natürlich für sie war, aber nicht für die anderen, das Erkennen der alten
Gesetze, die sie eben noch kannte und die unanwendbar waren in
diesem Zeitalter, das schien ihm zum erstenmal nicht mehr so
wahnsinnig, wie es ihm noch vor ein paar Tagen vorkommen
mußte. Während sie ihren Tee trank und auf die Straße starrte,
abwechselnd auf den Bus hinüber, als hätte sie Angst, ihn zu ver-
säumen, wiederholte er sich ihre Worte ruhiger. Er biß sich auf die
Lippen, weil der Tee zu heiß war, alles war hier zu heiß, und
Franza hatte also ein hochtituliertes Individuum, Primarius vermutlich, mit sterilisierten Händen, Maske und in einem weißen
wohltemperierten Saal, angeschrien und gebeten, dann wenigstens
doch dieses Etwas, das sie für ihr Kind hält, essen zu dürfen, essen
und es nicht zum Abfall zu werfen, nicht zu verbrennen, nicht der
Wiener Kanalräumung zu übergeben, es nicht dorthin gehen zu
lassen, wo alles hinging. Er sah sie wieder von der Seite an, er
wußte, sie war immer in Wien, nicht hier, sie hatte nur das richtige Äquivalent eines Raums gewählt, in dem sie lebte mit ihren
Vorstellungen, ja, weniger als dem, nicht dem Erinnern, nichts
dergleichen, sondern mit dem andauernden Stattfinden dessen,
was man als stattgefunden habend bezeichnet. Es war auch keine
Rekapitulation einer Geschichte, es hatte für sie auch keine Orts-

veränderung stattgefunden, sie reiste auch nicht, sie war immer an
ein und demselben Ort, in Baden oder Wien, denn für sie waren
diese beiden Orte in Suez hineingeflochten, und die Zeit vor zwei
und drei Monaten war nicht vorbei, sondern griff, ein Zahnrad ins
andere, in diesen Tag, in jeden Tag, und nur der Kalender hätte
Franza widersprochen, aber hier nicht, hier spekulierte die Zeit
nicht auf die Uhr, in dieser Gegend nicht mehr, aus der die Fieber,
die Halluzinationen, die Bilder und die Religionen hervorgegangen waren.

An der Militärstation vor Hurghada war immer noch nichts in
Sicht, aber sie traten in das Rasthaus, als fänden sie es auch richtig,
daß hier ein Haus stehen mußte, in dem es Wasser und Wasserpfeifen gab, versammelt mit dreißig Arabern in einem freundlichen Nirgendworaum. Stühle, Tische, Kaffee, und ein langer
Gang, in dem jeweils die Hälfte der Männer anstand, um langsam
vorzurücken zu dem Abort, während sie noch sechs Stunden vorher, bei einem Halt auf der Piste ein Stück weit weg von dem Bus
in die Wüste hinausgegangen waren, die Gesichter der Wüste zugewandt, gelassen hantierend an ihren Galabayas und Pyjamas.
Franza war zurückgeblieben am Bus, hatte zu Martin gesagt, so
geh doch schon, sie wußte zuerst nicht, wohin sie schauen sollte,
also auf die andere Seite der Wüste, falls die Wüste zwei Seiten
hat, dann drehte sie sich aber einfach zu den Männern hin um, mit
der leeren Coca-Colaflasche in der Hand. Europa war also zuende,
alles war zuende für eine Weiße mit Gewohnheiten, Tabus, ge-
sellschaftlichen Deformierungen.
    Unter dem Gepäck, neben dem Fahrer, waren seit Suez ein paar
Flaschen Joghurt in einer Kiste, Fische, etwas Gemüse, beäugt von
allen, seit zwei Eisblöcke, die darumgelegen waren, geschmolzen
waren, nur noch zu besprechen diese Fische, zu rituellen Sprüchen
Anlaß gebend, und Martin sah, daß Franza auf diese Kisten starrte,
es war das erste Interesse, das sie zeigte: Eine nie empfundene
Besorgnis um Nahrungsmittel, um einen Fisch und die Feldflasche
mit Wasser vor allem, die der Beifahrer herumreichte von Zeit zu
Zeit. Das erste Mal hatten Martin und Franza noch überhöflich
gedankt, das zweite Mal nahm Franza einen Schluck aus dem Be-

cher, und Martin machte eine Andeutung, als trinke er, und reichte den Becher zurück. Er schob Franza das Buch hinüber. Er war
wütend.

Nicht ratsam außerhalb der guten Hotels
Frisches Obst möglichst geschält
wenn nicht möglich, mit Seife zu waschen
in Kaliumpermanganat 10 Minuten stehen lassen
Leitungswasser zu Trinkzwecken nur in großen Städten
Nur abgekochtes Wasser, dünnen Tee
Vorbeugungsmaßnahmen bei starkem Mückenbefall 2 Tabletten
Resochin Bayer
Bilharziakrankheit, ägyptischer Blasen- und Darmwurm, Roter
Hund, genannt Nilfriesel, häufig auftretend.
Durchschwitzte Unterwäsche häufig wechseln, nur einmal am
Tag mit Seife
Nicht mehr als dreimal am Tag duschen. Sublimatspiritus 1 pro
mille, Staubinde, Rasierklingenschnitt, Eldoform Farbwerke
Hoechst Abt. Behringpräparate. 10 mg.

Sie lachten, während ihnen die Buchstaben und die Worte
durch die Staubfahnen gezogen wurden und unter den Augen
wegrutschten.

Ja, die Farbwerke Hoechst und Bayer und Ala, sagte Franza, ich
werde einmal kurz aussteigen und zur nächsten Apotheke gehen.

Wer fürchtet hier die von den Weißen erfundenen Bakterien. Wer
wäscht einen Becher aus, wer kocht das Wasser ab, wer laust die
Salatblätter, wer röntgt den Fisch? Niemand. Hunger, Durst, wie-
derentdeckt, die Gefahr, wiederentdeckt, das Ziel wiedergewußt.
Ein Dach über dem Kopf, ein Nachtlager, ein Schatten, ein wenig
Schatten. Das Benzin soll reichen, kein Reifen platzen, keine
Zündkerze verschmutzen, die Achse nicht brechen. Der Weg soll
nicht verloren gehen, er ist schmal, er ist gar nicht zu sehen, es
mußten die Räder gerade noch drauf Platz finden.
Der Wind erhob sich zum erstenmal, griff in den Sand, und der
bedrohliche Boden löste sich in der Luft auf, zeigte seine wahre
Beschaffenheit. Die Augen und die Wüste fanden zueinander, die
Wüste in die Augen, stundenlang, tagelang, die haltlosen Augen
im Haltlosen reinigten sich, sie reinigen sich, immer leerer die

Augen, immer aufmerksamer, größer, in der einzigen Landschaft, für die Augen gemacht sind.

Die sanfte Überredung der Wüste mit ihren feinen Zeichnungen. Was suchst du in dieser Wüste, sagte die Stimme in der Wüste, in der nichts zu hören ist. Warum bin ich so verlassen. Warum ist das Rote Meer so voller Haie, der grausamsten Tiere voll? Und die Stimme, die nicht zu hören ist, denn es ist nichts zu hören in dieser Wüste, antwortet nichts. Mein Gott. Diese Wüste hat sich einer vorbehalten, und dieser eine war keine Hotelgesellschaft und keine Ölkompanie.

Das Tankschiff ist ausgeblieben, aber Hurghada hat noch eine kleine Wasserreserve, es darf sich niemand mehr waschen, es gibt aber im Hotel noch zu essen und noch ein paar Flaschen Wein, nach Sonnenuntergang also noch etwas zu trinken. Das Wasser, an einer wasserlosen Küste, ganz und gar wasserlos, gehört jetzt allen, den Beduinen, die kommen, den Fellachen, den Gästen, es darf keinem verweigert werden, es ist das ungeschriebene Gesetz der Wüste, daß Wasser, teurer als Gold und Terrains an der Riviera, unentbehrlicher als die Monatsgehälter, die Versicherungen, das Wahlrecht, keinem verweigert wird. Du siehst, sagte Franza, es darf mir hier nichts verweigert werden. Ich komme zu meinem Recht.

Martin, der wegen seines Sonnenbrands schon den ganzen Tag nicht mehr aufstehen konnte und hohes Fieber hatte, sagte zum erstenmal, Gitsche, weißt du, daß du jetzt ganz sicher gesund wirst, du bist immer noch so gescheit wie früher, obwohl ich nicht weiß, warum du gescheit bist und auf welche Art du's bist, bei dir muß die Intelligenz anstatt in den Kopf irgendwo anders hingerutscht sein, ins Fleisch, in die Nerven, in die Sehnen, ins Zentrum, jedenfalls nicht ins Großhirn. Franza lachte, dann, weil der feuchte Lappen, mit dem sie seine Haut kühler machen wollte, schon heiß geworden war, begann sie ihn zu lecken, ist das gut, geht es so auch nicht. Sie war nicht nur braun geworden, sondern alles war wieder fest an ihr, sie hielt mit ihrem Fleisch zusammen oder ihr Fleisch war so klug, jetzt mit ihr zusammenzuhalten. Sie mußte jetzt durchhalten. Ich weiß nicht, ob du recht hast, verstehst du, aber weißt du noch: Unter hundert Brüdern dieser eine.

Martin nickte, er erinnerte sich, er war es wohl oder übel, dieser eine, verbrannt am ganzen Körper, ein gegrilltes Stück Fleisch mit einem verläßlichen Herzen und einem guten Kreislauf, mit dieser Wilden allein unterwegs, die hier aufzuleben begann, wo er sich jeden Tag elender fühlte. Er wollte weg, bis Quena wenigstens oder Luxor und in ein anständiges Hotel, er wollte etwas sehen von dem Land, aber Franza wollte nichts sehen, auch nicht mit dem Flugzeug, das in ein paar Tagen kommen mußte, zurück nach Kairo, damit er seine Leute sehen konnte. Sie war nur zu halten oder wegzubringen mit dem Versprechen, weiter durch die Wüste zu dürfen.

Salam, Achmed, Martin drehte das Licht an und Franza fuhr auf, ich schlafe schon. Sie sah die Männer an, die rauchend um sie herumstanden. Martin redete, was redete er. Tu es für dich, tu doch etwas für dich, und hör auf mit Wien, ich will nur, daß du aufhörst damit. Franza sagte, ja, aber nicht jetzt, ich schlafe doch schon. Mit welchem hast du denn... sie deutete auf die Zigaretten. Mit Achmed, sagte Martin. Ich bin in Assuan, nicht wahr. Niemand gab ihr eine Zigarette, die sehen mich so finster an, geht doch in die Bar, ich komme dann. Ich weiß nicht einmal, wo ich bin, und sie starren und starren, einer setzt sich auf den einzigen Stuhl, die anderen setzen sich mit Martin auf den Rand ihres Betts, gib mir deine Hand, Martin, du darfst mich nicht allein lassen. Er berührte sie sanft an den Schultern und schob die dünnen Träger weg und das Tuch, das zu schwer war als Decke, warum deckte sie sich hier überhaupt zu, er zeigte ihnen seine Schwester, und sie behielt die Augen offen. Sie ließ nur Martins Hand nicht los, dann verlor sie ihn aus den Augen.

Ein neutraler Plural, Orgia, von den Griechen verwendet wie Diana für Zigarettenmarken, wie Apoll für einen Kinonamen, Kalodont für Zahnpasta, ausverkauft, nie mehr verstanden. Nie mehr die Griechen, nie mehr der neutrale Plural, nichts mehr mit den Griechen, sie ausgestrichen, in Ägypten verfinstert in einer Nacht am Nil, weitergegangen, ausgelöscht, was weiß war, ausgetreten aus dem Plunder Zärtlichkeit, Beteuerung, dem ideologischen Produkt Liebe, der weißen Hysterie aus Inferiorität. Das

Ganze wollen, etwas miteinander wollen, nicht der Mann die
Frau, nicht die Frau den Mann, sondern den großen Racheakt an
dieser Einteilung, der Geschiedenheit, dann schlafen, wie nie vorher, mit den ernsten Gesichtern, aufwachen, einander die Hände
küssen, einer der Sklave des anderen. Einer der Befreier des anderen.

Achmed stand im hellgewordenen Zimmer, sie tranken alle
Tee, Franza sah an Martin vorbei, aber sie verbarg ihren Triumph
schlecht. Ich habe ihn getötet, ich habe alle Weißen getötet, in
Wien muß er eine üble Nacht gehabt haben oder eine übliche,
eine stumpfsinnige Nacht.

Franza aufrecht stehend, mit erhobenem Kopf, nicht mehr in
Wien: Die Geschlechtskrankheiten der Weißen werden mich nur
noch zum Lachen bringen. Franza kleinlaut: und du, und du? Unter hundert Brüdern. Martin sagte, ich habe dich immerzu angesehen, ich war eifersüchtig, aber ich weiß nicht, was ich damit
sagen will, auf dich nicht, sondern auf das, was dir gelungen ist.
Du warst sehr schön. Ah, sagte sie, daran habe ich noch gar nicht
gedacht, aber sicher bin ich jetzt, daß ich sehr schön war.

Es ist licht im Zimmer. Der Nil stieg an, sie gingen und gingen,
Franza in ihrer Mitte, ein Wesen, das aufs äußerste zu respektieren
war, schon seines hybriden Hochmuts wegen, sie setzten über mit
dem Boot nach Elephantine, und sie sah die Männer vor Hochmut
überhaupt nicht mehr an, sie betrachtete wie eine Reisende zwischen Wunderland und Wunderland den Himmel, die anderen
Boote, die Segel. Und dann: Wer ist hier gestorben. Kitchener
natürlich. Immer ist einer irgendwo gestorben, wohin immer man
kommt. Achmed und Sallah, unberührt von Kitcheners Tod,
Grab, Elephantine und Philae, hofierten Franza schweigend bis
zum Nilometer, sie erklärten ihr in schlechtem Englisch, was es
mit dem Urmeter auf sich habe. Sie verstand nur die Hälfte und
war es zufrieden, sie hörte ihren Untergebenen sowieso nur mit
halbem Ohr zu, das man so nennt, wie vieles, wofür man Bezeich-
nungen nicht gefunden hat. Auch Franza stand unbezeichnet da,
mit halbem Ohr, mit geschwollenen Lippen, weißem Hut, auf der
Insel Elephantine, Richtung Sudan, Richtung Katarakt, Hochdamm, Richtung Staatsereignis, Politikerschiff, und sie dachte, so

könnte es gewesen sein, als der Hochdamm vorige Woche eingeweiht worden war, als das Wasser, das Wasser kam. Ein ganzes Wüstenland hatte ein Wasserversprechen eingelöst bekommen.

Franza sagte, wir fahren zurück, und stieg zum Boot hinunter, Tote, die erst so kurz begraben sind, interessieren mich nicht. Und Inseln, die unter Wasser sind, sie deutete dahin, von Martin korrigiert, wo Philae noch für ein paar Monate lang überschwemmt liegen würde, eh es wieder auftauchen konnte mit dem Isistempel. Und Inseln unter Wasser, das mag hingehen, sonst müßte ich die auch noch ansehen.

Was hatte Kitchener hier zu suchen gehabt, was hatten sie beide hier zu suchen, mit dem Schreckensruf im Ohr, les blancs arrivent. Die Weißen kommen. Franza: ich habe Angst vor den Weißen, ich habe immer Angst gehabt, mit einem allein zu sein in einem Zimmer, Angst, ein Kissen aufs Gesicht gedrückt zu bekommen, erwürgt zu werden, von denen, die sich einer höheren Rasse für zugehörig halten, sie haben mich durchschaut, denn ich bin von niedriger Rasse. Nie mehr die Angst haben, erdrosselt zu werden, vergiftet zu werden bei einem Frühstück, tausendmal sagen zu müssen, ich liebe dich, gestikulieren zu müssen wie eine Marionette, oh danke, oh bitte, wie bitte, nein, danke.

Schmerz, seltsames Wort, seltsames Ding, abgeschleppt aus der Naturgeschichte des Menschen, aus dem Körper abgeschleppt. Ich bin hier in der Wüste, um den Schmerz zu verlieren, und verlier ich ihn nicht, der durch meinen Kopf, durch meine Atmung wütet, diesen wahnsinnigen Schmerz, der sich alle paar Stunden ein andres Feld aussucht, um mich auszuprobieren, meine Kiefer, so daß meine Zähne nicht mehr beißen können, meine Hände, die taub werden und die Tasse fallen lassen, meine Füße, die verkrampfen, die Knie, die einsacken, die Augen mit vergrößerten Pupillen, die schaukeln, schielen, nichts mehr sehen für eine Stunde.

Hashish, cannabis india, Kif, und auf wieviel mehr Namen antwortet der Hanf. Abdu und Achmed hatten nur ein winziges Stück bekommen können, aber ein sehr gutes, hartes, erdbraunes Stück, sie befühlten es abwechselnd. Einer von den sowjetischen

Ingenieuren, die am Hochdamm arbeiteten, wollte bleiben, ging dann aber doch, der verrückte Irländer blieb. Martin trug zum erstenmal die Galabaya, du bist verkleidet, sagte Franza, es hilft nichts. Oh tu es für mich, tu es für mich. Weißt du noch: Unter hundert Brüdern. Martin sah in ihrem Gesicht wieder den Isis- und Osiris-Blick, den hoffnungslosesten, und hatte mehr denn je das Gefühl, daß sie sich selber nicht mehr glaubte und daß sie jetzt wußte, daß sie verloren war, mit halbem Ohr, und der Tod tritt ins Zimmer, trat aber nicht, sowas tritt nicht, sowas nicht wie der Tod. Er fing an, aus den Zigaretten vorsichtig den Tabak heraus-zubröseln, während Abdu und Achmed das Stück Haschisch zer-kleinerten und das Mischen mit dem Tabak übernahmen. Dann wurden die Zigaretten langsam wieder gestopft, es geschah mit äußerster Vorsicht, es war eine Handlung, ein Zeremoniell. Sie begannen alle gleichzeitig zu rauchen. Nach der zweiten Zigarette sah Franza bittend Martin an, aber er zündete ihr die dritte an, sie rauchte, sie sah die nach innen gekehrten Gesichter, ein sanftes Lächeln zum erstenmal auf dem braunen und auf dem schwarzen Gesicht. Daß Schweigen befohlen war, fühlte sie. Es geschieht etwas, erst unmerklich, dann geschieht etwas schneller, aber für jeden etwas anderes, wo sind die anderen, wo ist jeder. Franza wollte aufstehen, sie hielt es für unerträglich, hier noch einen Au-genblick zu bleiben, Augenblick war aber nicht mehr, was sie als solchen empfand, die Zeit war dahin, der Raum in der Bewegung, der Körper in einer dem Raum und der Zeit entgegengesetzten neuen Position. Sie kroch, da von niemand Hilfe zu erwarten war, von dem Stuhl herunter, kroch ein Stück weiter auf dem Boden hinaus auf die Terrasse, die mit Teppichen ausgelegt war, sie streckte sich auf den Teppich, die Augen auf das Licht hin diri-gierend, das aus dem Zimmer kam. Sie hatte tief inhaliert, den Rauch angehalten in den Lungen. Die Übelkeit verschwand, wenn sie die Augen schloß. Sie wollte schreien vor Entsetzen, weil sie nicht mehr einen, sondern zwei Körper hatte, sie hatte sich verdoppelt, sie verschränkte die Hände über ihrem Bauch, aber auch über ihrem anderen Bauch verschränkten sich zwei Hände, ich bin zwei geworden, ich bin einmal groß, riesengroß, und ein-mal klein, von meiner alten Größe, und ihre beiden Körper, auf

dem Rücken liegend, kamen plötzlich in die Schwebe, die vier
Füße gingen in die Höh, die zwei Köpfe blieben auf dem Teppich, so hing sie, doppelt unfähig, wieder eins zu werden. Sie riß
die Augen auf, es war alles da, das Zimmer, die Lampe, sie sah die
Galabaya von Achmed, seinen herabhängenden Arm, schloß wieder die Augen. Unter ihren Körper wurde ein Schraubstock gefahren, kein Stellungswechsel. Unter den geschlossenen Augenli-
dern fing das Zeichenband zu laufen an mit schwarzweißen Ornamenten, lief ab mit Hieroglyphen bedeckt, noch unentzifferten,
ein schaler heißer Geruch vom Nil ließ sie die Augen wieder
öffnen, blitzschnell öffnen, sie versicherte sich, das ist wirklich,
kein Stellungswechsel, das Minarett der Moschee ist zu sehen, der
Schraubstock löste sich, sie flog auf das Minarett zu, sie kam wieder zurück, flog wieder hin, sie begann zu lächeln, sie konnte ja
hin- und herfliegen, ohne einen Teppich zu brauchen. Gestöber
von Gedankengeschossen, es denkt sich etwas, rasend schnell, die
Zeichnungen hören auf, die Gedanken kommen. Arrivent les
blancs. Ich will nicht denken, ich will wieder ans Minarett hin-
fliegen, nicht denken, nicht denken. Franza wußte nicht, wann
und was der letzte Augenblick ihres anderen Zustands war, nicht
wann sie eins geworden war, nicht wann sie eingeschlafen war. Sie
wachte in ihrem Bett auf, neben Martin, der sie dahingetragen
haben mußte. Der Morgen war klar und hell. Nichts war geblieben, sie hatten beide klare Köpfe, brauchten sich nicht einmal an
den Kopf zu greifen. Sie versuchten, sich die Nacht zu erzählen,
aber Martin verstand Franza nicht, am wenigsten ihr Insistieren auf
dem doppelten Körper, und sie verstand nicht, was er gehört hatte.
Gehört? Sie hatte nichts gehört. Sie waren unwillig und unherz-
lich, man hatte sie beide in verschiedene Länder geschickt.

Was suchst du in dieser Wüste, in der Totenstadt, in der die Gräber
von den Archäologen geschändet werden, in der großen Sphinx-
allee zurückwandernd Abend für Abend, tausend Widderschädel,
die deine Angst flankieren? Was in dieser einzigen Landschaft, die
nichts sagt, sich nicht ausspricht, über die nichts zu sagen ist. Die
Reinheit vor Augen und wovor denn auf der Flucht, gehetzt jeden Tag in die Wüste. Wo ist der Golf von Akaba? Gehetzt immer
noch, über den Nil setzend, im Segelschatten, als würde die Wüste

sich einlassen mit einem Fremden, der noch den Nimbus eines
Schwachsinnigen hat, gefoltert von Worten noch, die nachklingen, von Handlungen, die von keinem Paragraphen für strafwür-
dig erklärt werden. Das Alibi der Weißen ist stark. Kein Versuch ist
unterblieben, dich aus dem Weg zu räumen, dich auf die Minen
ihrer Intelligenz treten zu lassen, ihrer Pläne und Machenschaften.

Auf dem Bahnsteig in Edfu bewachte Franza das Gepäck. Sie
saß auf einem Koffer, sie wollte den Tempel nicht sehen, aber
sie war immer fügsamer. Martin hatte wahrscheinlich eine Zukunft und mußte Tempel sehen, und sie hatte die Gegenwart als
Äußerstes, ihre Ohnmachten in dem Zug, der immer auf freier
Strecke gehalten hatte, dessen Wagen auseinanderzubrechen
drohte, mit dem Geflügel, dem Gestank im Abteil. Sie stierte
vor sich hin, die Ohnmachten kamen immer häufiger, nur in
der Wüste nicht, aber sie wußte nicht, wie sie es Martin be-
greiflich machen sollte, und sie fürchtete die Tempel, die Gräber, die Jahrtausendtiefen, denen sie nur wenig mehr als dreißig
Jahre Tiefe entgegensetzen konnte, ihre Geschichte dieser großen Geschichte, ihren beschränkten Wahnsinn einem großen
schrankenlosen Irrsinn, der hier beweisbar begonnen hatte, beweisbar wie die Zeugen seiner Schönheit. Die Zeugen des
Wahnsinns sind die Schönheit, die Kolosse, die Pylone, die
Goldstraßen, die versteinerte Vergrößerung von Rechnung und
Fantasie und dem weggetrockneten Schweiß der Angst und der
Leiden.
Auf dem Bahnhof in Edfu sah Franza die Frau. Sie lag auf den
Knien, mit Stricken gefesselt, die ihr die Füße zusam-
menschnürten, die um ihren Körper weitergewickelt ⟨⟩ die
Hände waren auf ihrem Rücken zusammengebunden, das sah
sie zuerst, die schmalen schmutzigen Füße, diese Hände, und
dann erst den Kopf, den langen schmalen überlangen überdehn-
ten Kopf, ⟨wie⟩ die Töchter Echn Atons ihn hatten, dann sah sie
den großen Araber, der die Haare, die auch zu einem Strick
zusammengezwirbelt waren, hielt, lächelnd, kauend, er hielt die
Frau an den Haaren, die kniete, und ihren Kopf, da er dieses
Strickhaar hielt, hatte sie erhoben, mit geschlossenen Augen,

Franza sprang auf und machte ein paar Schritte auf eine Gruppe
von Arabern zu, sie konnte nicht sprechen, jetzt war das wieder
geschehen, sie sah sich nach Martin um, der nicht zurückkam,
sie starrte mit verkrampften Kiefern die Araber an. Die Frau,
Martin, die Frau. Der Mann ist wahnsinnig, der Mann, sie wiederholte es so viele Male inwendig, daß sie es plötzlich herausbrachte in einem gestotterten Englisch. Der jüngste von den
Arabern grinste und antwortete: Not he is crazy. She is crazy.
Die Frau, die Frau, auf dem Bahnhof in Edfu habe ich eine Frau
gesehen, die gefesselt war und niemand hat ihr geholfen, das
wird über uns kommen, das alles wird über uns kommen. Er
bringt sie nachhause, nicht wahr, er wird sie immer wieder fes-
seln. Aber nicht wahr, er bringt sie wenigstens nachhause, das
denn doch. Der Mann hatte die Fahrkarten in der Hand oder im
Korsett. Franza wurde nicht müde, Martin jeden Tag diese Geschichte wiederzuerzählen. Ich bin sicher, wenn ich wieder
nach Edfu komme, wird immer die Frau dort sein. Sie ist auch
immer dort, ich habe sie ja gesehen, was ich sehe, ist immer, es
ist unverrückbar, es wechselt nie seinen Platz. Nicht nur die
Schakale und Widderköpfe in der Allee sind ewig. Das ist alles
ewig, solang ich bin. Sie wurde nicht müde, sie sagte, solang ich
bin. So lang. Jetzt war es Martin, der an Wien dachte, aber in
dem gewöhnlichen Sinn, er zerpflückte und enträtselte, je weniger sie über Wien sprach, was dort geschehen war. Er kam zu
dem vorläufigen Schluß, daß es sublime Verbrechen gab und
daß er das Fossil unterschätzt hatte. Aus seinen Gedanken heraus
sagte er, ich hätte ihm den Hals umdrehen sollen, anstatt mit
ihm zu telefonieren und mich belehren zu lassen. Franza gab
keine Antwort, dann lachte sie. Sie lachte jetzt oft.

In dem großen Zelt, das mit Teppichen ausgeschlagen war,
Tausendundeine Nacht in einer erbärmlichen Armut verdek-
kend, waren auch die Kinder die ganze Nacht wach. Die Hochzeit war da für die anderen, auch für sie beide, die von den
Kindern lächelnd berührt wurden mit den Fingern. Die Kinder
hatten Liebesblicke, Liebesgesten, die verlorengehen mußten
nach dem zwölften, dreizehnten Jahr. Sie waren in der für Mar-

tin und Franza erkennbaren Phase, sie waren weiß in dieser
Phase. Die Männer, die herumsaßen, pausenlos rauchten und
Kaffee ⟨tranken⟩ ohne Blickvergeudung, ohne die falsche in-
fantile Himmlischkeit, redeten und redeten auf sie ⟨ein⟩, finster,
der Bräutigam und die Braut waren nicht zu sehen. Im Sand,
nah von dem Stuhl, auf dem Franza saß, hockte der Kretin auf
dem Boden, mit verdrehten Händen, kahlgeschornem Kopf,
krätzenbedeckt, aussätzig, auch wenn es nicht Aussatz sollte. Die Kinder traten ihm auf die Füße, auf die Hände, brachten
ihm aber auch eine Flasche Coca-Cola und schütteten sie ihm
unter Gelächter in den Mund, und der Kretin lachte. Achmed
sagte feierlich: He is a holy man. Er stieß Franza mehrmals an,
aber sie hielt die Augen starr nach vorn gerichtet auf das ge-
mästete Mädchen, das mit seinem dicken Bauch und seinem
Euter schon seit einer Stunde ungeschickt zu der Musik, die
über einen Lautsprecher kam, tanzte, mit einem durchsichtigen
roten Kleid, nackt, grausig, er ist ein heiliger Mann, murmelte
sie immer wieder, aber sie hatte ihn unfreiwillig, als sie sich
setzte, gesehen und sie wollte nicht hinschauen, ich kann es
nicht. Martin wechselte mit ihr den Platz. Dann sah sie gepeinigt noch einmal hin, sie sah nichts, nur die verdrehte schwä-
rende Hand, auf die ein Mann im Pyjama trat.
Beim Morgengrauen gingen sie weg, sie hatten das Brautpaar
noch immer nicht gesehen. Im Hof ⟨wollte⟩ Franza ⟨zu⟩ dem
Kamel gehen, das der Bräutigam als Hochzeitsgeschenk gegeben
hatte, aber es war nicht mehr da. Ein paar hundert Meter weiter,
unter einer Stallaterne, schrie sie auf. Martin sah jetzt auch, daß
der Sand rot war, Franza stand im roten Sand, und sie wateten
durch diesen blutigen Sand. Das Kamel war getötet worden, ein
paar Männer zerteilten es mit großen Messern. Sein Kopf lag im
Sand, mit dem Ausdruck, den Franza annahm.

In der Ferne, immer am Roten Meer, das rote ausgespielt als Land
gegen das schwarze Land, gegen Safaga, den Ölfeldern entgegen,
kein Tank, kein Wasser, an dem einsamsten Strand der Welt, begann sie zu laufen, und da war es aufgetaucht, immer wieder aufgetaucht, und Franza, die darauf beharrte, daß das kein Meer sei,

so sagte sie immer wieder, das ist kein Meer, das ist ein Bassin vor der Hölle, vollgepfropft mit Quallen, Spinnen, Krabben, ein paar Kilometer weiter draußen schon die angreifenden Barrakudas, der Strand mit jedem Quadratmeter ein Vorgeschmack auf den Inhalt des Wassers, auf Schlangen. Sie rannte den Strand entlang, zuerst hatte sie ein Auto gesehen, nein, nicht gesehen, in der Helle war nichts zu sehen, einen Schatten, der über eine Piste, aber die Piste war nicht zu sehen, also zu hören aber das Geräusch von einem Auto und ein Schatten. Sie schrie und rannte. Ein Auto, rief sie, dann war die Piste und das Geräusch und der Schatten, alles war verschwunden, und sie lief noch immer.

Dann stand sie und suchte sich eine Stelle zum Stehen aus, zwischen dem, was herumkroch, krallend, beißend, stechend, und die Sonne stand genau über ihr, da sah sie das Bild. Nicht mehr die Frau, die gefesselte, nicht mehr das abgestochene Kamel, sie weinte plötzlich. Ich habe ein Bild gesehen. Ich habe gesehen, was niemand gesehen hat, ein Bild, und sie stand und das Bild stand in der Ferne in dem roten Arabien, während ihre Haut zu brennen anfing, ich muß laufen, solange ich das Bild sehe, er ist es, mein Vater, ich habe meinen Vater gesehen, ich habe ihn gesehen, aber es ist nicht mein Vater, nein, er hat den weißen Mantel an, er ist gekommen aus Wien, den Trostmantel, ich habe ihn gesehen. Sie begann wieder zu laufen, sie legte ihre Hände über den Kopf, weil ihr Kopf zu brennen anfing.

Aber er ist nicht mein Vater und er hat keinen weißen Mantel. Was sehe ich denn, schwarz und groß und hochaufgerichtet, ich muß näher, ich sehe doch, immer mehr, daß er auf mich zukommt, auf dem Boden, nein, jetzt über dem Boden. Gott kommt auf mich zu und ich komme auf Gott zu. Sie lief wieder und weinte und schrie und spuckte den Zigarettenschleim, der aus ihrem Hals hochkam, in den Sand. Ich habe Gott gesehen. Zum Greifen nah, wo ich bin, Safaga, schöne Berge um und über 2.000 Meter, im Zelt, Militärposten, wo ist der Posten, und die Phosphatgesellschaft, der englische ehemalige Hafen, die Phosphatgesellschaft muß zulassen, daß ich es noch erreiche, diese Gesellschaft kann Gott nicht verhindern.

Sie stürzte und kam auf die Knie zu liegen und dann lag das vor

ihr, ein schwarzer Baumstrunk, die Seetolle, das zusammenge-
schrumpfte Ungeheuer, dieser Strunk, in dem so etwas wie Leben
war, keine dreißig Zentimeter lang, auf den war sie zugerannt, und
sie weinte noch immer und lachte und griff nach dem Tier, das aus
dem Meer heraus in den Sand gespült worden war und schob es
ins Wasser zurück, ließ es ins Wasser hinausschaukeln, damit es
nicht umkomme. Ich habe ein Bild gesehen, sie blieb liegen mit
den epileptischen Konvulsionen, wie auf dem Korridor in Wien,
meine Erlösung, mein Linoleumboden, mein Sand, auf dem die
Kamele verbluten, hier nicht, aber früher, also überall.

Sie lachte und lachte – und in ihr Lachen, in die Einfallsstelle für
die Dekomposition, wer bin ich denn, woher komme ich, was
habe ich zu suchen in dieser Wüste, trat nicht, trat nicht, wie sollte
etwas eintreten? da nichts eintreten kann – mit halbem Ohr, der
halbe Tod, die halbe Vernunft, das halbe Tier, der halbe Mensch,
die halben fünf Sinne, die Schwester, passeshalber, die Frau, be-
zeichnungshalber, das verbrannte hingerichtete Fleisch von etwas
Erkennbarem, der Zoologie und der Geisteswissenschaft nicht
ganz zugängig.

Sie schrie.

Der Saum der arabischen Wüste ist von zerbrochenen Gottesvorstellungen umsäumt.

Jordanische Zeit (Arbeitsphase 1)

Baronig, genannt der Baron unter Ärzten und Schwestern, Leutse-
ligkeit und Humor pflegend, um sich nichts zuschulden kommen
zu lassen, gehörte, wenigstens zur Hälfte, als Nichtpraktiker, dem
Klerus an, der in unserer Gesellschaft eine ebenso nützliche wie
verhängnisvolle Rolle spielt, und die zum wenigsten durchschaut
wird, weil die moralische Eitelkeit aller Beteiligten, die sie durch-
schauen könnten, stärker ist als der Wunsch, einen der ihren unter
Anklage zu stellen oder zu bezweifeln. Auch die dem Klerus An-
gehörigen, unter denen Intrigen Neid Ehrsucht eine Rolle spielen
wie in jeder Gruppe, und dies ist allerdings das einzige, das nach
außen dringt und geglaubt wird ⟨⟩. Niemand bezweifelte, daß es
zwischen X. Y. und Baronig Rivalitäten gab, Anhänger, die die
Situation verschärften, Überläufer, Geheimnisträger, scheinbar
Unbeteiligte, die sich da und dort belustigten, und die ganz
Schlauen, die in den Kriegsspielen als Neutrale durch die Feuer-
linien gingen, als ginge sie das nichts an, als seien sie der Sache,
aber nicht der Personen wegen von der zudringlichsten Neugier.
   Wenn man Baronig glauben wollte, lag seine erste Publikation
im Jahr 1948, hingegen hatte er Pech nur mit seiner eigenen Frau,
die, weil er sie von Bibliothek zu Bibliothek hetzte, von Institut zu
Institut bei den späteren Arbeiten, durch einen dieser Zufälle, die
niemand zu glauben vermag, die nur der widerwärtigsten Spitzelei
sonst möglich wären, seinen Namen wie vor den Kopf geschlagen
auf einer Karteikarte fand, 1941, 1942, wenngleich mit einem un-
verfänglichen Titel. Es wäre falsch zu sagen, daß Franza damals
eine heftige Reaktion gehabt habe, im Gegenteil, sie dachte nicht
einmal sehr nach, ging aber zwei Wochen später zurück und entfernte die Karte, ohne nachzuforschen, ob diese Publikation eine
Belastung darstellen könne oder nicht. Sie wünschte nicht, es zu
wissen, noch weniger ihrem Baron davon Mitteilung zu machen
oder ihm eine Frage zu stellen.
   Die Autorität Baronigs, außerhalb seiner beruflichen Qualitäten,
lag überdies darin, daß er, nebenbei, aber ohne großes Aufheben,
sich auf seinen Bruder stützte, sich seiner vielmehr bediente, eines
ehemaligen Beamten im Innenministerium Schuschniggs, der ⟨we-

gen) seiner unbrauchbaren und starrsinnigen Treue zu Österreich,
das er sich weigerte in Ostmark übersetzen zu lassen, noch im Jahr
1938 festgenommen und wieder entlassen, später nach Theresien-
stadt deportiert wurde und von dem nach der Befreiung wenig zu
erfahren war, der sich mit allen Anzeichen einer anhaltenden
Haftpsychose nach Eichgraben in ein kleines Haus zurückgezogen
hatte, mit seinem Bruder selten korrespondierte, selten auftauchte
und sich weigerte, weiter in der Gesellschaft mitzuspielen, die ihm
jetzt zweifellos eine Wiederherstellung seiner sozialen Position
〈gewährleistet〉 hätte. Baronig liebte es, seinen Bruder, von dem er
nun wenig wußte, zu analysieren und gelegentlich ins Gespräch zu
bringen, mit dem angemessenen Respekt und dem unmerklichen
Profit, unmerklich für jedermann, vielleicht sogar für ihn selber,
den dieser Bruder darstellte. Dem lokalen Ruhm von Baronig
wurde erst abgeholfen durch einen Entschluß, der, mit reichlicher
Verspätung und aus nicht mehr durchschaubaren Gründen, ihn
den Entschluß fassen ließ, eine Arbeit zu beginnen, für die erst
einige wenige, kaum beachtete Studien vorlagen, und die nun
Baronig zu den vordringlichen Aufgaben der Zeit erklärte, eine
Wiederaufnahme der Untersuchungen des Nürnberger Ärzteprozesses und vielmehr noch mit dem, was er zutage gebracht hatte,
von Bayle, Mitscherlich und dem Office of Chief of Council for
War Crimes längst aller notwendigen Vorarbeiten enthoben, pro-
fitierend von dem Vergessen und dem luftleeren Raum, in den
diese Bücher gefallen waren. Um einen originellen Ansatzpunkt
nie verlegen, noch weniger um den großen Ernst, mit kalter Leidenschaft, verlegen aber seiner Zeitaufgabe wegen um die Zeit,
die ihm fehlte zwischen der Klinik und den Privatpatienten und
einer anwachsenden Bürokratie, fiel die Hauptarbeit auf einen
Assistenten und Franza, die sich unter verschiedenen Arten des
Gehorsams und der Aufopferung für eine Sache und vor allem aus
dem Wunsch heraus, der Sterilität ihres Zusammenlebens zu ent-
rinnen, etwas enger zu knüpfen, nicht mehr Zuhörer des Profes-
sors zu sein, die Belehrungen wenigstens in bezug auf eine Sache
einstecken zu müssen und weniger in den Dingen, die sie selber
oder ihre Umgebung betrafen, mit dem »Material« zu beschäftigen
hatte. Beim 〈Experimentieren〉 nach einer anfänglichen Euphorie

aus Betätigungslust entdeckte Franza aber, daß sie völlig ungeeignet war, ⟨an⟩ einer wissenschaftlichen Arbeit mit der gebotenen
Distanz teilzunehmen, die in den Unterhaltungen zwischen dem
Professor und dem jungen Mittenegger ⟨in⟩ phrasenhaften An-
hängseln abreagiert wurde, vertuscht wurde unter den Attitüden
Humanität, Abscheu vor einer depravierten mörderischen Medizin, psychopathologisch verallgemeinernd, während Franza zwischen die Mühlsteine dieser Berichte und Namen und dieses Vo-
kabulars geriet. Namen wie Grawitz, Clauberg, Brandt flößten ihr
nicht einen natürlichen Abscheu ein, sondern sie konnte plötzlich
nicht mehr weiterlesen, vor Verstörung. Bei der Stelle:

B. Excusez-moi si je pleure.

hielt sie plötzlich inne, der Boden rutschte unter ihr weg, so versuchte sie sich das zu erklären, und die Wand hob sich, und dann
fing sie hilflos zu weinen an, ganz langsam, sie hielt ein Tempo-
taschentuch über die Buchseite, über das kostbare Exemplar, geliehen von der Staatsbibliothek München, und als am Abend der
Professor zu ihr sagte, es sei erschütternd, sagte sie kein Wort und
starrte an ihm vorbei, weil sie ihm nie ins Gesicht zu schauen
wagte. Seit wann schon nicht mehr. Baronig zitierte aus den Ana-
lysen, fügte selber einen Gedanken bei, und warum schaute Franza
an ihm ⟨vorbei⟩.

Am meisten verschärfte sich ihr Zustand, Syndrom, Syndrom,
welches Syndrom war das nun, das Angstlesesyndrom, als sie ⟨sich⟩
zu den Sterilisationsversuchen weiterarbeitete, Schweigrohr, caladium, gez. Pokorny, gez. Himmler, vorne sah sie sich rasch einmal
ein Bild an, das sie nie gesehen hatte, am Großglockner, über dem
Gipfelkreuz, wehte das Kreuz, die zwei Kreuze übereinander auf
3.000 m Höhe, auf dem größten Gipfel des damaligen Staates, jetzt
des höchsten eines kleinen Landes, das damit Touristen auf Pla-
katen warb.

Mein lieber Bruder, unter hundert dieser eine: Du fragst, ohne zu
fragen: aber ihr habt euch doch geliebt. Soweit kommt es nicht.
Ich hatte 300.000 Schilling, und er hatte damals nichts außer seinem Namen und der Klinik, und er mußte der Baronin den Un-

terhalt zahlen. Ich hatte keinen Namen und ein unbeendetes
Studium, sowas stiftet Verwirrung, man nennt es Liebe, er hatte
Appetit auf eine junge Frau, und ich hatte eine uneingestandene
Begier nach einem guten starken festen haltgebenden Etwas, ich
habe meinen Vater nie vergessen, den ich nie gesehen habe, darum
ihn nie vergessen, und er sah so aus, wie ich ihn mir vorstellte.
Mein Vater im Massengrab, verzeih mir, daß· ich weinen muß.
Wie konnte ich denken, daß Dir jemand ähnlich sein könne, ich
rechne nicht mit meiner Vorstellung und den Fakten, einem zer-
fetzten zerfressenen zerstäubenden Fleisch, sondern mit einem
Menschen. Unter hundert du. Warum, da ich dein Herz fresse,
von dir mich erjagen lasse, du mein Herz frißt, soll ich dir nicht
sagen, daß ich rechte. Es ist mir Recht geschehen, und ich suche
das Recht, ich suche die Gerechtigkeit, ich suche die Instanz, die
mir meine Ehre wiedergibt und Recht spricht. Nicht eine, die mir
Recht gibt, o nein, das Recht ist etwas, das niemand gegeben
wird, es ⟨ist⟩ von ⟨x...x⟩ Weise, es ist eine Ausgeburt, die nichts
berücksichtigt, auch Leiden nicht, Sterben nicht. Das Recht ist im
Horizont, auf den man hinsieht, und von jeder Stelle aus ist ein
Horizont da, näher, ferner, und ich denke es mir ohne Gericht. Es
gibt kein Gericht, das im Besitz dieses Rechts sein könnte, es
verteilen könnte, erteilen könnte.

*   ⟨⟩ h schrieb, ich wollte ihm immer ein stummes h geben, meine
vielen stummen Has, die ich geben wollte, die mußten alle weg,
ich hatte das stumme Lautsyndrom, überall ein Buchstabe zuviel,
der nicht ausgesprochen wurde. The Medical Case. Trials of War
Criminals... sowohl nach den Namen der Verantwortlichen wie
nach Art der Versuche das umfangsreichste. Die katamnestische
Untersuchung ergab, daß bei der Patientin depressiv resignierende
Fehlhaltung als schwerwiegend erfahrene Beeinträchtigung der
weiblichen Rolle... die Diktatfetzen um die Augen, um die Wü-
stenaugen, um die Augen, die alles Hineingekrampfte langsam
herausgeben, die Bulletins, die Statistiken, die Fotos. Geheime
Reichssache, Bericht über die Versuche betr. Röntgenkastration.
Schweigrohr, eine Pflanze, weißt du, was das Schweigrohr ist,

Caladium seguinum, angemeldet durch einen Brief aus Komotau. Und dann von Wien aus, Wien den 24. August 1942. Wo waren wir da, während das Lager Lackenbach, ich muß einmal dorthin fahren, aber ich komme wohl nie mehr dahin. Die Wiener medizinische Fakultät im Jahr 1942. Fingerzählen, da warst Du schon auf der Welt, und was habe ich da gelernt, es muß grade das zweite Jahr Englisch gewesen sein und der Anfang von Arithmetik und erweiterte Erdkunde, nicht mehr bis zum Großglockner, vielleicht schon eine Andeutung der Gestalt Europas. Und: Ihr sehr ergebener Prof. Clauberg.

Als Franza vor der Heirat mit Jordan stand, teilte er ihr mit, daß Peter, sowieso schon schwierig und sehr seiner Mutter nachgeratend, die eine besonders Schwierige gewesen sein mußte, ihn zur Rede gestellt habe und sich vor allem danach erkundigt hatte, ob er, Jordan, denn dran denke, noch Kinder in ⟨ ⟩ und er, der einzige, mit Halbgeschwistern zu rechnen habe.

Und was hast du gesagt, so habe ich noch lachend gefragt, und er sagte, aber ich habe ihn natürlich beruhigt und ihm gesagt, daß das überhaupt nicht in Frage komme und er sich beruhigen könne. Damals meinte ⟨ich⟩ zum erstenmal, daß etwas nicht wahr sein könne. Ich war 22 Jahre alt und lachte, um ihn nichts merken zu lassen, und dann ging ich hinaus und grübelte, das konnte doch nicht sein, daß jemand heiratet, nie mit einem darüber spricht und es einem dann über diesen Umweg eiskalt zu verstehen gibt, daß daran nicht zu denken sei, daß es ausgeschlossen sei.

Ich dachte, es würde sich ändern, er werde mich eines Tages fragen, sagen, daß der Lausbub aus dem schwierigen Alter heraus sei und er nun auch wissen wolle, was ich darüber denke. Aber damals fand ich sicher, daß er, ich meine Jordan, nein, ich kann seinen Namen nie mehr herausbringen, ich bin dran erstickt, deswegen geht es nicht mehr, daß er so viele Schwierigkeiten gehabt hatte, mit dieser und andren Personen und nun auch mit dem Sohn, und einmal kommt doch ein Mensch mit seinem ganzen Erbarmen über einen anderen, und er war das für mich, ich hab es ausgeschüttet über ihn und ihn dann an mich gezogen, damit seine

Falten und sein abgenutztes Leben und dieser tote Blick wieder
gut werden. Weißt du, man reicht sehr weit, wenn man das einmal
hat, und nun versteh ich eben nicht, was mich an ihn hat kommen
lassen und gerade an ihn. Welche Schande. Es ist ja die Schande,
die einen tötet, aber das versteht auch niemand, alle meinen, ich
hätte mich günstig verheiratet, ich habe einen berühmten Mann,
und ich kanns aber nicht verwinden, daß ich mit einem Schwein
gelebt habe.

Ja, das meinst du, meinst du das wirklich, es sei keine Schande?
O du meinst das. Was ist dann eine Schande? Nicht loszukommen.
Ja, das sicher auch, aber es gehört doch zusammen. Es ist leicht,
auseinanderzukommen, wenn alles gut war, halbwegs gut, aber so
ist es doch nicht möglich, mit diesem Schleim, den man sich aus
dem Gesicht wischt, mit soviel unbeantworteten Fragen, die ich in
jedem Moment stelle, den ganzen Tag dunste ich in diesen Fragen,
ich sage immerzu, warum hast du das getan, und wenn du es schon
getan hast: war es Absicht, warum wolltest du mich vernichten,
was habe ich dir denn getan, manchmal wünsch ich, es sei Ge-
dankenlosigkeit gewesen, aber kann man aus Gedankenlosigkeiten,
nein, das kann man nicht. Er wußte ja wohl, daß ich eines Tags
daraufkommen müsse, worauf hätte er denn warten sollen, auf
meinen Tod, da ich so gesund war und soviel jünger als er, also so
kann er nicht gerechnet haben, doch wohl umgekehrt, dann hätte
ich eines Tags, in zehn oder zwanzig Jahren beim Ordnen seiner
Arbeiten mit seinen Assistenten diese Aufzeichnungen gefunden.
Dann wollte er also das, daß mir zwanzig oder dreißig Jahre Zusammenleben in Trümmer gehen, in solch einem Moment. ⟨Das⟩
wollte er. Verstehst du. Du sagst Faschismus, das ist komisch, ich
habe das noch nie gehört als Wort für ein privates Verhalten, nein,
verzeih, ich muß lachen, nein, ich weine bestimmt nicht. Aber das
ist gut, denn irgendwo muß es ja anfangen, natürlich, warum redet
man davon nur, wenn es um Ansichten und öffentliche Handlungen geht. Ja, er ist böse, auch wenn man heute nicht böse sagen
darf, nur krank, aber was ist das für eine Krankheit, unter der die
anderen leiden und der Kranke nicht. Er muß verrückt sein. Und
es gibt niemand, der vernünftiger wirkt. Ich kann niemand erklären, nirgends hingehen und beweisen, daß er es wirklich ist.

Wie furchtbar hat ⟨er⟩ mich gequält, aber nicht spontan, oder nur
selten, nein, mit Überlegung, alles war berechnet, Taktik, Taktik,
wie kann man so rechnen?

Was für unnütze Fragen. Wenn es das gibt, und ich habe es
bisher nicht bemerkt, wenn die Sadisten nicht nur auf psychiatri-
schen Abteilungen und in den Gerichtssälen zu finden sind, sondern unter uns sind, mit blütenweißen Hemden und Professoren-
titeln, mit den Folterwerkzeugen der Intelligenz.

Nein, nein.

Und Franza sagte: warum will jemand seine Frau ermorden?
Warum haßt jemand Frauen und lebt mit ihnen? und liquidiert sie,
nur bedacht, vor der Öffentlichkeit sein Gesicht ⟨nicht⟩ zu verlieren, mehr aber auch ⟨nicht⟩, denn die Öffentlichkeit, sein einziger
Richter, ist ohne Begriffe, Trennungen sind mißglückte Liebesaf-
fairen, und das Gesetz allein, das gründlicher verhöhnt wird als die
Meinung, läßt formal nicht zu, daß der Mißbrauch des anderen
und seiner Dinge unvermeidliche Kleinigkeiten überschreitet, sie
findet es witzig oder schlimmstenfalls traurig, ⟨wenn⟩ ⟨ ⟩

Wann ich es gefunden habe. Ich habe es gar nicht gefunden, es
fing ganz anders an. Ich kam in die Wohnung zurück vom Einkaufen und stand in der offenen Tür, weil ich mit den Netzen und
den Paketen nicht zurechtkam, und weil irgendwo Türen offen-
standen und Fenster in der Wohnung, gab es einen Sturm, ein
Fenster knallte so gegen den Rahmen, daß die Scheibe zersprang,
und ich warf die Wohnungstür rasch zu, ließ alles im Vorzimmer
liegen und sah mir die Bescherung an.

Auf dem Zettel stand etwas in Stenographie, und ich wußte
natürlich, daß das aus seinem Zimmer geflogen kam, und ich sam-
melte unterwegs alle Blätter ein und legte sie auf den Schreibtisch,
und das oberste Blatt, irgendeines eben, auf das sah ich hin und
überlegte noch, ob ich selber die Blätter ordnen sollte oder es ihm
überlassen sollte, da las ich. Nein, es fiel mir zuerst nicht einmal
auf, ich las, als handelte es sich um jemand Fremden. Hie und da
stand F. da, und es berührte mich nicht das, sondern der Inhalt, er
wehte mich an, besser kann ichs nicht sagen. Ich bezog es noch
nicht auf mich, und ich weiß auch fast nichts mehr außer einem

184 DAS BUCH FRANZA (TODESARTEN)

halben Satz, Fs Selbstbewußtsein. Wäre mehr zu erschüttern. Ihre Selbstverständlichkeit, Gier, Vitalität.

Ja, ich kann jeden Satz auswendig. Jeden Satz werde ich sehen bis zu meiner letzten Stunde. Es ist ja gut, daß ich es weiß.

* Ich war gefangen in diesem Labyrinth, in dem ganzen Haus, in unsrer Wohnung meine ich, drehten sich, wie in andren Zimmern die Mobiles, die Syndrome, ach du weißt nicht, wieviel Syndrome es gibt, und wenn ihr Jahreszahlen oder sonstwas habt, war 1526 die Schlacht bei Mohács? stimmt das noch immer, dann waren unsre Schlachten die gegen die Syndrome. Aber für mich ergab sich langsam etwas andres, ich war plötzlich nicht mehr Mitarbeiterin, nicht mehr verheiratet, ich war, von der Gesellschaft separiert mit einem Mann, in einem Dschungel, inmitten der Zivilisation, und ich sah, daß er gut bewaffnet war und daß ich keine Waffen hatte.

Aber was erzähle ich? Ich erzähle an allem vorbei. Nein, nein, ich war in keinem Dschungel, ich war inmitten der Zivilisation mitsamt dem Wörterbuch für sie, mit Redensarten für jede Situation. Eines Tags, beim Lüften, diese Rosi lüftete immer, zu einer bestimmten Stunde, da war ich meistens nicht im Haus, aber einmal war ich im Haus, da flogen aus seinem Zimmer die Blätter vom Schreibtisch bis ins Vorzimmer, und die Rosi hob diese Blätter auf und trug sie zum Tisch, und ⟨ich⟩ erwischte eines, das bis an die Wohnungstür gekommen war, das trug ich zurück, und im Zurückgehen sah ich darauf. Ich konnte nicht sehr gut Stenographie lesen, aber soviel doch, es reichte gerade aus, um mich aufmerksam ⟨zu⟩ machen, dann ging ich ins Schlafzimmer zurück und blieb mit dem Mantel auf dem Bett sitzen, bis ich zu schwitzen anfing. Du weißt, was ich sagen will?

Martin wußte nicht, was sie sagen wollte und was er sagen sollte, also sagte er aufs Geratewohl, sie sei hinter die Pfaundler gekommen, aber das wußte ja jedermann, aber Franza, die nicht wußte, was jedermann wußte, unterbrach ihn nicht, weil sie erstaunt über Martins Vermutungen war.

Nein, nein, so stell ihn dir doch vor (sie war nun dermaßen

empört, über den Einwurf mit der Pfaundler), alles war ein Vorwand für ihn. Ich weiß nicht, ob er damals schon wollte, daß ich das Zeug finde, später aber gewiß, er wollte es. Vielleicht aber auch nur, weil ich einmal zu finden angefangen hatte. Von da an fand ich öfters ein Blatt, manchmal nur mit wenigen Notizen. Ich habe lange gebraucht, um das zu verstehen, es ging so lange, mindestens über ein Jahr, dann verstand ich, daß wirklich ich gemeint war. Er bearbeitete mich, er bereitete mich vor, seinen Fall. Er hetzte mich hinein in einen Fall. Und jedes Blatt, das er mich finden hieß, das hetzte mich weiter. Eines Tags war es dann so weit, ich weiß nicht mehr, wann das angefangen hat. Plötzlich, während eines Abendessens, bei einem Wiener Schnitzel, beim Obst, bei einem Apfel, weißt du, es war wie mit dem Apfelschnitz in dem Märchen, da hatte ich dieses Apfelstück im Mund und fing zu husten an, ich wußte aber, daß ich mich nicht verschluckt hatte, keineswegs, aber plötzlich hustete ich an ihm herum, als wäre es vergiftet, und danach ging das weiter und weiter, ich bekam keine Luft mehr. Ich spuckte das Stück aus, und er stand etwas ungehalten auf und klopfte mir auf den Rücken – ich weiß nie, warum seine Patienten eine so zarte Hand an ihm bemerkt haben, es war eine harte Hand, er klopfte wie ein Teppichklopfer auf meinen Rücken, dann ging mir die Luft ganz aus, und ich fiel auf den Sessel zurück und dachte, ich sterbe, ich ließ mich vom Sessel langsam herunterrollen und lag auf dem Teppich. Damals fing er an, mir Tabletten zu geben. Natürlich wußte ich, was er mir gab, manchmal nicht.

Das nächste Mal, als ich zu ihm ins Auto stieg, ich fing wieder zu husten an, aber es war kein Apfelschnitz in meinem Mund, und nachdem wir wegfuhren, um in die Oper zu gehen, immer gingen wir in die Oper, ich weiß nicht warum, wir hatten eine Loge, keiner von uns beiden machte sich etwas aus den Opfern, Opern, aber wir fuhren in die Oper, wie andre in die Kirche. An der Garderobe fing das wieder an, ich wollte meinen Mantel nicht hergeben, ich sagte, laß mir meinen Mantel, und stierte ihn an, als wollte er mir die Kleider vom Leib reißen, und er sagte, beherrsch dich, weißt du nicht, wo du bist, und ich sagte ihm, er solle mich sofort nachhause bringen oder mir den Mantel lassen. Er hatte eine

wahnsinnige Wut, weil er mich nachhause bringen mußte, er gab
mir zwar eine Spritze, aber dann fing er mit mir zu schreien an,
und nun schrie er jedesmal mit mir und er ⟨verbitte⟩ sich diese
Tyranneien, dieses Gehabe und Getue.

Und ich habe angekämpft gegen das Gehabe. Ich habe die
Tabletten dann selber heimlich genommen, bis das Gehabe oder
ehe es losging. Das Gehabe ist immer häufiger gekommen, ich
habe es nicht erkannt, verstehst du. Du, zu wem spreche ich, zu
dir, zu welcher Figur, bist du überhaupt, mit wem rede ich, eine
Figur zu einer Figur. Ich rede über ein Gehabe, über das nicht
mehr den Mantel ausziehen wollen, das nicht mehr in ein Auto
steigen wollen, das nicht mehr in einem Lift fahren können, das
nicht mehr ins Flugzeug steigen können, ich rede über das Lä-
cherliche Gehabe, das Lächerlichste auf dieser Welt. Auf dieser.
Ich rede über die Angst. Schlagt alle Bücher zu, das Abrakadabra
der Philosophen, dieser Angstsatyrn, die die Metaphysik bemühen
und nicht wissen, was die Angst ist. Die Angst ist kein Geheimnis,
kein Terminus, kein Existential, nichts Höheres, kein Begriff, Gott
bewahre, nicht systematisierbar. Die Angst ist nicht disputierbar,
sie ist der Überfall, sie ist ⟨der⟩ Terror, der massive Angriff auf das
Leben. Das Fallbeil, zu dem man unterwegs ist in einem Karren zu
seinem Henker, angeblickt von einer verständnislosen Umgebung,
einem Publikum, und mein Publikum war mein Mörder. Aber der
blickte nicht blöde.

Die Angst, die Angst, wo sind die Federn, die Kardiogramme,
die sie aufzuzeichnen vermögen, welcher Aufschreibung und welcher Verschreibung entspricht denn die Angst. Ich kann nur sagen,
was ist, wie die Historiker nur sagen können, was ist, und das muß
man schlucken, was gewesen ist und was. Da wundert sich niemand, auch wenn er keinen Verdauungsapparat hat für diese Geschichte. Nur einen sollte man haben, für die Angst, die nicht frei
flottiert. Nichts flottiert frei, pfui Teufel die Syndrome. Ich saß
meinem Gegenüber gegenüber, ich stand meinem Gegenüber gegenüber, und ich konnte nirgends hingehen, nicht zur Polizei,
nicht zu einem Gericht, nicht einmal zu Alda. Was hätte ich sagen
können. Mein Mann, verzeih diesen lächerlichen Ausdruck, dem
nichts entspricht, ermordet mich. Ich werde ermordet, helft mir.

Das hätte ich sagen müssen, aber stell dir vor, in dieser Gesellschaft, wenn einer kommt und sagt: ich werde ermordet. Bitte wie und von wem und warum, bitte Angaben, Beweise. Ich hatte keine Beweise, ich war dem Klerus ausgeliefert, denn ich hatte nicht die sprichwörtliche Angst, sondern die andere, die man niederwürgen kann mit den Psychopharmaka und den Spritzen und dem Stilliegen und die man steigern konnte mit der Angst vor der Angst.

Wie habe ich mich benommen, wie ein Tier, das in seinem Käfig auf- und niederrennt, und wenn ich die Stäbe hätte durchrennen können mit meinem Schädel, wäre ich noch im Käfig gewesen, in dem Käfig seiner Notizen, die mich verfolgten, die mir vorausgingen.

Aber ich rede zu dir, du bist ja nicht einmal Schall und Rauch, mein Bruder, du bist meine Richtung, und am Ende, wenn ich die Richtung gefunden habe − wirst du dort sein, der nichts versteht und mich stützt und blödsinniges Zeug zusammenredet: hast du wieder Schmerzen, leg dich hin, oder warte nur, halt nur noch ein bißchen aus.

Nach einem Jahr war der Apfelschnitz vergessen, ich erstickte auch nicht mehr vor einer Aufführung von Turandot oder Lohengrin. Nie sollst du mich befragen. Ich befragte ihn nicht. Wir spielten ein königliches Spiel. Schweigen, tun als ob, schweigen, weiter tun als ob. Eines Nachts bekam ich Krämpfe, Zitterkrämpfe, und ich nahm mein Polster und ging ins Wohnzimmer auf ⟨den⟩ Diwan, er schrie mich wieder an, aber ich hörte nicht mehr zu, ich ließ ihn schreien, ich hatte mein Polster in der Hand und zitterte, ich wußte, er würde ⟨schon⟩ aufhören zu schreien, er mußte ja morgens in die Klinik, also mußte er aufhören, dann hörte er auf und ließ mich gehen. Am nächsten Tag sagte ich Rosi, sie solle mich ins ⟨Gästezimmer⟩ übersiedeln, weil ich krank sei, das war meine erste Kühnheit, ich sagte »krank«, obwohl ich nicht sicher war. Sie brachte mir das Frühstück, als er schon aus dem Haus war, und ich, so begierig immer auf Frühstück, rührte es nicht an. Sie wärmte den Tee auf, nach zwei Stunden, sie kochte noch einmal ein Ei, der Orangensaft blieb stehen, der war nicht zu ändern.

Damals fing ich zu denken an, nachdem sie mich zurückließ mit dem zweiten barmherzigen Frühstück. Nach einer halben Stunde, als ich kein Geräusch mehr im Haus hörte und sicher war, daß sie jetzt ihre Rüstungen fürs Mittagessen in Anspruch nahmen, ging ich zum Klo, das für die Gäste und die Patienten da war, und schüttete das ganze Frühstück, ein Glas nach dem andren, dann den ganzen Kaffee in die Muschel und zog die Wasserspülung. Im Bad trank ich aus dem Zahnputzglas ein Glas Wasser. Zu Mittag, Gemüsesuppe, Pariserschnitzel, Obstsalat, ich schüttete alles ins Klo, ich war nur durstig. Ich hatte nur noch Vertrauen in die Wasserleitung der Stadt.

Am zweiten Abend kam Riedl, der mich sprechen wollte wegen eines Kapitels, für das ich die Unterlagen hatte, aber natürlich nicht in meinem Zimmer, ich sagte, er solle doch zu mir kommen, zuerst über das Kapitel, aber dann wich ich aus, das Kapitel war auch angstverschärfend, wir redeten alles mögliche Zeug, ich weiß nicht, wie lange. Nach einiger Zeit kam er zur Tür herein, ich störe doch nicht, sagte er anzüglich, mir scheint, dir geht es schon besser, ich sagte, ja, es gehe mir besser, Riedl war kein Freund, aber zumindest kein Feind, der mir Suppen schicken konnte über Rosi. Ich hatte sogar ein- zweimal nach seiner Hand gegriffen, wenn diese Blitze durch mein Hirn gingen, diese Blitze von Nachdenken, und vor ihm wollte ich nicht nachdenken, bloß reden, irgendwas, über irgendwas, über die ⟨Zitate⟩, und die Sache ⟨mit⟩ dem Fall B.

Zitat

Zu Riedl sagte ich plötzlich, diese Stelle muß man auslassen, die kann man nicht aufnehmen, damals griff er nach meiner Hand, er sagte, Sie haben Fieber, nein, sagte ich, nein, das merken Sie doch, aber diese Stelle kann man nicht aufnehmen. Verzeihen, daß ich weinen muß, das geht nicht, und warum hat der Untersuchungsrichter etwas so Schreckliches gesagt, wie, haben Sie keine Angst? Verzeihen Sie, daß ich weinen muß. Also hatte dieser ⟨ ⟩ geweint vor dem Gericht in Nürnberg. Und gesagt: Verzeihen Sie. Oh Euer Gnaden, verzeihen Sie, verzeih, Martin, daß ich weinen muß. Ich wollte nur sagen, das geht doch zu weit. Das meiste geht zu weit. Und diese fürchterliche Banalität. Die Frau des Chefs liegt im Bett und hat etwas gegen verzeihen Sie und gegen Weinen. Haben Sie keine Angst, Zeuge. Nur die Zeugen haben Angst, eine wahnwitzige Angst, denn was alles könnten sie an den Tag bringen, mehr als die Sonne, die schon anvisiert wird und zum Fall wird. Die Sonne ist kein Zeuge mehr. Eine Sonde wird leicht aufsetzen und leicht angeglüht werden, auch auf der Sonne. Sie wird schon vermessen, sie spuckt schon, sie wettert ein wenig, aber die Wetter entstehen ja unterhalb, noch in der Atmosphäre. Alles was ich sage, bezieht sich auf die Atmosphäre. Mein lieber Bruder, der Du hier mit den Pfund und den Piastern rechnest und der Zeit und dem Breasted in der Hand und mit dem Hintergedanken an mich und unsere Reise ohne Ziel und Zweck und auf ein Fräulein Nemec meinetwegen verzichtet hast und auf einen würdigen Reiseplan und Dir kleine Späßchen verschaffst mit einem arabischen Knaben, der dich soviel auch nicht angeht, und du ihn schon gar nichts – mein lieber Bruder, verzeih, daß ich dich beim Wort nehme und dir sage: ich werde nicht wiedergefunden werden, ich reise in die ägyptische Finsternis.

Alda kam mich einmal besuchen, wen besucht diese liebenswürdige Person nicht mit ihrer nie erlahmenden Liebenswürdigkeit und ihrer millimetertiefen Einsicht. Eine gute Ärztin, hier natürlich zum Besuch verurteilt, denn im Haus des Henkers braucht man keine Beichtväter, ich ⟨konnte⟩ ihr nichts sagen, wie lieb Alda, daß Sie kommen, so lieb von Ihnen, ich muß wohl etwas kaputt gewesen sein, wahrscheinlich überarbeitet (obwohl ich nie überarbeitet war, ich war unterarbeitet, seit Jahren, das wars), meine Güte, sagte Alda, natürlich sind Sie nicht krank, aber wissen Sie, ich mache mir so meine Gedanken, zwei Leute wie Sie, ein so großartiger Versuch, ein bedeutender Mann und Sie, obzwar ich Sie nicht kenne, aber Sie sind doch nicht von hier (was sie wohl meinte damit, hat sie je etwas von Galicien gehört, vulgo Tobai, – das ist auszuschließen), mit welchen Attributen, da ich nie welche hatte, stattet sie mich aus? Verdacht? Verdacht unbegründet oder begründet. Das Wort bleibt stehen »großartiger Versuch«. Sie blieb

nicht lange, weil ich wegging von der Unterhaltung nach diesem
Ausdruck, wie nah daran war sie, Unwissende, wie nah daran seid
ihr manchmal, ihr Unwissenden. An mir wurde ein großartiger
Versuch gemacht. Ins Vulgärdeutsch übersetzt: wieviel hält ein
Mensch aus, ohne zu krepieren? Der Spruch der Medici odiate e
aspettate – faszinierend, aber wie anwendbar. Ich war beim Warten, ich hatte die Voraussetzung nicht, ich konnte nicht hassen, nur
fürchten.

Am meisten war ich beeindruckt, wenn er von seinem Bruder
sprach, der sieben Jahre lang im KZ gewesen war, und anfangs
wunderte ich mich nicht, daß dieser Bruder nur herhalten hatte
müssen, wofür, ja, wofür, für irgendeine Stunde, in der es günstig
war, diesen Bruder zu erwähnen. Bald lernte ich seinen Bruder
kennen, er wohnte zuerst noch ⟨in⟩ Wien, dann war er plötzlich
nach Eichgraben verzogen, in ein winziges hölzernes weißes Haus,
und der Bruder legte offenbar gar keinen Wert auf seinen bedeu-
tenderen Bruder. Ich kann nicht sagen, warum er keinen auf Ihn
legte, ich weiß es noch heute nicht. Ein Kommunist, Gründer
einer der ersten Zeitungen Wiens nach dem Kriege, erst eine be-
gehrte Persönlichkeit, dann langsam weniger begehrt, plötzlich
verschwunden, zum Verschwinden gebracht, aus dem Impressum,
aus der Familie nicht so ganz, aber beinahe, er war plötzlich nur
mehr ⟨der⟩ ach so ferne Bruder, Eichgraben ist so fern ja nicht,
aber fern war er doch, der Bruder, nicht Eichgraben, und dann
war alles fern, beide, Bruder und Ort, und ich kam ein paarmal
vorbei, und der Bruder mochte mich, aber nicht seinen Bruder,
das war wohl zu spüren, und der Bruder war ein eingebildeter
Kranker, obwohl Er sonst nie eingebildete Kranke kannte, im Gegenteil, ⟨er⟩ war wirklich ein Arzt, er hat einige der schändlichen
Gutachten revidieren lassen für die ehemaligen Häftlinge, aber
warum das mit seinem Bruder in Eichgraben, ich weiß nicht, es
war doch sein Bruder, und ich weiß nicht, was da nicht ging. (Pfui
Teufel, ich weiß natürlich alles, ich weiß genau, warum habe ich
nie etwas wissen wollen, ein Alibi und sonst nichts, einmal brauch-
bar, dann nicht.) Man muß die Leute dort an der Wurzel suchen,
wo sie von ihren Brüdern gerochen werden, und nicht draußen,
und ich sah immer nur die Patienten, die mir den Honig um den

Mund schmierten, und den Bruder auch, der hatte nichts mehr
übrig, der wollte ein wenig spazieren gehen, und sonst bildete er
sich etwas ein, er ging mit etwas dahin, das war in keinen Fall
hineinzukriegen, denn krank war er auch nicht, er war bloß verwirrt, und er suchte etwas, das hatte mit seinem Bruder nichts zu
tun, mit keinem Gutachten und keiner Wiedergutmachung und
keinem Syndrom, er hatte das Abwesenheitssyndrom. Das habe ich
mir erfunden. Er redete mit gründlicher Bosheit, wenn wir kamen, von dieser Pflanzerei und dem Dünger und dann höchstens
noch vom Rheuma, und ich war ganz sicher, daß er kein Rheuma
hatte, aber wenn wir zurückfuhren, dann sagten wir einander er
mir fachliche, ich ihm halbfachliche Dinge, und er sagte ernsthaft,
das mit seinem Bruder und dieser ganze Komplex, aber da war
nichts, er hatte keinen Bruder, die waren keine Brüder. Und natürlich konnte ich von der ganzen Zeit und dem ganzen Komplex
nichts verstehen, weil ich ja noch in den Windeln war, aber er
belehrte mich immerzu, und dann fand ich das (was dachte Martin, das ja, das habe ich auch gefunden), dann fand ich das, bei der
Arbeit mit dem Riedel, ich habe die Karteikarte aus der Natio-
nalbibliothek genommen. Ich weiß nicht, ob diese Arbeit für ihn
belastend war oder nicht, aber ich habe sie weggenommen, nein,
zwei Tage lang in der Handtasche herumgetragen, dann habe ich
sie weggeworfen, der Frau Rosi zwischen den alten Salat und die
Brotreste. Und dann habe ich noch einmal im Eimer gesucht und
die Karte herausgezogen und sie in den Kanal fallen lassen, zwischen die Kanalstreifen, in die Kanäle, da schwimmt das jetzt, und
ich weiß nicht, war das was oder war das nichts. 1941. Jetzt werde
ich es nie wissen, und niemand kann mehr nachsehen. Was war das
für ein Aufsatz und für welche medizinische Zeitschrift, ich weiß
es nicht mehr, ich schwöre. Ich wollte es nie wissen. Meinen
Halbgott, der doch diesen Bruder hatte. Ich wollte nie etwas wissen.

Dann ist es immer schlimmer geworden. Als wir das Auto hin-
stellten, halb auf das Trottoir, hat er mich aus dem Auto und in
den Schnee gestoßen. Vor dem Schlafengehen hat er mich gewürgt. Immerzu gewürgt und gesagt, gib das zu mit dem Friedl,
und ich wußte ja, er denkt nicht einmal im Traum an den Friedl,

er will mich bloß würgen, ⟨das⟩ will er, ich wollte dich doch
anrufen, aber nicht im Institut, warum bloß hast du kein Telefon
gehabt. Dann hat er mich in die Küche geschickt zum Essen, und
ich habe geweint, und die Frau Rosi, man weiß ja nie, die dachte
sich etwas oder auch nicht, hast du schon gemerkt, man merkt nie,
was die denken und für wen oder gegen wen. Ich hatte schon
diese furchtbaren Schmerzen, dann sagte ich kein Wort und sah
ihn an, und er sagte, was hast du denn, so mach doch den Mund
auf, und ich konnte nichts mehr sagen. Dann eines Abends waren
wir schon bei den Fahnen, und es war noch immer soviel zu tun,
und Friedl kam zu uns, aber ich hatte diese wahnsinnigen Schmerzen, und da sagte ich zur Rosi, bitten Sie ⟨ihn⟩, daß er zu mir
kommt. Dann verging noch eine Stunde, dann kam Friedl herein,
der natürlich noch nie in unserem Schlafzimmer war, und setzte
sich aufs Bett, weil wir doch nur den Sessel auf der anderen Seite
hatten, nicht auf meiner, und ich fing zu reden an, ich hatte Fieber, aber meinst du, Ärzte merken etwas, der merkte nichts, er
redete aber mit mir und sagte, wir müßten morgen, war das morgen? ko..... (Duden) dann antwortete ich hektisch, und auf einmal
konnte ich auch meinen Tee trinken und das bloß, weil Friedl da
war, wie unsinnig, er hätte trotzdem vergiftet sein können, aber
ich dachte, es kann nichts vergiftet sein, wenn Friedl da ist, der
doch gutmütig ist und ans Ko..... denkt, und wir redeten, und ich
wurde so leicht ⟨wie⟩ eine Feder, ich dachte, ich komme bis an
den Plafond, es war nicht mehr schrecklich, ich war in keiner
Mördergrube mehr, ich wollte nachher sogar Wasser trinken, ich
redete immerzu, ich war ein Ballon, der selig aufstieg, ich winkte,
ich war da oben, und Friedl redete zu mir, zu meinem glühenden
Gesicht, das niemandem gehörte, ja, dir hätte es gehört, dir schon,
aber sonst niemandem, und dann sagte er plötzlich, ⟨du hast⟩ Fieber, du sagte er plötzlich, ich weiß nicht warum, ich konnte nichts
dafür, er nahm mich bei der Hand, ob der Puls beschleunigt war
oder nicht, ich habe meistens keinen Puls. Es war auch kein Puls
da, und dann kam er herein und war so reizend, er war immer so
reizend, wenn andere da waren. Und dann wußte ich, jetzt benutzt er das, das werde ich wieder büßen müssen, jetzt werde ich
wieder gewürgt werden, nicht heute, erst am dritten Tag, er hatte

diese fieberlose Geduld, dieses Krokodil, das daliegt im Schlamm und mit den trägen Augen vor sich hinstarrt, als sähe es nichts, und dann werde ich plötzlich verschlungen werden, dann wird mein Kopf fallen.

In der Nacht hatte ich eine Angst, ich stand mitten in der Nacht auf, lang nach dem Obstsalat, und obwohl er mir nichts gegeben hatte, immer nur dieselben Mittel, die er keinem Patienten gegeben hätte, die mich ganz verirrt und blöde herumstolpern ließen. Da packte ich meine Koffer, dann ging ich in sein Arbeitszimmer und fing zu schreiben an, man muß sich ja verabschieden, und ich schrieb, ich sagte, ich gehe nachhause, aber dann wußte ich nicht genau, wie ich das ausdrücken solle, ich wollte nach Galicien, und das konnte ich nicht ausdrücken, ich schrieb also, ich gehe zur Nona, und dann fiel mir ein, sie ist schon tot, und zu dir wollte ich auch nicht, du warst doch mit dieser, war das Fanny, nein, die andere, ich habe es von Klara gewußt, ich wollte weg, ich trug die zwei Koffer hinunter und dann ging ich noch einmal zurück, da fing ich an, an dich zu schreiben (Brief Nummer drei oder vier, konstatierte Martin, danke schön, es war nicht die Fanny), und dann mußte ich so furchtbar weinen und holte die Koffer wieder herauf, und aus dem Brief wurde auch nichts. Ich sagte mir, ich sagte mir, ich weiß nicht, ich bin ja verdammt, ich kann nicht mehr, ich will auch nicht mehr können, und was können. Ich kann nicht mehr, und was für eine Schande. (Was für eine Schande?) Ich dachte, er und diese Schande, ich kann das nicht. (Was für eine Schande, für wen eine Schande.) Ich dachte an die Schande. O Ihr Königinnen aus den windischen Tälern, was für eine Schande. Soll man auch den ⟨X...x⟩ roh zu fressen geben ⟨ ⟩

Aber, sagst du, was kann dir das ausmachen, vergiß es und fang von vorn an, aber es gibt doch kein von vorn, ich muß doch da weiter, und wo es weitergeht, da ist das Fenster, da ist der Balkon, von dem er mich herunterstürzen wollte, da ist der Bettrand, und da hab ich gewürgt und geröchelt, ich falle ja, bitte laß mich, und an anderen Tagen. So bring mich doch um.

* ⟨⟩ was ist nun geworden, zehn Jahre hingeplättet, ich ein flach-
gedrückter Fisch im Sand, getreten von einem Verrückten, ich zu
nichts geworden unter ausgespienen Worten im Starrkrampf, mit
dem endlich wirkenden Gift, dessen feiner Sprühregen. Nein, ich
sag es schon nicht allgemein, von einem bösartigen Zauderer,
Zauderer Zauberer, hätt er mich gleich verwandelt in ein Tier, so
über Nacht, aber nein, es mußte langsam vor sich gehen, heute
wird wissenschaftlich getötet, alle behalten die Handschuhe an.
Hast dus nicht bemerkt an der Universität, ⟨im⟩ vorigen Jahr haben
sie einen Schlammpatzen auf den Krassnitzer geworfen, danach
hatte er einen Herzinfarkt, und als er zurückkam, standen sie herum in der Fakultät und bereiteten die nächste Sache vor, es war
nicht einmal eine Intrige, aber sein bester Freund, auf den er natürlich zählte, schickte, ohne ein Wort zu sagen, den Brief an den
Rektor, in dem er sich distanzierte, darüber war Krassnitzer so
verstört, daß er zunächst gar nichts unternahm, er wollte mit Hutter sprechen, der aber rechtzeitig verreist war, und als ich hinging,
um Jordan abzuholen, sagten zwei freundliche Leute zueinander,
jetzt rücken entweder Hutter selber oder Marconi nach, da war es
schon ausgemacht, daß Krassnitzer einen zweiten Infarkt bekommen würde, und er bekam ihn auch, man kann die Infarkte schon
dirigieren und jedenfalls voraussagen, es war wie auf einem Mord-
schauplatz, aber es ging nur um eine öffentliche Stellungnahme,
bei der alles so verzwickt war, weil jeder dahin drängt, aber dann
keiner mehr wollte außer Krassnitzer, der zuerst gar nicht gewollt
hatte, aber nun hatten die anderen Bedenken, die er zuerst hatte,
und das Blutgerinsel ging ⟨in⟩ seine Aorta, und er konnte nicht
ganz still liegen in der Klinik, weil er die Sache nicht mehr verstand, außerdem hatte er sich eingebildet, er müsse sich scheiden
lassen, um einen reinen Tisch zu machen, und dann sah er, daß
nichts zu machen war, während er abdeckte, holte jemand den
Tisch ab und stellte ihn woanders, nein, es war so, die kleine
Aglaja kam plötzlich darauf, daß sie ihn gar nicht heiraten könne,
es war ⟨wie⟩ mit den Bedenken an der Universität, zuerst hatte er
die Bedenken gehabt, bevor er den Tisch rein machen wollte, und
dann überlegte sie im Salzkammergut und hatte Bedenken, und
unter den Bedenken aller ging das in die Aorta, und jetzt hat er

selbst nachgesucht um sein Ende, die meisten meinen natürlich, Aglaja sei daran schuld oder er selber, aber es war ein Gefecht der Universitätsleute, dieser wird fallen und einer wird nachrücken, die meisten meinen immer, es sei etwas Privates, aber es ist selten so, Liebesdramen vermuteten die Leute, die selber keine haben, aber sie sollten doch ihre Dramen kennen, der Sturz aus dem Vertr⟨⟩

* Oft frag ich mich, frage mich, habe ich mich gefragt. Was sagst du. Ich dir nicht zuhören? Ja, es ist wahr, ich höre kaum mehr zu, es ist ein so großer Tumult, daß ich nicht mehr höre, was man mir sagt. Aber ich weiß noch, was du vor einer Stunde gesagt hast und in der Eisenbahn, kurz vor Mailand, da dacht ich noch, du hättest mit einer Wissenschaft zu tun, wo alles Hand, Fuß und sofort hat, und hast du es so gesagt, daß auch ihr grade das Mittelalter verlaßt und nichts wißt über die Erde, es sind drei Theorien, hübsch, hübsch, wer sagte immer hübsch? In Wien ist alles hübsch, nicht wahr.

Aber wenn ihr Erdwisser noch nichts wißt über die Erde und euch grade nur von der Kruste ein wenig erzählen laßt, wie soll man dann von den Menschen etwas wissen. Und wie hätte es auf mich fallen sollen, mehr zu wissen, um einen einzigen unbegreiflichen Menschen zu erraten.

Jetzt weiß ich nur noch, daß er, stört dich das er, Jordan hat Furcht verbreitet. Was ist das. Du sagst, wenn jemand Furcht verbreitet, kann er nicht frei von Furcht sein. Ach, alles ist so gescheit, man tunkt jemand ein, in die Lösungen der Psychologien, und dann erklärt sich wohl einiges, aber wovor hatte er denn Furcht. Vor mir gewiß nicht und vor den anderen auch nicht. Ich habe ihn gefürchtet, ich muß ganz violett von Furcht gewesen sein, und dann hab ich wieder meine Farbe angenommen für Stunden, und dann kam das Verfärben in seiner Nähe.

Ob das immer so war? Wahrscheinlich, erst leicht, dann stärker, zuletzt ganz stark. Und ich hörte doch zu, wovon die Leute krank werden, und ich begriff nicht, daß ich krank wurde und wovon.

Ja, ich glaube, daß es den Blaubart gibt, und Landru muß ein Stümper gewesen sein, ein kleiner liebenswürdiger Krimineller, ⟨⟩

Textstufe III: erste Reinschrift

Vorreden

* Meine Damen und Herren,

ich habe Ihnen vier Kapitel aus einem Roman vorzulesen. Das
Buch heißt »Todesarten«. Weil Sie aber jeweils nur eines hören und
nicht das Vorher und Nachher wissen, das der Autor weiß, muß
ich Sie mit etwas ausrüsten, das man früher einmal ein Inhaltsverzeichnis nannte. Ich würde es eher einen Schwimmgürtel nennen,
denn ein Buch läßt sich den Inhalt gerade am schwersten abnehmen. Der Inhalt aber, der nicht der Inhalt ist, sieht ungefähr so aus:
einen jungen Mann, einen Geologen, der sich von den Erdzeit-
altern umentschließt zu den Zeitaltern und Historiker wird, einen
Mann von etwa achtundzwanzig Jahren, in Wien wohnhaft, aus
Kärnten stammend, trifft vor einer Reise das Ungeschick, seine
Schwester suchen zu müssen, ja, sie mitzunehmen auf diese Reise,
die er einem mißverständlichen Stipendium verdankt. Es gibt Länder, in denen man immer das falsche Stipendium bekommt, in
denen Kunsthistoriker nach Grönland und Literaten nach
Deutschland verschickt werden, und wenn man wenig Geld hat,
nimmt man an, es wird schon eine Reise werden. Die Schwester
nun, die er findet und bis zu ihrem Tod begleitet, wird hier beschrieben. Warum aber ihr Tod oder ein Tod?

Nun muß ich doch vorausschicken, obwohl man sich selber
nicht kommentieren soll, was mich zur Beschreibung von »Todesarten« gebracht hat. Und das ist ein verfilzter und schwieriger
Gedanke, da ich zumindest für einige der Todesarten Verbrechen
gewählt habe. Es ist mir immer, und Ihnen wohl auch, ein Problem gewesen, wohin das Virus Verbrechen verschwunden ist, es
kann sich vor zwanzig Jahren nicht verflüchtigt haben, nur sind, in
einer Zeit, in der Mord nicht mehr erlaubt und gefordert wird,
oder nur noch an einigen Stellen in der Welt, von denen man mit
Abscheu in der Zeitung liest, und ich begehre nicht schuld daran

zu sein ⟨⟩, gar nicht aus der Welt verschwunden. Es ist nur unendlich viel schwieriger geworden, Verbrechen zu begehen und
die Verbrechen sind sublim, die heute begangen werden, in unsrer
Nachbarschaft, unter unsren Augen, die nicht sehen. Ja, ich behaupte, und ich muß meinen Beweisen das vorwegnehmen, daß
noch heute die meisten Menschen nicht sterben, sondern ermordet werden. Denn es ⟨ist⟩ nichts ungeheurer als der Mensch, um
Ihnen einen weniger lieblichen Satz in einer Umkehrung ins Gedächtnis zu rufen.

Obwohl dies wenig dazugehört in der Folge, ich habe kurz vor
der Abreise ein paar Seiten gelesen, vor hundert Jahren geschrieben, da heißt es: ich habe oft sagen gehört, die Literatur heutzu-
tage sei kühn. Ich, für meinen Teil, habe nie ⟨an⟩ diese Kühnheit
geglaubt. Dieser Vorwurf ist kein Scherz. Denn die Literatur,
wenn man genau hinsieht, drückt nicht einmal die Hälfte der Verbrechen aus, die die Gesellschaft heimlich und ungestraft begeht
jeden Tag, mit einer Frequenz und einer Leichtigkeit ohneglei-
chen... und weiter: Die extreme Zivilisation nimmt nur dem Verbrechen seine schreckliche Poesie und erlaubt dem Schriftsteller
nicht, sie ihm zurückzugeben. Dennoch sind die Verbrechen dieser Zivilisation gewißlich viel schrecklicher als die der gemeinsten
Barbarei durch ihr Raffinement, durch die Korruption, die sie
voraussetzen, und durch ihren überlegenen Grad von Intelligenz.
Die Inquisition wußte das... die Inquisition, dieses Tribunal, das
die Gedanken aburteilte und unsre kleinen Nerven zum Erzittern
bringt, die wußte, daß die Verbrechen des Geistes die größten
sind, und sie bestrafte sie als die größten... Und tatsächlich, diese
Verbrechen betreffen auch mehr unseren Geist und weniger unsre
Sinne, also unser Denken, das, was es am tiefsten an uns gibt... und
dort fließt kein Blut, und das Massaker wird innerhalb des Erlaubten ⟨und⟩ der Sitten stattfinden.

Wenn Sie das Zitieren der Inquisition nicht mißverstehen, sondern
nur ⟨als⟩ das eines Tribunals, das über das Denken richtet, also in
einem übertragenen Sinn, dann, hoffe ich, verstehen Sie, was ich
meine und warum mir diese Zeilen wert erschienen, hier zitiert zu
werden. Denn wir haben es hier mit keiner Inquisition zu tun,
aber mit einem Denken, das vor kein Gericht kommt und den-

noch zum Verbrechen führt. Die Schauplätze sind Wien, das Dorf
Galizien, die Wüste, die arabische, die libysche, und der Sudan.
Das Ende der Schauplätze, die zweimal im Denken sind, einmal in
dem, das zum Verbrechen führt, einmal in dem, in dem das Sterben ausgeführt wird, sind aber andre: das Innen von Menschen,
denn alle Dramen finden innen statt, kraft der Dimension, die wir
oder eine Person ihren Gedanken verleihen kann, denn es ist nicht
wahr, daß wir in einer Zeit ohne Dramen leben. Die Erfindung
der Dramenlosigkeit ist so gut eine wie die der Dramen, aber ich
fürchte, die unwahrere. Denn es ist nichts ungeheurer als diese
Krone der Schöpfung, der ich ein so harmloses Wort wie das eines
Haustieres, unrein oder nicht, verweigern würde. Ich würde lieber
mit Rimbaud sagen: die Weißen landen. Das wäre im Sinne dieses
Buchs, und der stille Schreckensruf bedeutet noch immer etwas
Schlimmeres.

*   Meine Damen und Herren,

ich habe Ihnen vier Kapitel aus einem Roman vorzulesen. Das
Buch heißt »Todesarten«. Weil Sie aber jeweils nur ein Kapitel aus
dem Buch hören und über das Vorher und Nachher nicht wissen,
was der Autor weiß, müßte ich Sie mit etwas ausrüsten, was man
eine Inhaltsangabe nennt. Nun ist es manchmal schwer, gerade den
Inhalt von Büchern anzugeben, für meines scheint mir das auch
zuzutreffen.

   Der Inhalt also, der nicht der Inhalt ist, sieht ungefähr so aus: ein
junger Mann, ein Geologe, der sich umentschließen wird nach
dem Studium der Erdzeitalter zu dem der Zeitalter und Historiker
wird, ein Mann von achtundzwanzig Jahren, in Wien wohnhaft,
aus Kärnten stammend, trifft vor einer Reise in die Wüste, zu der
ihm ein irrtümlich zugefallenes Stipendium verhilft, wieder mit
seiner Schwester zusammen und ist gezwungen, sie mitzunehmen.
Diese Schwester nun, vielmehr ihr Sterben, ist ⟨Inhalt⟩ dieses
Buchs, und die Begleitung, also seine, des Bruders, bis zu ihrem
Tod, der ihn entläßt aus allen Bindungen. Unter »Todesarten« fallen zweifellos auch die Verbrechen. Darum muß ich noch etwas

vorausschicken, nicht um das Buch zu kommentieren, was mir doch nicht gelänge, sondern um zu verfilzten und schwierigen Gedankengängen einzuladen, die diesem Buch vorausgegangen sind. Es ist mir, und wahrscheinlich auch Ihnen, oft und immer wieder unbegreiflich vorgekommen, wohin das Virus Verbrechen verschwunden ist – es kann sich doch nicht vor zwanzig Jahren verflüchtigt haben, bloß weil hier (und jetzt nur anderswo) Mord nicht mehr erlaubt, nicht mehr gebilligt, ausgezeichnet und an der Tagesordnung ist. Die Massaker sind vorbei, die Mörder unter uns zwar nicht alle festgestellt und überführt, aber ihre Existenz allen bewußt gemacht, nicht nur durch Prozeßberichte, sondern auch durch die Literatur. Trotzdem beschäftigt sich die Literatur noch immer mit der Vergangenheit und ihren nicht tilgbaren Resten. Dieses Buch hingegen versucht etwas anderes – das aufzusuchen, was nicht aus der Welt verschwunden ist. Denn es ist heute nur unendlich viel schwieriger, Verbrechen zu begehen, und diese Verbrechen sind so sublim, daß wir sie nicht zu sehen und zu begreifen vermögen, obwohl sie täglich in unsrer Umgebung, in Ihrer Nachbarschaft, und also unter unseren Augen stattfinden. Ja, ich behaupte, obwohl ich nicht weiß, ob die »Todesarten« die Beweise alle anzutreten ⟨vermögen⟩, deren es bedarf – daß noch heute die meisten Menschen nicht sterben, sondern ermordet werden. Denn nichts ist ungeheurer als der Mensch, wenn ich Sie an eine Schulstunde erinnern darf, in der uns das zum erstenmal versichert worden ist, ohne daß wir es in auch nur einer Konsequenz verstanden hätten.

Die Schauplätze des Buchs sind Wien, das Dorf Galicien, die Wüste, die arabische, die libysche, die sudanesische. Die wirklichen Schauplätze, die inwendigen, die in die äußeren mitgenommen werden und stärker sind, finden in dem Denken statt, einmal in dem, das zum Verbrechen führt, einmal in dem, das Sterben macht. Denn es ist das Innen, in dem alle Dramen stattfinden, kraft der Dimension, die wir oder imaginierte Personen ihren Gedanken verleihen können, denn es ist nicht wahr, daß wir in einer Zeit ohne Dramen leben. Die Behauptung von der Dramenlosigkeit ist eine so wenig stichhaltige wie eine andre, vielleicht auch die meine, aber ich fürchte, die andre ist ⟨die⟩ unwahrere.

* Meine Damen und Herren,

ich habe Ihnen einige Stücke aus einem Roman vorzulesen, es sollten vier Kapitel sein, aber da ich mich in dem Papierwust eines Prosaisten noch nicht zurechtfinde, sind es doch nur zwei Kapitel, das erste und das letzte, die jetzt soviel Platz und Zeit wegnehmen wie vier.

Da Sie immer nur über ein Bruchstück Aufschluß erhalten, müßte ich Sie mit einem Inhaltsverzeichnis ausrüsten, aber Sie wissen wohl, daß es heute schwer ist, für ein Buch eine Inhaltsangabe zu machen.

Der Inhalt also, der nicht der Inhalt ist, sieht so aus: ein junger Mann, Assistent an einem Wiener Institut, Geologe, der sich zuletzt umentschließen wird, die Zeitalter zugunsten des Zeitalters aufgibt und Historiker wird, ein Mann von achtundzwanzig Jahren, in Wien wohnhaft, aus Kärnten stammend, trifft vor einer Reise, zu der ihm ein ihm irrtümlich zugefallenes Stipendium verhilft, mit seiner Schwester zusammen, die schwerkrank aus einer Klinik in Baden bei Wien verschwunden ist. Diese ältere Schwester nun, ihr Sterben, ist in diesem Buch, und die Begleitung, die der Bruder ihr gibt, der am Ende aller Bindungen ledig wird.

Das Buch ist aber nicht nur eine Reise durch eine Krankheit. Todesarten, unter die fallen auch die Verbrechen. Das ist ein Buch über ein Verbrechen.

Es ist mir und wahrscheinlich auch Ihnen oft durch den Kopf gegangen, wohin der Virus Verbrechen gegangen ist – er kann doch nicht vor zwanzig Jahren plötzlich aus unsrer Welt verschwunden sein, bloß weil hier Mord nicht mehr ausgezeichnet, verlangt, mit Orden bedacht und unterstützt wird. Die Massaker sind zwar vorbei, die Mörder noch unter uns, oft beschworen und manchmal festgestellt, nicht alle, aber einige, in Prozessen abgeurteilt. Die Existenz dieser Mörder ist uns allen bewußt gemacht worden, nicht durch mehr oder minder verschämte Berichterstattung, sondern eben auch durch die Literatur.

Nun hat dieses Buch aber wenig, nur sehr wenig damit zu tun. Es versucht, mit etwas bekanntzumachen, etwas aufzusuchen, was nicht aus der Welt verschwunden ist. Denn es ist heute nur unendlich viel schwerer, Verbrechen zu begehen, und daher sind diese Verbrechen so sublim, daß wir sie kaum wahrnehmen und begreifen können, obwohl sie täglich in unserer Umgebung, in unsrer Nachbarschaft begangen werden. Ja, ich behaupte und werde nur versuchen, einen ersten Beweis zu erbringen, daß noch heute sehr viele Menschen nicht sterben, sondern ermordet werden. Denn nichts ist ja, wenn auch nicht gewaltiger, das vielleicht, aber jedenfalls ungeheurer als der Mensch, wenn ich Sie an eine Schulstunde erinnern darf. Die Verbrechen, die Geist verlangen, an unseren Geist rühren und weniger an unsre Sinne, also die uns am tiefsten berühren – dort fließt kein Blut, und das Gemetzel findet innerhalb des Erlaubten und der Sitten statt, innerhalb einer Gesellschaft, deren schwache Nerven vor den Bestialitäten erzittern. Aber die Verbrechen sind darum nicht geringer geworden, sie verlangen nur ein größeres Raffinement, einen anderen Grad von Intelligenz, und sie sind schrecklich.

Die Schauplätze sind Wien, das Dorf Galicien und Kärnten, die Wüste, die arabische, libysche, die sudanische. Die wirklichen Schauplätze, die inwendigen, von den äußeren mühsam überdeckt, finden woanders statt. Einmal in dem Denken, das zum Verbrechen führt, und einmal in dem, das zum Sterben führt. Denn es ist das Innen, in dem alle Dramen stattfinden, kraft der Dimension, die wir oder imaginierte Personen diesem Leidenmachen und Erleiden verschaffen können. Es ist nicht wahr, daß wir in einer Zeit ohne Dramen leben, die Behauptung ist so unhaltbar wie jede andre, auch die meine vielleicht, daß es sie gibt. Aber ich fürchte, da ich hier mein Buch zu vertreten habe, für dieses Buch zu fürchten habe, daß die andre Behauptung und die andren Theorien die unwahreren sind.

Die ägyptische Finsternis *(Entwurf zum Mittelteil)*

*   II. Teil Die ägyptische Finsternis

Im Luxorhotel Frühstück auf Balkonen, erschlagene Moskitos im
Bett, stille Korridore, Bier mit frischen Karotten in der Bar.
Schleichende Mittagsstunden. Besserungen. Keine Epilepsie. Das
rote Arabien schweigend hinuntergetrunken mit einem Glas
Wein, Cru de Ptolemée. Auch Ägypten hat Weine, genießbare,
aber nur nach Sonnenuntergang zu raten. Zwischen dem verkieselten Holz, den versteinerten Wäldern und dem Sandsteingebiet, nubischer Sandstein, Mergel und Kalk, in der Hoteloase
Lauern, Schweigen, kleine Sätze in dem riesigen Speisesaal, in seiner Stickluft, nur noch zwei Gäste und viele Diener, die ganz
langsam werden und sich für zwei nicht mehr rühren.

Martin hatte das Gefühl, etwas sagen zu können. Seit zwei Tagen
war Franza so – so beängstigend normal – er würde doch etwas
sagen können. Kairo. Bei dem Wort Kairo versuchte sie, das Ham-
melstück von Fettstreifen zu lösen. Es gibt einen Nachtzug nach
Kairo, mit Schlafwagen und Klimaanlage. Plätze habe ich noch
keine, es sind immer diese Reisegesellschaften, die ganze Züge
brauchen, aber in ein paar Tagen. Auf Kairo keine Antwort. Wir
könnten auch zurückfliegen und direkt weiter. Wohin zurück,
wohin weiter? fragte sie. Martin sagte, dieser Hammel ist un-
genießbar. Iß ihn nicht. Aber was ist denn sonst genießbar? Kairo
kommt überhaupt nicht in Frage, sagte Franza heftig. Man muß
das schon zuendebringen. Was? Du hast dir doch alle Verbindungen aufgeschrieben. Ich weiß es doch. Ich kann mir doch noch
Verbindungen aufschreiben, das war so ein Plan, es war einmal ein
Plan, aber jetzt. Was jetzt? Wenn du Anspielungen machst, dann
machst du das sehr schlecht. Du solltest nie welche machen. Das
kann ich, aber du kannst das nicht. Es geht mir sehr gut, das siehst
du doch. Es war eben ein Unfall, ich habe die Sonne auf den Kopf
bekommen. Das kann jedem passieren. Ein Sonnenstich. So. Natürlich, es war ein Sonnenstich. Ihr hättet ja früher kommen können. Sie verteidigte sich blindlings, deswegen widersprach er nicht.
Aber du kannst doch nicht immer im Hotel bleiben. Das will ich

auch nicht. Ich will weiter. Und wohin weiter. Sie sah ihn lang an. Weiter natürlich, da wo du hinwolltest. Meinetwegen wirst du doch hier nicht umkehren, und du hast mir doch einen Katarakt versprochen und ich dir Granitbrüche. Ja, wenn man redet. Aber jetzt. Jetzt erst recht. Du merkst doch, daß es immer besser wird mit mir. Das mußt du doch merken. Ja, sagte er geschlagen, es kommt mir auch so vor. Ich werde hier noch gesund, sagte Franza mit Überzeugung, das war dir doch schon eher klar. Natürlich wirst du hier gesund. Es wird mir immer klarer, sagte Franza. Es wird mir ganz und gar – es war mir bei dem Sonnenstich am klarsten.

Ahmed und Sallah erwarteten sie am Flugplatz von Assuan. Die Maschine hatte in der klaren, immer wolkenlosen Luft gezittert, Martin war der Grund nicht klar geworden, und Franza hielt sich an ihrem zitternden Sessel und löste die Gurte nicht, sie sah starr vor sich hin, ein ersichtlicher Grund hätte ihr geholfen, aber Martin wußte auch keinen Grund, und hie und da schaute sie rechts und links hinaus, auf einen armseligen Nil, Ägypten ist das Geschenk des Nils, und die kurzen Strecken, an denen es grün war an seinem Rand. Sie sagte, ich glaube beinahe, ich habe gesehen, was man sonst nie sieht, jeden Quadratmeter, auf dem in diesem Land etwas wächst. Es wächst so wenig. Nil heißt doch Überschwemmungen. Bei 12 Ellen Hunger, bei 13 Genüge, bei 14 Freude, bei 15 Sicherheit, bei 16 Ellen Überfluß, erklärte Martin. Er hat eben jetzt den niedrigsten Stand. Wart nur bis Juli. Dann schwillt er an. Bis Juli? Aber dann... Dann muß ich natürlich längst zurück sein, sagte er, damit kein Zweifel blieb. Woher du bloß alles weißt? Daher, wo alle es herhaben, von den anderen. ⟨⟩

Paralipomenon zur Textstufe III

* ⟨⟩ ein freies Intervall Schädelfraktur Ventrikelblutung
   Mutterarterie des Hirns arteria cerebralis media (Hauptvene des
Kopfes)
   Hirndrucksyndrom, Meningitis nach Blutung, ⟨⟨frei...x⟩⟩ In-
tervall.
   Eine Fraktur, oder bloß die Blutung, Ventrikel-Blutung,

Schuldig, schuldig. Er starrte auf ihre Bewußtlosigkeit, die war
endgültig. Von dem Sturz konnte er nichts wissen. Der Arzt stand
da und sagte in einem verunglückten Englisch, daß nichts mehr zu
machen sei.
   Es blieb nur die Hintertür durch das Semiramishotel, das man
noch ein paar Stunden im unklaren lassen konnte. Am Morgen
ging er aufs Konsulat. Ein Dr. Nemec, eilig, liebenswürdig, mit
Maßen erschüttert, nahm das in die Hand, und das Semiramishotel
⟨x...x⟩. Bringen Sie sie fort, sagte der Doktor Nemec, aber da war
Franza schon tot und für den Hinterausgang bestimmt, Beileid von
Dr. Nemec, warum hieß der so und ⟨⟨wußte einen kleinen Faden
x...x, der⟩⟩ Martin an eine Elfi Nemec ⟨⟨zurückband⟩⟩ ⟨⟩

Paralipomena zur Textstufe IV

Notizen und Studien

* Das Bild wird durch scheinbare Übergänge gestört!
Neuzeit = rezente geologische Ereignisse –
= heute stattfindende!

An Sommer gebunden. Regen. Nächstes Jahr wieder.
Sommer. 60 Tage im »Feld«, Feldarbeit.
Kartierungstage. Zu keinem Schluß gekommen, da die Gesteine
alle Übergänge aufgewiesen haben, vom extrem basischen Gestein
bis zu den reinen Quarziten der Rannachserie.
Das Bild einer klaren Trennung der Gesteine wurde durch scheinbare Übergänge gestört, die durch eine Metamorphose vermutlich
hervorgerufen wurden.
Es ist nichts sicher in der Geologie, kann so sein, kann auch anders
sein.
Auf Grund dieser Übergänge und Unerfahrenheit war Trennung
nicht möglich: Im folgenden Jahr Situation gleich. Verzweifelt, da
Ergebnisse zu zeigen waren, in einer dieser Situationen sitzt er
mitten im Gebiet, südlich der Rotleiten-Koppe, und überlegte,
wo die Rannachserie eindeutig zu erkennen wäre. Konnte es nicht
durchverbinden, es gelang ihm nicht, die Fundstellen zu verbinden, das Gebiet war aufschlußarm, das anstehende Gestein ist von
Schutt überrollt (man müßte sprengen, um dazu zu kommen).
Mitten in den verwirrenden Vorkommen der Rannachserie kam
die Erleuchtung, des Rätsels Lösung.
Es konnte sich nur um eine mehrfache tektonische Abfolge derselben Serie handeln.
Sitzt auf einer steilen Almwiese. Er kommt zum Schluß: da im
Osten das Bösensteinmassiv, das sich an einer großen Störung entlangbewegt hatte. Dadurch verursachte es eine mehrfache Übereinanderschiebung dieser Gesteinserien.
1.) In der Tiefe der Granit gelagert:
2.) Darüber gelagert die Quarzit-Epidot-Gneis-Serie und auf ihr
lagernd die Rannachserie.

Der Granit nach NW geschoben, dadurch (Kraftfrage, in der Geologie ungelöst, mehrere Theorien!) Unterströmungstheorie, Kontinentalverschiebungstheorien (= Großbau der Erdkruste betreffend)

Im Rahmen der großen Deckenbewegungen der Alpen wird gearbeitet.

Kleinere Decken werden Schuppen genannt.

Decke = von Untergrund gelöst, über andere Gesteine hinwegbewegt wurde, über größere Entfernungen.

mehrfache tekt. Abfolgen einer Serie oder eines Gesteinspaketes.

Alpenbau: mehr. Theorien, beinhaltet größte tekton. stratigraphische sedimentologische Probleme auf kleinstem Raum.

STRATIGRAPHIE

= histor. Gliederung

Stratus = Schicht

(»Nähte«?)

Überschiebungslinien: da ist das Gestein zu Mylonit zerrieben.

Legende = Erklärung

die Signatur, die dem Gestein auf der Karte gegeben wird oder im Profil

Norm für die Karte, wo das als Legende angegeben ist.

Sediment = abgel. Gesteine, noch nicht verfestigt.

Sedimentgestein = verfestigtes Sediment.

Gailtal: wichtige Stelle = große Trennungslinie zwischen Südalpen und Zentral- und Nordalpen. Genannt wird diese Linie alpino-dinarische Naht.

längs im Tal. Die Morphologie hat ihre Ursache häufig in der Geologie.

An der Störungsstelle bildet sich manchmal ein Tal. – Gailtal.

Metamorphose = Umwandlung der Gesteine durch erhöhte Temperatur + erhöhten Druck. Plus Stoffwanderungen, und Durchbewegung der Gesteine.

dadurch werden Fossilien zerstört, so daß eine Altersbestimmung erschwert oder unmöglich gemacht wird.

Der Ursprung der Alpen ist in der Thetisgeosynklinale zu suchen, in der im Jungpaläozoikum die ersten Sedimente abgelagert wurden. Dann erfolgt im Mesozoikum die Ausbildung mehrerer Tröge, deren Alter von S. nach N. abnimmt.

Alle Tröge gefaltet + überschoben, bis auf die MOLASSE, die nur wenig mitbekommen hat.
unterster Trog, südlichster (Gailtal) = ist relativ autochthon.
Kambrium: von dort an Fossilführung
jetzt nicht mehr sicher, weil ältere Funde.
Präkambrium: früher keine sicheren
kann sich ändern durch Funde von Fossilien.
(wie mit der Religion, man kanns glauben oder nicht)
nur das Gebirge ensteht durch Heraushebung
Schweiz: keine Metamorphose, daher klar erkennbar, aber bei uns Ostalpen Metamorphosen.
Tauernfenster. Fenster.

Weg: Warmbad – M. Gail:
Thermen: geolog. Ursachen.
Dobratsch: Absturz 1348, Ursache: Erdbeben, längs der alpinodinarischen Naht.
(minutiöse Bewegungen heute auf der Erdkruste, Erdbeben sind Ausdruck dafür.)
Geologie: 17. Jh. Ansätze, 18. Jh.
geol. gedacht hat schon Herodot.
angewandte Geol. erst Ende 19. Jh.

Eingangsstube: alt, staubig, links Fenster.
rechts: geol. Schausammlungen mit Musterbeispielen aus der Geolog. in Hdstform, Kästen und Fossilienstücke:
Stein = unfachmännisch, Gestein immer.
dazwischen Räume, Assistentenzimmer, Anmeldung zum Professor, nach rechts Bibliothek, nach links zum Prof. hat auch eig. Eingang.
Fossilien: Krinoiden, Brachiopoden
Großkategorien
1) Individuum (einzig wirklich existent)
2) Art
3) Gattung
4) Familie

5) Ordnung

6) Klasse (auch im Tier- und Pflanzenreich)

7) Stamm

8) Reich

(Fossil gewordene Tiere in Paläontologie (= Fossilien beschreiben-
de Wissenschaft und ordnet sie in ein System ein)

Hdst kann Fossilien enthalten.

Räume: Sammlungen, Tische dazwischen, an denen die Dissertan-
ten ihre Arbeitsplätze haben.

wenn Prof. nicht da ist (auf Exkursion oder Expedition, Dienstrei-
se, bis Persien, Indien, dort Kartieren, Fossilien-Sammeln, Vorträge halten etc.)

Kartenspielen (Poker, Schnapsen, Tarock) Tratschen

Assistent: führt den Papierkrieg, keine Zeit für wissenschaftl. Arbeit.

Papierkrieg: Ansuchen an das U-Ministerium um Geld für Instrumente (Mikroskope, Universaldrehtische, Binokulare, Schnei-
de- und Schleifmaschinen für die Dünnschliffe) dann Bibliotheksdienst.

leitet Übungen: Fossilbestimmungsübungen, Gesteinsbestimmung,
wie man mit Kompaß umgeht, wie man mit geol. Kompaß das
(Schicht) Streichen und Fallen mißt.

(im Kompaß ist eine Libelle eingebaut.)

Im Keller: Gerümpelkammern, Laboratorien, durch Wendeltreppe
von der Bibliothek aus.

Laboratorien: Schleif- und Schneidemaschinen, Schlemmanlagen
zur Aufbereitung von Sedimentgesteinen, Chemikalien, nur unter
Aufsicht

*   ⟨⟩ vorsichtiges Herumstochern mit den Fingern
    medizinische Ausdrücke, die Franza anstatt andrer kennt.
    Mischmasch von Medizin und Gefühl.

*   Binswanger über Uexküll: er setze sich über den Wesensunter-
    schied zwischen Tier und Mensch hinweg, halte die Bruchfläche
    zwischen ihnen nicht heilig.

Positive Kritik (!) das Über die Welt hinaus Sein als Sein des Daseins umwillen Unserer, von mir als Liebe bezeichnet.
Transzendenz im Sinne des Überschwungs der Liebe.
Wie das Dasein über die Welt hinaus ist, d.h. wie es in der Ewigkeit und Heimat der Liebe zu Hause (oder nicht zu Hause) ist.

Multiple Sklerose: organische Erkrankung des Zentralnervensystems mit über Gehirn und Rückenmark verstreuten Herden und daher unterschiedlicher Symptomatik, Nystagmus, Pyramidenbahnsymptome, Sprachstörungen, Verhärtung eines Organteils, Bildung von Glianarben im ZNS, Neuroglia = bindegewebsartige Gerüstmasse des ZNS, Augenzittern, rhythmische Augenbewegungen, rasch aufeinanderfolgend, Intentionstremor, auch in der Schrift, Pyramidenbahnsymptome = spastische Lähmungen, pathologische Reflexe, skandierende Sprache, Potenzstörungen, häufig, psychisch: abnorme Stimmungslabilität, Läppischkeit, Euphorie, Interesselosigkeit, Zwangslachen und Zwangsweinen. Halbseitenlähmung oder beidseitige Lähmung der unteren Extremitäten, multiple Herdbildung, auch Schling-, Schluck- und Kaubeschwerden. Schübe, Remissionen, ⟨⟩

Wüste
Sand = Sediment = eine Korngröße von aufgearbeitetem Material (Quarz oder Granit)
Sand – Inhalt
Schotter = Kalkschotter, Quarzitschotter, Gneis, Granit
Nummuliten im Sandstein: Protozoa = Einzeller (Stamm) gehören zu den Foramizifera
kristalline Gesteine sind: metamorphe Gesteine und Tiefengesteine, Granit gehört dazu.
⟨Nummuliten⟩ sehen wie Münzen aus, Herodot hielt das für Geld der Pyramidenbauer oder Speisereste von Linsen,
Nummulit ist ein Tier, ein einzelliges.
durch Korngröße definiert, sonst nichts.

Textstufe V: Lesungsvorlagen 1967

* ⟨⟩ auf eine sublime Weise

Todesarten, das ist für mich, soweit ich den eigenen Plan absehen kann, ein Kompendium der Verbrechen, die in dieser Zeit begangen werden. Dennoch ist kaum von diesen die Rede, sondern von denen der höchsten Zivilisation und nicht denen der Barbarei, die in ihrer Abscheulichkeit, ihrem Raffinement jene mehr intellektuellen Verbrechen wegen ihres Grades an Intellektualität ⟨⟩ – und die heimlich, straflos und täglich begangen werden.

Durch die gesellschaftliche Oberfläche, die Vorsichtsmaßregeln, die Besorgnisse und Heucheleien sieht man sie manchmal schimmern, aber die Literatur, der manchmal vorgeworfen wird, nur Schreckliches darzustellen, ist so armselig und ohnmächtig, daß sie nicht einmal den geringsten Teil dieser Vorkommnisse zu fassen bekommt und meistens auch nicht einmal imstande ist, sie zu erfassen.

Die Seiten, die ich Ihnen vorlesen werde, beziehen sich auf Vorfälle, die sich in Wien zutragen, und sie haben zur Voraussetzung folgende Personen, einen der bedeutendsten Wiener Psychiater, Jordan, den man zu jenen Personen zählen könnte, die heute den ⟨cercle⟩ ausmachen, also die moralischen Autoritäten, denen wir mit Recht Aufmerksamkeit schenken. Jordan hat mit der Assistenz seiner jungen Frau und einiger Mitarbeiter ein Buch geschrieben über die Spätschäden an weiblichen KZ-Häftlingen und in eben diesen Jahren seine eigene Frau zugrundgerichtet. Franziska, Franza genannt, verschwindet aus einer Wiener Klinik aus Furcht vor ihrem Mann und begleitet ihren Bruder, einen jungen Wissenschaftler, auf eine Reise nach Nordafrika. Dort trifft sie, vor ihrem Tod, noch einmal mit einem anderen Arzt zusammen, dem extremen Gegentyp.

Die Reise durch die Wüste, vielmehr das ganze Buch, sind die Reise durch eine Krankheit, die aus den oben erwähnten Gründen ⟨⟩

* ⟨⟩ lassen Sie es mich vorläufig beschreiben als einen Versuch, ein Kompendium der Verbrechen herzustellen, jener Verbrechen, die in dieser Zeit begangen werden. Sie werden unwillkürlich denken, dieses Buch müsse ⟨sich⟩ mit den Verbrechen beschäftigen, die die unerreichten Barbareien dieses Jahrhunderts betreffen. Das tut es nicht oder kaum. Die Rede ist vielmehr von den Verbrechen der höchsten Zivilisation, die ihres Raffinements wegen, ihres Grades an Intellektualität wegen, wenn man so will, täglich unter uns heimlich und straflos begangen werden.

Durch die gesellschaftliche Oberfläche, die Vorsichtsmaßregeln, die Besorgnisse und die Heucheleien sieht man sie manchmal schimmern, ohne sich ihrer Häufung und ihres Ausmaßes bewußt zu werden. Und die Literatur, der man vorwirft, sich nur mit Abscheulichem zu beschäftigen, ist so wenig kühn und so ohnmächtig, daß sie nicht einmal den geringsten Teil dieser ungeheuerlichen Vorkommnisse zu fassen bekommt und meistens auch nicht imstande ist, sie zu erfassen.

Todesarten

ist der Titel für ein Buch, das aus mehreren Büchern besteht und von dem ich nur aus einem ein paar Seiten vorlesen kann, mit Rücksicht auf Sie eine möglichst zusammenhängende Stelle, die vielleicht weniger den Plan erraten läßt, aber den Vorzug hat, transportabel zu sein −

Todesarten möchte gern etwas werden wie ein Kompendium der Verbrechen, die in unserer Zeit begangen werden. Bei dem Wort Verbrechen stellen sich automatisch die unsäglichen Barbareien dieser letzten Jahrzehnte als Assoziation ein, aber in diesem Buch wird nur wenig davon die Rede sein, denn mir scheint, daß die Dokumente, ohne ein Programm daraus machen zu wollen, uns hinlänglich darüber zu unterrichten vermögen und der Abscheu, der davor ⟨⟩

Die Verbrechen, die ich meine, sind die einer hohen Zivilisation, die ihres Raffinements wegen, und, wenn man so will, ihres Grades an Intellektualität wegen, täglich um uns vor unseren Augen heimlich und straflos begangen werden können.

Durch die gesellschaftliche Oberfläche, die Vorsichtsmaßregeln der ⟨⟨Beteiligten⟩⟩, die Besorgnisse und die Heucheleien sieht man sie zwar hin und wieder schimmern, ohne sich aber ihre Häufigkeit und ihr Ausmaß bewußt zu machen. Und die Literatur, der man vorwirft, sie beschäftige sich zu sehr mit dem Abscheulichen, scheint mir im Gegenteil noch sehr wenig kühn zu sein, harmlos und ohnmächtig und verharmlosend, da sie nicht einmal den geringsten Teil dieser ungeheuerlichen Vorkommnisse zu fassen bekommt.

*   aus dem Roman »Todesarten«

Was Franza sich unter Besetzen und Engländern und Partisanen vorstellte, das war nicht so leicht auszumachen, noch weniger, was der zehnjährige Martin darunter verstand, der von Franza auf die Finger geschlagen wurde, wenn er aus Konservendosen Panzerfäuste basteln oder mit den anderen Kindern Eierhandgranaten suchen wollte, anstatt auf die fantasievollen Vorträge Franzas zu hören. Denn in Gallizien lebte man von Gerüchten, nachdem man die sich zurückziehenden Deutschen überstanden hatte, die jetzt, endgültig erschöpft, andere Ortschaften und Straßen verstopften und sich nicht mehr wegrührten wie noch aus Gallizien. Der Schritt aus Gallizien heraus mußte die letzte schleppende Bewegung eines ohnmächtigen Riesen gewesen sein, und obwohl man denken hätte können, daß die Bilder aus diesen Tagen sich in Franza festgesetzt hatten, war das Gegenteil geschehen, sie stieß sie aus der Erinnerung und war überdies überzeugt, man würde nie mehr etwas von den Deutschen hören, sie würden immer weiter nach Norden zurückgehen und von der Erdkugel herunter eines Tags ins Nichts verschwinden oder zumindest in Orte zurück, die Namen hatten wie Kiel oder Magdeburg. Die zwei letzten traurigen Soldaten, denen sie etwas zu essen gegeben hatte, waren aus diesen Orten gewesen, die für sie eben nicht auf ⟨der⟩ Erdkugel waren, und sie wünschte ihnen alles Gute, sogar daß sie zurückkämen in ihre Orte und ⟨zu⟩ ihren Leuten, aber sie war ungeduldig, denn sie sollten rasch gehen und jetzt nicht Gallizien verstopfen, in dem, schon aus räumlichen Gründen, für soviel Chaos nicht Platz war. ⟨⟩

* In dem Hochzeitszelt. Die Bauchtänzerin bewegte noch immer ihren gemästeten Bauch, und die Musik schien sich seit Stunden zu wiederholen, eine ungewohnte Litanei. Franza saß angestrengt aufrecht auf dem winzigen Klappsessel, sie blieb Martin zuliebe und weil er, wie Ahmed und Sallah, von einem dreitägigen Hochzeitsfest zumindest erwartete, den Bräutigam ⟨und⟩ die Braut ⟨zu⟩ sehen zu bekommen. Sie dachte an das Kamel, das im Hof lag, sie wollte zu dem Kamel gehen, wie vorhin, als sie gekommen waren, ihm die Hand auf ⟨das⟩ Maul legen, sprechen mit ihm, es streicheln, wie ⟨sie⟩ mit den Kühen und Pferden in Gallizien gesprochen hatte. Als sie zusammensackte und schwer zu atmen anfing, die Beine vor Verzweiflung weit ausstreckte, stand Martin auf und die beiden Araber mit ihm. Sie gingen über den dunklen Hof. Es ist nichts, sagte Franza. Es ist nichts. Das Kamel war nicht mehr da. Einige Meter weiter, im Sand, blieb Franza stehen, sie waren mit den Sandalen auf roten Sand getreten, aber der Sand war auch feucht, sie fühlte es an den Fußrändern, sie stand im Blut.

Sie sah auf und zu der Stallaterne an der Wand. Darunter lag jetzt das Kamel, und einige Männer standen herum, die Kehle war ihm durchgeschnitten, und Franza rührte sich nicht in dem blutigen Sand. Komm, sagte Martin. Ich kann nicht. Ich kann nicht durchgehn. Die Männer hatten riesige Messer und schnitten in das Kamel. Franza hatte es schon begriffen, eh Ahmed es ihr erklärte. Ein Geschenk des Bräutigams. Aber ich will nicht durch das Blut, durch diesen Sand, der von dem Blut... dann wurde sie an den Armen gezogen von einer weißen und braunen Hand, sie watete mit zurückgeworfenem Kopf durch den blutigen Sand, sie fühlte an ihrem Hals, wie durch die Luft etwas auf sie zufuhr und scharf ihren Hals berührte. Das Kamel, sie haben das Kamel getötet. Ich sehe aus wie das Kamel, ich bin das Kamel. Deswegen hat es mich angesehen, es sieht mich an, wie ich mich ansehe. Ich bin in das Kamel gefahren, das bin doch ich, das ist es, was sie machen mit mir. Es ist das, es ist am Hals.

* Haschisch, hashinin, assassin, zu Mörder abgeleitet, assassin, Cannabis indica, Kif und auf wieviel mehr Namen noch hört der Hanf? Sallah und Ahmed hatten nur ein einziges Stück mitgebracht, aber ein sehr gutes, hartes, erdbraunes. Sie prüften es und ließen es Martin und den verrückten Irländer befühlen. Desmond hatte sich eine Galabaya angezogen, und Franza sagte ärgerlich, Sie sehen verkleidet aus. Die zwei sowjetischen Ingenieure, die am Hochdamm arbeiteten, wollten bleiben und fuhren dann doch weg.

Sie setzten sich an den Tisch und fingen an, vorsichtig aus den Zigaretten den Tabak herauszubröseln, während die beiden jungen Araber das Stück Haschisch zerkleinerten und das Mischen mit dem Tabak übernahmen. Dann wurden die Zigaretten langsam gestopft, nicht zu locker, nicht zu fest, Ahmed korrigierte jeden. Es geschieht mit äußerster Vorsicht, ist eine Handlung, ist ein Zeremoniell. Sie begannen alle gleichzeitig zu rauchen.

Nach den ersten Zügen legte Franza die Zigarette in den Aschenbecher und sagte, ich will nicht, Martin, bitte nicht. Er gab ihr die Zigarette ruhig wieder und sagte: Tu es für dich. Tu es. Du mußt es tun. Was wollte er nur von ihr. Sie verstand nicht mehr, was er ihr zu befehlen anfing in diesen Tagen, er hatte etwas beschlossen für sie, worüber er nicht sprach, als wollte er einen Keil treiben zwischen sie und die Krankheit oder zwischen sie und Wien, und sie fing wieder zu rauchen an, gehorsam. Sie spürte nichts. Als Martin ihr die dritte Zigarette gab, bemerkte sie, wie die Gesichter der andren sich nach innen kehrten, und sie sah zum erstenmal ein sanftes Lächeln auf dem harten braunen und dem abgezehrten dunkelbraunen Gesicht. Der Irländer war aufgestanden und hatte sich auf den Teppich gelegt, er hatte seine vierte Zigarette in der Hand.

Es geschieht, es geschah etwas, unmerklich, dann schneller, fing an, in Schwaden durch den Körper zu ziehen. Franza fühlte den Rauch zuerst in den Schenkeln, er fing an, das Fleisch zu quälen, zu überzeugen, dann niederzuhalten. Sie wollte aufstehen. Wo waren die anderen hingeraten, wo sind sie, wo ist jeder. Es war unerträglich, so noch einen Augenblick sitzen zu bleiben – Augenblick, wenn es noch einer war, da war die Zeit schon weg,

keine Zeit mehr, der Raum in Bewegung, der Körper in Gegenposition zur Zeit und dem Raum hier. Sie ließ sich vom Sessel
gleiten, kroch auf dem Boden mit aufgesperrten Augen, es war zu
gefährlich, wenn die Lider einmal den unteren Lidrand schlag-
schnell berühren mußten. Sie erreichte nach einem Tausendjahr
die Terrasse, immer kriechend, und legte sich langsam auf den
Rücken, die Augen nach dem Licht im Zimmer dirigierend. Das
Licht war der Haltepunkt für ihre Augen. Sie hatte zuletzt ganz
tief inhaliert, den Rauch angehalten, aber die Übelkeit war keine
wie vor dem Erbrechen, sondern sie wendete das Fleisch noch
einmal ganz um. Franza schloß die Augen und ließ sich hinunter-
fallen in einen anderen Raum. Wo hinunter. Sie wollte zurück vor
Entsetzen, weil sie dort unten nicht mehr einen, sondern zwei
Körper hatte, sie hatte sich verdoppelt, sie verschränkte die Hände
über der Brust, aber da verschränkten sich auch ihre anderen riesigen Hände auf ihrem anderen Körper. Ich bin zwei geworden,
ich bin einmal riesengroß und einmal von meiner Größe, oh so
klein, winzig klein. Ihre beiden Körper, auf dem Rücken liegend,
wurden leicht aufgehoben, kamen in die Schwebe, die vier Füße
gingen in die Höhe, die zwei Köpfe blieben auf dem Teppich der
Terrasse. Ich muß eins werden, sie dachte immerzu daran, daß sie
eins werden müsse, sie riß unter Anstrengungen die Augen auf, da
war alles, wie sie es verlassen hatte, das Zimmer, die Lampe, sie sah
die Galabaya von Ahmed, seinen herabhängenden Arm, da drückte diese Kraft ihr wieder ⟨die⟩ Augen zu. Unter ihre Körper wurden Schraubstöcke gefahren, Hüften und Rücken hineingepreßt,
gequetscht. Kein Stellungswechsel mehr möglich.

Unter den geschlossenen Lidern lief ein Zeichenband, mit
schwarzweißen Ornamenten bedeckt, es lief und lief, und die
Hieroglyphen wälzten, walzten über ihre Augen unter ihren Au-
gendeckeln, die neue Schrift, schon zu verstehen. Die Augen wieder offen, schnell, geöffnet trotz des Drucks, damit diese furchtbare neue Schrift ins Stocken kam. Nicht mehr so lesen müssen,
nicht mehr so. Versicherung, daß alles noch da war, wieder das
Zimmer. Ein schaler warmer Geruch vom Nil. Ein Ende mit der
Schrift. Ein andrer Anfang. Sie krampfte die Hände von ihrem
Körper los und ließ sie leichter ihn berühren, es wurde fühlbar,

alles wurde für ihre Hände erreichbar, sie öffnete ihren Körper, sie tastete ihn ab mit Gefühlssonden, die an ihren ⟨⟩ entstanden waren. Sie konnte ihren Körper durchleuchten und zerlegen, alle Arterien und Venen, die Muskelstränge, alle Knochen empfand sie, ein plastisches Röntgengefühl, sie war in sich hineingekommen, sie ging sich auf, machte sich bekannt mit ihren Lungen, ihrem Zwerchfell. Sie warf sich gewaltsam auf die andere Seite und rollte wieder auf den Rücken. Das Minarett von der Moschee. Versicherung: die Moschee ist wirklich, sie war schon vorher zu sehen gewesen, der Schraubstock löste sich. Sie flog auf das Minarett zu, kam wieder zurück auf den Teppich, flog wieder hin, begann zu lächeln. Gestöber von Gedankengeschossen im Flug, es denkt sich etwas, rasend schnell, zu schnell für ein Hirn, die Gedanken fegen und wirbeln neue Gedanken auf. Die Weißen kommen. Nicht denken, nur nicht mehr denken und so zerstäuben im Denken. Die Augen müssen noch einmal – Einmal müssen die Augen aufgehen. Ich will wieder fliegen. Ich will ankommen, Sire, ich will ankommen.

Franza wußte nicht, wann sie wieder in die Zeit zurückgekommen war und was im letzten Augenblick vor dem Rückflug ihr andrer Zustand gewesen war, eh sie, mit ihrem Körper eins geworden, im Schlaf aufsetzte.

Anhang

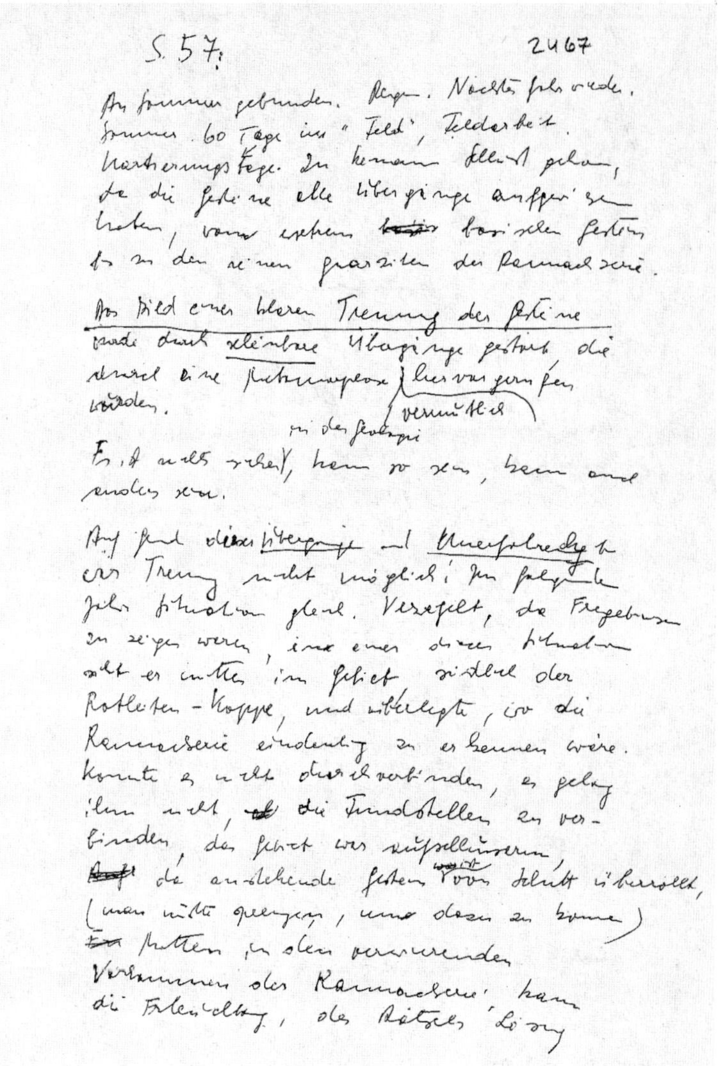

Blatt N2467 aus den Paralipomena zum »Buch Franza«, siehe S. 205

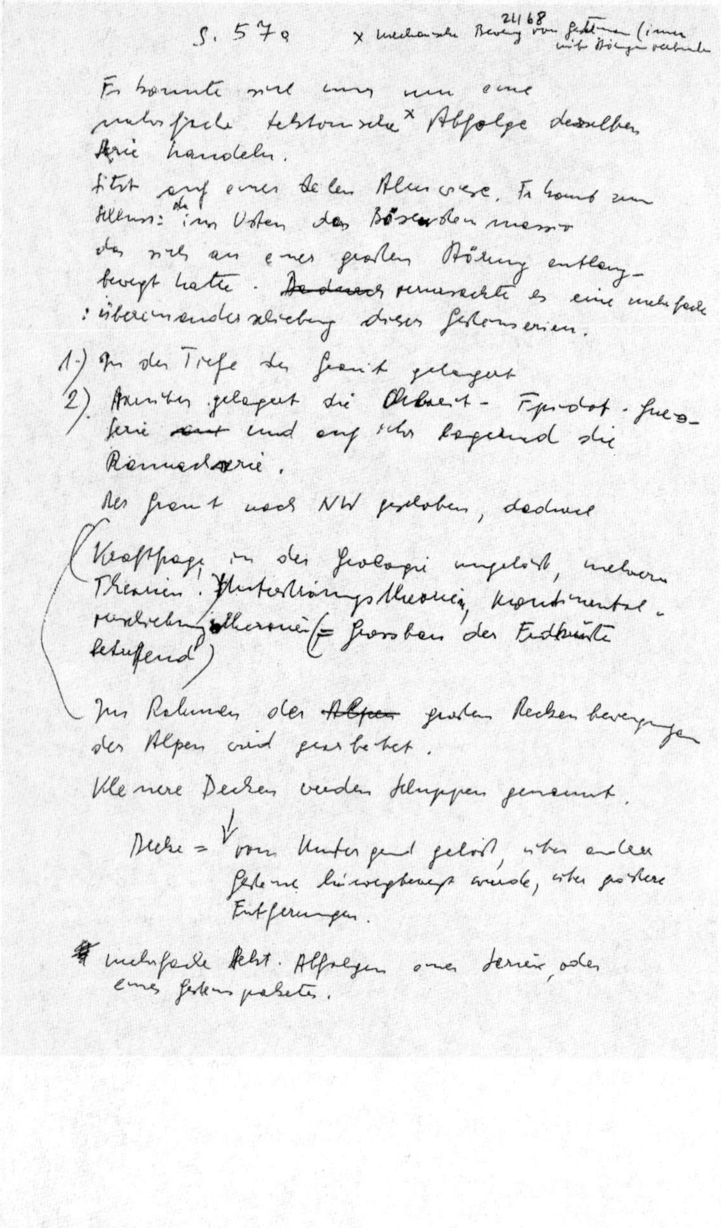
S. 57a x mechanische Bewegung von Gesteinen (immer mit Störungen verbunden 2468

Es konnte sich nur um eine mehrfache tektonische^x Abfolge derselben Serie handeln.

Sitzt auf einer dieser Almwiese. Er kommt zum Schluss: im Osten das Böserdenmassiv, das sich an einer großen Störung entlangbewegt hatte. ~~Dadurch~~ verursachte es eine mehrfache Übereinanderschiebung dieser Gesteinsserien.

1.) In der Tiefe der Granit gelagert

2.) Darüber gelagert die Albert-Epidot-Gneis-serie ~~auf~~ und auf ihr liegend die Rannachserie.

Der Granit nach NW geschoben, dadurch

(Kraftfrage in der Geologie ungelöst, mehrere Theorien. Unterströmungstheorie, Kontinentalverschiebungstheorie (= Grossbau der Erdkruste betreffend)

Im Rahmen der ~~Alpen~~ großen Deckenbewegungen der Alpen wird gearbeitet.

Kleinere Decken werden Schuppen genannt.

Decke = vom Untergrund gelöst, über andere Gesteine hinweggeschoben wurde, über größere Entfernungen.

x mehrfache tekt. Abfolgen einer Serie, oder eines Gesteinspaketes.

Blatt N2468 aus den Paralipomena zum »Buch Franza«, siehe S. 205f.

S 57 b   2 4 6 9   )

Alpenbau: _neb. Theorien_
beinhaltet _protzgraphische_
Probleme auf kleinstem Raum.

STRATIGRAPHIE

= histor. Gliederung

Stratos = Schichte

("Nähte?")

Überschiebungs — fronten: da A oder
Schichten zu Myloniit zerrieben.
mech. zerkleinert. fein-, durch
Tekt.

√ Legende = Erklärung
die Signatur, die dem Gestein
auf der Karte gegeben wird
oder im Profil

~~Liste~~ Norm für die Karte, wo das, es
Legende angegeben ist.

Sediment = abgel. Gesteine, noch nicht verfestigt.
Sedimentgestein = verfestigtes Sediment.

Fjeltal: wallige Stelle = Spalte
Trennungslinie zwischen Südalpen und
Zentral und Nordalpen. Genannt wird
diese Linie alpine – dinarische Näht.
längs im Tal, die Morphologie hat ihre Ursache
häufig in der Geologie,

Blatt N2469 aus den Paralipomena zum »Buch Franza«, siehe S. 206

57 c   2470

An der Störungsstelle bildet
sich manchmal ein Tal . . faltет.

Metamorphose = Umwandlung der Gesteine durch
            erhöhte Temperatur + erhöhten
        Druck. Plus Stoffwanderung, und
    durch Bewegung der Gesteine.
                        werden
        dadurch √ Fossilien zu zeit,
    wodurch eine Alters...
    erleichtert oder unmöglich gemacht
    wird.
                                    der
    Der Ursprung der Alpen ist im ~~Thetis~~
Thetisgeosynklinale   zu suchen, in der
            "Ablagerungsraum
            von Sedimenten
    im Jungpaläozoikum ~~Ablagerung~~ die
    ersten Sedimente abgelagert würden.
    Dann erfolgt im Mesozoikum die
    Ausbildung mehrerer Tröge, deren Alter
    von S. nach N. abnimmt.

    Alle Tröge gefaltet + überschob, bis
    auf die MOLASSE, die uns einzig
    ankommen hat.
    unterste Trog mildest, (faltет) = ist
    ~~zuletzt~~ entsteht...

Blatt N2470 aus den Paralipomena zum »Buch Franza«, siehe S. 206f.

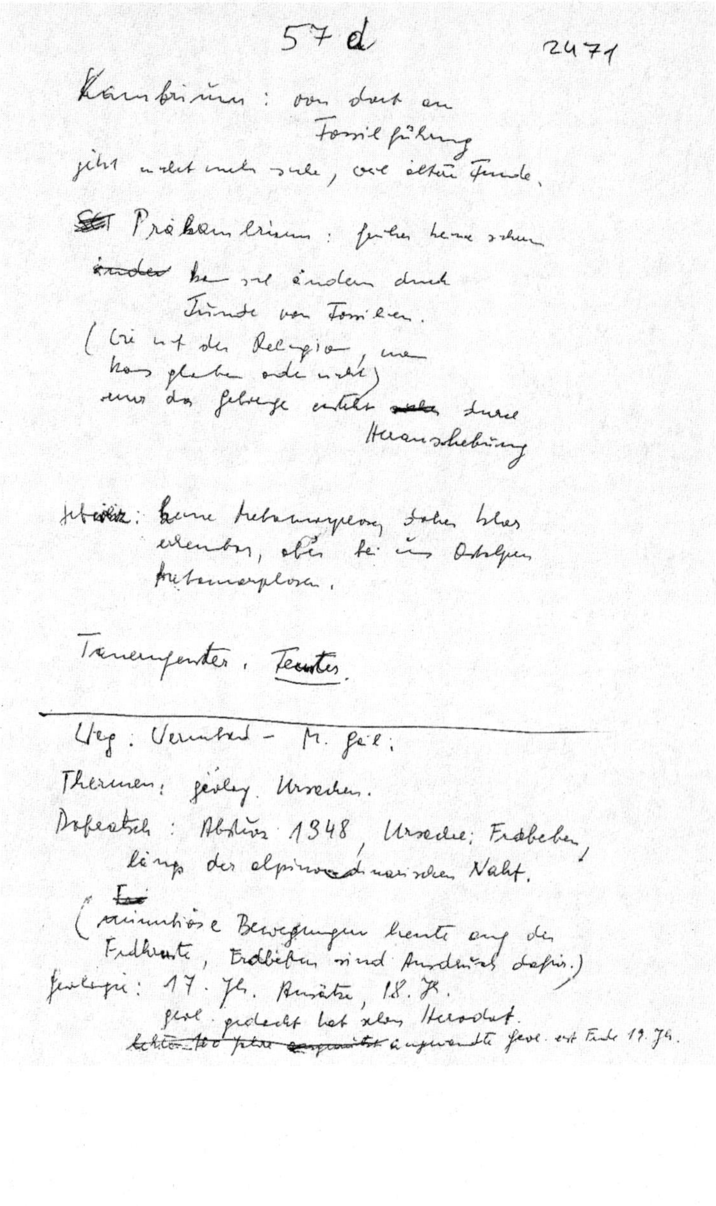
57 d 2471

Kambrium: von dort an Fossilführung
jetzt nicht mehr viele, wie ältere Funde.

~~[illegible]~~ Präkambrium: früher keine schon ~~ändern~~ kann sich ändern durch Funde von Fossilien.
(Wie mit der Religion, man kann glauben oder nicht)
wie das Gebirge entsteht ~~[illegible]~~ durch Heraushebung

Westalpen(?): keine Metamorphose, daher Alles erkennbar, aber bei uns Ostalpen Metamorphose.

Tauernfenster. Fenster.

Weg: Warmbad – M. Gail;
Thermen: geolog. Ursachen.
Dobratsch: Absturz 1348, Ursache: Erdbeben, längs der alpin-dinarischen Naht.
(~~Ei~~ minimale Bewegungen heute auf der Erdkruste, Erdbeben sind Ausdruck davon.)
Geologie: 17. Jh. Ansätze, 18. Jh.
geol. gedacht hat schon Herodot.
~~[illegible]~~ angewandte Geol. erst Ende 19. Jh.

Blatt N2471 aus den Paralipomena zum »Buch Franza«, siehe S. 207

Blatt N2472 aus den Paralipomena zum »Buch Franza«, siehe S. 207f.

2a 2473

Hat kaum Fossilien enthalten.

Räume: Sammlungen, Tische davor, an denen die Assistenten ihre Arbeitsplätze haben.

wenn Prof. nicht da ist (auf Exkursion oder Expedition, Antarktis, für Persien, Indien, dort Kartieren, Fossilien-Sammeln, Vorträge halten etc.)

Kartenspielen (Poker, Schnapsen, Tarock) Tratschen

Assistent: er hat den Papierkrieg, keine Zeit für wissenschaftl. Arbeit.

Papierkrieg: Ansuchen an das U-ministerium um Geld für Instrumente (Mikroskope, Universaldrehtische Binokulare, Schneide- und Schleifmaschinen für die Dünnschliffe,) dann Bibliotheksdienst.

Seitlich (Prüfungen: Fossilbestimmungsprüfungen, Geländeprüfungs, wie man mit Kompass umgeht, wie man mit geol. Kompass das (Schicht)Streichen und Fallen mißt.

(im Kompass ist eine Libelle eingebaut.)

Im Keller: Gerümpelkammern, Laboratorien, durch Wendeltreppe von der Bibliothek aus.

Laboratorien: Schleif- und Schneidemaschinen, Schlemmanlagen zur Aufbereitung von Sedimentgesteinen, Chemikalien, nur unter Aufsicht

Blatt N2473 aus den Paralipomena zum »Buch Franza«, siehe S. 208

1440

Wüste:

Sand = Sediment. = eine Kompresse von
Sand - Inhalt. aufgearbeiteten Proben
(Kalk oder Granit)

Schotter = Kalkschotter, Quarzitschotter, Granit, Schie-

Nummuliten im Sandstein: Protozoa (Einzeller! Stamm)
bestehen aus gehören in den
Kalkschalen Foraminifera

Kristalline Gesteine sind: metamorphe Gesteine und Tiefengesteine
Granit gehört dazu.

Sehen sie trümmern aus Herodot hielt das
für Feld der Pyr. bauer oder Opferreste von
Lindsen,
Nummulit ist ein Tier, ein einzelliges.

durch Lebenssäule definiert, sonst
nichts.

Blatt N1440 aus den Paralipomena zum »Buch Franza«, siehe S. 209

Sacherläuterungen

Das Buch Franza, Hauptfassung

HEIMKEHR NACH GALICIEN

9,12 Champollion] Anspielung auf Jean François Champollion (1790–1832), der durch die Entzifferung der ägyptischen Hieroglyphenschrift anhand des dreisprachigen Steins von Rosette (1822) bekannt geworden ist.

9,15 Kleines Wörterbuch der Ägyptologie] In Ingeborg Bachmanns Bibliothek ist erhalten: W. Helck und E. Otto: Kleines Wörterbuch der Aegyptologie. Wiesbaden: Harrasowitz 1956.

20,11–20,12 unter hundert Brüdern] Zitatparaphrase aus Robert Musils Gedicht »Isis und Osiris«; die Schlußzeilen lauten dort: »Aller hundert Brüder dieser eine, / Und er ißt ihr Herz, und sie das seine.« Ingeborg Bachmann zitiert dieses Gedicht in ihrem Radio-Essay »Der Mann ohne Eigenschaften« (Ingeborg Bachmann: Werke. Vier Bände. Hrsg. von Christine Koschel, Inge von Weidenbaum, Clemens Münster. München, Zürich 1978, Bd. IV, S. 98f.).

22,7–22,8 windischen] ›Windisch‹ ist ursprünglich die Bezeichnung für die Slowenen in Kärnten; seit 1919 wurde eine Unterscheidung gebräuchlich in solche, die sich selbst dem deutschen Volk zugerechnet haben (= Windische) und in Slowenen. 1939 werden die Windischen bei der ersten Volkszählung der damaligen Ostmark als eigenständige Volksgruppe gezählt. Vgl. auch Ingeborg Bachmanns Erzählung »Ein Honditschkreuz« (Bachmann: Werke, Bd. II, S. 491).

28,24–28,29 Quarz zusammen mit Epidot ... mit vereinzelten Feldspataugen] Zitatparaphrase aus der Dissertation von Ingeborg Bachmanns Bruder Heinz W. Bachmann: Die Geologie des Raumes Oppenberg bei Rottenmann/Strk. Graz 1964. Der Text lautet dort: »Schliff Nr. 314 ⟨...⟩ Grünschiefer, diabasttuffverdächtig ⟨...⟩ poröses, grüngraues, schwach geschiefertes Gestein, reich an Chlorit und Epidot, mit vereinzelten Feldspataugen. ⟨...⟩ Quarz: bildet zusammen mit Epidot ein feinkörniges Grundgewebe, die Körner sind gelängt, tw. verzahnt und verwachsen, schwach undulös« (S. 51).

32,26–32,27 V Jezusu Kristusu Je Življenje In Vstajenje] deutsch: In Jesus Christus ist das Leben und die Auferstehung (slowenisch).

32,35 Haus Österreich] Schon unter Friedrich dem Schönen (1286–1330) sprachen die Habsburger von ihrem »Haus« (domus nostra); Kaiser Karl IV. (1346–1378) verwendet den Ausdruck »magnifica domus Austrie«, doch erst im 15. Jahrhundert wird der Begriff »Haus Österreich« für die Habsburgische Dynastie üblich. In der frühen Neuzeit wird der Begriff auch in andere Sprachen übernommen (Maison d'Autriche, Casa Austria, Casa de Austria). Seit dem Aussterben des Geschlechts im Mannesstamm 1740 tritt dagegen die Bezeichnung »Haus Habsburg« (oder »Haus Habsburg Lothringen«) mehr in den Vordergrund. Der Katalog von Ingeborg Bachmanns Bibliothek verzeichnet den Titel: Wilhelm Ruland: Habsburger-Chronik. Freiburg im Breisgau und Wien: Herder 1908.

34,25 Breasted] In Ingeborg Bachmanns Bibliothek ist erhalten: James Henry Breasted: Geschichte Ägyptens. Zürich: Phaidon 1954.

35,27 Ustascha] Die Ustaša (kroatisch; deutsch: Rebellion, Aufstand) wurde 1929 als kroatische nationalistische und faschistische Bewegung gegründet, die 1929 bis 1945 den serbischen Zentralismus in Jugoslawien bekämpfte. 1941–45 Diktatur der Ustascha unter Ante Pavelic in Kroatien (inklusive Bosnien-Herzegowina) mit italienischer und deutscher Protektion, Terror gegen Serben, Moslems, Juden, z. T. mit Unterstützung der katholischen Kirche. Nach 1945 Ustascha-Untergrundzellen im Ausland.

35,29 Wlassowgesindel] Anspielung auf die Abteilung unter Andrej Andrejevic Vlassov (1901–1946). Vlassov, der als sowjetischer General 1942 in deutsche Kriegsgefangenschaft geraten war, bot – zunächst erfolglos – die Aufstellung einer prodeutschen Armee aus Kriegsgefangenen und Überläufern an und gründete am 27. Dezember 1942 das »Smolensker Komitee«. Nach der Gründung des »Komitees zur Befreiung der Völker Rußlands« (KONR, 14.11.1944) wird Vlassov Oberbefehlshaber einer antisowjetischen Armee, die u. a. aus Kriegsgefangenen, Überläufern, Zivilarbeitern, Kosaken und Georgiern bestand. 1945 erfolgte die Auslieferung Vlassovs an die Sowjetunion durch die USA, 1946 seine Hinrichtung.

38,28 und frei erklär ich alle meine Knechte] Schlußvers von Friedrich Schillers Schauspiel »Wilhelm Tell«

38,28–38,29 der Mensch ist frei geschaffen] erste Zeile der zweiten Strophe von Friedrich Schillers Gedicht »Die Worte des Glaubens«

43,29 Lord Percival Glyde] Figur aus dem Roman »The Woman in White« (1860) von Wilkie Collins

45,24 Gesteinsgruppen, durch scheinbare Übergänge gestört] Stark verkürzende Zitatparaphrase aus der Dissertation von Ingeborg Bachmanns Bruder Heinz W. Bachmann (vgl. Kommentar zu S. 28,24–28,29). Der Text lautet dort: »Verschiedentlich wird dieses klare Bild der gegenseitigen Beziehung der beiden Gesteinsgruppen zueinander durch anscheinende Übergänge gestört« (S. 47).

45,28–45,31 Es muß jedoch bedacht werden ... Überschiebungstektonik] Zitatparaphrase aus der Dissertation von Ingeborg Bachmanns Bruder Heinz W. Bachmann (vgl. Kommentar zu S. 28,24–28,29). Der Text lautet dort: »Es muß jedoch bedacht werden, daß beide gemeinsam eine letzte Metamorphose erlitten haben und ebenso eine mechanische Durchbewegung während der Überschiebungstektonik« (S. 47).

45,31–45,33 Eine morphologisch ... Rannachserie] Zitatparaphrase aus der Dissertation von Ingeborg Bachmanns Bruder Heinz W. Bachmann (vgl. Kommentar zu S. 28,24–28,29). Der Text lautet dort: »Eine morphologisch auffallende Quarzitkoppe E von Oppenberg erwies sich als eingeschuppte Rannachserie« (S. 50).

53,30–53,32 Unter hundert Brüdern dieser eine ... Und sie das seine] vgl. Kommentar zu S. 20,11–20,12

Jordanische Zeit (Arbeitsphase 2)

56,22 die Blaubartehe] Anspielung auf ein Märchen von Charles
Perrault (»Histoires ou contes du temps passé«; darin: »Barbe-
bleu«)

61,33 ich werde dir dein Ohr abschneiden] Möglicherweise angeregt durch Egon Friedells »Kulturgeschichte Ägyptens und des
Alten Orients« (München 1963), die sich in I. Bachmanns
Bibliothek befindet: »Wie hingegen die assyrischen Gesetze beschaffen waren, zeigt eine Tontafel mit Keilinschrifttext, auf der
sich unter anderem folgende Bestimmung findet: ⟨...⟩ der Mann
darf seiner Gattin die Ohren abschneiden« (S. 359).

61,36 ein beßres Schauspiel als der Jedermann] Hugo von Hof-
mannsthals Adaption der Mysterienspiele vom »Jedermann«
(1911) wird traditionell zu den von Hofmannsthal mitinitiierten
Salzburger Festspielen gegeben.

62,20 was ist das Böse] Anspielung auf das Buch »Das sogenannte
Böse« von Konrad Lorenz, das in der zeitgenössischen Öffentlichkeit breite Resonanz fand; vgl. Konrad Lorenz: Das sogenannte Böse. Zur Naturgeschichte der Aggression. München:
dtv 1983 ⟨1. Aufl. 1963⟩.

70,19–70,20 Ulrich] möglicherweise Anspielung auf die Titelfigur
von Robert Musils Roman »Der Mann ohne Eigenschaften«
(vgl. auch Kommentar zu S. 114,13)

75,1 Goya] Francisco José de Goya y Lucientes (1746–1828). Ingeborg Bachmann dürfte hier vor allem auf die im Prado-Mu-
seum in Madrid gesammelten sogenannten ›schwarzen Bilder‹
anspielen, die einen lebendigen Eindruck der beklemmenden
Welt Goyas in seiner ›letzten Zeit‹ vermitteln (vgl. F. J. Sánchez
Cantón: Prado. Deutsch von Alfred P. Zeller. Gütersloh 1970;
Pierre Gassier and Juliet Wilson: Goya. His Life and Works with
a Catalogue raisonné of the Paintings and Engravings. [Ed.]
François Lachenal. Preface by Enrique Lafuente Ferrari. London
1971, S. 313ff.).

75,11 Friedhof der Töchter] Das Traumbild ›Friedhof der Töchter‹ ist möglicherweise durch eine Szene des österreichischen
Nachkriegsfilms »Wienerinnen« (Regie: Kurt Steinwender,

1951) angeregt, die den Wiener »Friedhof der Namenlosen«, den Friedhof der unbekannten Selbstmörder in Albern an der Donau, in diesem Sinne darstellt.

75,23–75,24 ich bin von niedriger Rasse] Das Inferioritätsmotiv zitiert Rimbauds »Une saison en enfer«: »Je suis de race inférieure de toute éternité.« Arthur Rimbaud: Oeuvres complètes. Paris: Gallimard 1965 (Bibliothèque de la Pléiade), S. 221. Durch Ingeborg Bachmanns Arbeit an dem Berlin-Text der entstehenden Büchnerpreis-Rede und am »Wüstenbuch« ziehen sich leitmotivisch Zitate aus Arthur Rimbauds Prosagedichtzyklus »Une saison en enfer« (1873), die später in das »Buch Franza« und – in veränderter Form – in den Roman »Malina« weitergetragen wurden. Besonders häufig kehren das Zitat bzw. die Paraphrase der Sätze »Les blancs débarquent« (in der deutschen Übersetzung von Walther Küchler, die Ingeborg Bachmann besaß: »Die Weißen gehen an Land.«) und »Je suis de race inférieure de toute éternité« wieder (Arthur Rimbaud: Sämtliche Dichtungen. Französisch und Deutsch. Hrsg. und übertragen von Walther Küchler. Heidelberg: Lambert Schneider, 6. Aufl. 1982, S. 276 bzw. 270; vgl. auch Kommentar zu S. 109,30). In ihnen verbindet sich eine zivilisationskritische Kolonialismusthematik und die Geschlechterproblematik in der einfacheren Form eines Landungsmotivs sowie in der komplexeren einer dialektischen Inferioritätsmotivik.

79,13–79,15 O alter Duft aus Märchenzeit.... All meinen Unmut geb ich preis] Anspielung auf Arnold Schönbergs »Pierrot lunaire« (1912). In Bachmanns Bibliothek befindet sich die Partitur, aus der sie die Notenbeispiele für ihren Roman »Malina« ausgeschnitten hat: Arnold Schönberg: Dreimal sieben Gedichte aus Albert Girauds Pierrot lunaire op. 21. Deutsch von Otto Erich Hartleben. Für eine Sprechstimme, Klavier, Flöte (auch Piccolo), Klarinette (auch Bass-Klarinette), Geige (auch Bratsche) und Violoncell. Mainz und Wien o. J. ⟨1966⟩ (Universal-Edition UE 5336). Die Notenbeispiele und Textzeilen in »Malina« entstammen dem 21. und letzten Stück des Zyklus, »O alter Duft«, dessen vollständiger Text lautet:

»O alter Duft aus Märchenzeit,
Berauschest wieder meine Sinne!
Ein närrisch Heer von Schelmerein
Durchschwirrt die leichte Luft.

Ein glückhaft Wünschen macht mich froh
Nach Freuden, die ich lang verachtet:
O alter Duft aus Märchenzeit,
Berauschest wieder mich!

All meinen Unmut gab ich preis,
Aus meinem sonnumrahmten Fenster
Beschau ich frei die liebe Welt
Und träum hinaus in selge Weiten...
O alter Duft – aus Märchenzeit!«

79,31 Donauwalzer] »An der schönen blauen Donau«, bekannter
Walzer von Johann Strauss (Sohn)

79,31–79,32 des Schubertschen Sucht ein Weiser nah und ferne]
Die dritte Strophe des von Franz Schubert (D 920/921, op. 135)
vertonten Gedichts »Ständchen« von Franz Grillparzer beginnt
mit den auf Diogenes anspielenden Versen: »Sucht' ein Weiser
nah und ferne / Menschen einst mit der Laterne«.

79,36–79,37 Klaviersonate von Alban Berg] Zu den Hauptwerken
Alban Bergs zählt die expressionistische Klaviersonate Op. 1
(1907/8, umgearbeitet 1920).

81,11–81,12 Es-Dur-Konzert] Im Horizont der Musik-Zitate in
den späten »Todesarten«-Texten ist hier wohl nicht an Franz
Liszts erste Klaviersonate Es-Dur zu denken, sondern entweder
an Ludwig van Beethovens 5. Klavierkonzert in Es-Dur Op. 73
(1809) oder an eines der drei Es-Dur-Konzerte von Wolfgang
Amadeus Mozart: das Jeune homme-Konzert KV 271, das »kleine« Es-Dur-Konzert KV 449 oder – wahrscheinlicher – das große Es-Dur-Konzert KV 482.

89,21 wer wird das je verstehn] Wahrscheinlich Anspielung auf
den Refrain des in der zeitgenössischen Öffentlichkeit bekannten Protestsongs »Where Have All the Flowers Gone« (1961)
von Pete Seeger: »When will they ever learn«; in der deutschen,

von Joan Baez gesungenen Fassung auf der LP »Farewell, An-
gelina« (1965): »Wann wird man je verstehn«.

DIE ÄGYPTISCHE FINSTERNIS (Teile I und III)

91,19–91,20 Suez ... Kampf] Anspielung auf die sogenannte Suez-
Krise im Jahr 1956: Nachdem die USA und Großbritannien ihre
Kreditzusagen zum Bau des Assuan-Staudamms wegen Waffen-
lieferungen des Ostblocks an Ägypten zurückgezogen hatten,
verstaatlichte Präsident Gamal Abd el Nasser den Suez-Kanal im
Juli 1956, um die Finanzierung des Assuan-Staudamms fortan
aus den Nutzungs-Gebühren für den Kanal zu bestreiten, und
löste damit die Suez-Krise aus. Ende Oktober 1956 weitete sich
der Konflikt durch einen in Abstimmung mit Großbritannien
und Frankreich durchgeführten Überfall der Israelis auf Ägypten, dem britische und französische Bombenabwürfe und Inter-
vention folgten, zum Krieg um die Machtpositionen im Nahen
Osten aus. Durch massiven diplomatischen Druck der USA und
unmißverständliche Drohungen der Sowjetunion kam es am 7.
Oktober zum Waffenstillstand und in der Folge im Novem-
ber/Dezember zunächst unter Kontrolle von UN-Friedenstrup-
pen zum Abzug der britischen und französischen, im März 1957
auch der isrealischen Streitkräfte.

93,15 Reiseführer] In Ingeborg Bachmanns Bibliothek ist erhalten: Hermann Ziock: Ägypten. Südlicher Landesteil der Ver-
einigten Arabischen Republik. Bonn: Schroeder 1961 (Kurt
Schroeders Reiseführer) ⟨1. Aufl. 1958⟩.

94,15–94,16 dann will ich es essen dürfen] Anspielung auf Musils
Version des Isis und Osiris-Mythos (vgl. auch Kommentar zu
S. 20,11–20,12)

97,19–97,34 Es ist nicht ratsam ... Behringpräparate] Verkürzte Zitate aus dem Abschnitt »Gesundheit« des von Ingeborg Bachmann benutzten Ägypten-Reiseführers (vgl. Kommentar zu
S. 93,15); dort lautet der Text: »Es ist nicht ratsam, außerhalb der
guten Hotels zu essen. Frisches Obst soll möglichst geschält
werden. Wenn das nicht möglich ist, empfiehlt es sich, das Obst

mit Seife zu waschen und dann in Kalium-Permanganat 10 Minuten stehen zu lassen. Leitungswasser zu Trinkzwecken ist nur in großen Städten als einwandfrei anzusehen. Außerhalb der großen Städte sollten nur abgekochtes Wasser, abgekochte Milch, dünner Tee oder Sprudel getrunken werden. ⟨...⟩ Als Vorbeugungsmaßnahme gegen Malaria empfiehlt sich bei starkem Mückenbefall, jede Woche zwei Tabletten Resochin (Bayer) zu nehmen. ⟨...⟩ Die Bilharzia-Krankheit (ägypt. Blasen- und Darmwurm) ist in Ägypten weit verbreitet, jedoch kann eine Infektion nur durch Baden in stehenden oder träge fließenden Gewässern erfolgen. ⟨...⟩ ›Roter Hund‹ (Nilfriesel) ist eine in der feucht-heißen Jahreszeit häufig auftretende, stark juckende Entzündung der Schweißdrüsenausgänge und kann verhindert werden, indem man häufig durchschwitzte Unterwäsche wechselt, nur einmal am Tag den Körper mit Seife wäscht, nicht mehr als dreimal täglich eine Dusche nimmt und nach jedem Bad sich sorgfältig abtrocknet, ferner beim ersten Auftreten für mehrere Tage die geröteten Hautpünktchen mit Sublimat-Spiritus 1 pro mille 2mal täglich betupft. ⟨...⟩ Bei starker Sonne vergesse man nicht, einen Hut aufzusetzen. Im Falle von Schlangenbissen oder Skorpionstichen ist für die Erstbehandlung folgendes zu beachten: Von der Biß- oder Stichstelle ist herzwärts eine Staubinde anzulegen und die Stelle dann mit einem Rasierklingenschnitt zu erweitern. ⟨...⟩ Die Hausapotheke ⟨...⟩ sollte enthalten ⟨...⟩ ›Eldoform‹ (Tabl. je 0,5 gr) ⟨...⟩. Die Farbwerke Hoechst, Abtl. Behring-Präparate, liefern auch Ampullen mit 10 ml Schlangengift-Serum durch die Apotheke« (S. 23f.). Im Abschnitt »Hurghada« heißt es: »Einkauf von Lebensmitteln im Shell-Cooperative-store möglich. Brot (nur Baladi) beim Bäcker im arab. Dorf (beides nur vormittags).« (S. 353f.)

99,15–99,23 wegen eines Permits ... Glasboot] Verarbeitung von Zitaten aus Ingeborg Bachmanns Ägypten-Reiseführer (vgl. Kommentar zu S. 93,15); der Text lautet dort: »Wer ans Rote Meer fährt, benötigt ein Permit des Frontier Corps, das in Kairo beim Automobil-Club ⟨...⟩ beantragt werden kann« (S. 275); »Hurghada ⟨...⟩, Maritimes Institut: Aquarium, Museum, alle

Tiere des Roten Meeres, Ruderboot mit Glasboden zum Korallenriff« (S. 353f.).

99,35–99,36 die Franzosen sprachen immer von Eingeborenen] Möglicherweise angeregt durch Breasted (vgl. Kommentar zu S. 34,25), der in seiner »Geschichte Ägyptens« durchweg von »Eingeborenen« spricht, wenn er die Ägypter des 20. Jahrhunderts meint.

100,25–100,26 die älteren Ägyptenreisenden ... neuerer Zeit] Verarbeitung eines Zitats aus Ingeborg Bachmanns Ägypten-Reiseführer (vgl. Kommentar zu S. 93,15); der Text lautet dort: »Die Küste des Roten Meeres ist früher von den Ägyptenreisenden gemieden worden. In neuerer Zeit gilt sie als beliebtes Ausflugsziel« (S. 352).

100,33–100,34 Staatsbesuch] Am 13. Mai 1964 wurde die erste Bauphase des Hochdamms bei Assuan offiziell beendet. In Anwesenheit des irakischen Präsidenten Abd As Salam Arif und des Präsidenten der Republik Jemen, Abdullah As-Sallal, lösten der ägyptische Präsident Gamal Abd el Nasser und der sowjetische Partei- und Regierungschef Nikita Chruschtschow um 13.25 Uhr Ortszeit durch einen gemeinsamen Knopfdruck die Sprengung aus, durch die der Damm am Eingang des Umleitungskanals zerstört wurde, so daß der Nil durch das neue Bett fließen konnte.

106,29 Enigma] vgl. Ingeborg Bachmanns Gedicht gleichen Titels (Bachmann: Werke, Bd. I, S. 171)

106,32 Schattenjahren, in denen kein Stern mir in den Mund hing] Zitat aus Ingeborg Bachmanns Gedicht »Prag, Jänner 64« (Bachmann: Werke, Bd. I, S. 169)

107,2 »farbenflammende« Theben] Möglicherweise angeregt durch Friedell (vgl. Kommentar zu S. 61,33), S. 360: »Damals ist aus der farbenflammenden Millionenstadt die erhabene graue Märchenruine geworden, die das Reisevolk aller Zeiten und Zonen seither mit Staunen betrachtet.«

107,14 sie haben die Gräber geschändet] Der Gedanke ist möglicherweise u. a. durch Friedell (vgl. Kommentar zu S. 61,33) angeregt: »Es ist übrigens merkwürdig, daß die wenigsten Menschen eine Empfindung dafür haben, welche Blasphemie darin liegt, eine Leiche aus ihrem Sarge zu reißen und in ein Museum zu stellen« (S. 155).

109,30 Die Weißen kommen. Die Weißen gehen an Land] Das aus dem »Wüstenbuch« übernommene Landungsmotiv setzt die im »Buch Franza« gestaltete Gesellschafts- und Bewußtseinskritik in Bezug zu Arthur Rimbauds radikaler Zivilisations- und Fortschrittskritik in seinem Prosagedicht-Zyklus »Une saison en enfer« (1873). Dort dient das Motiv zwar ebenfalls der Darstellung eines zwischen den Kulturen zerrissenen Bewußtseins, bleibt jedoch enger auf die historische Situation des Kolonialismus bezogen. »Je ne vois même pas l'heure où, les blancs débarquant, je tomberai au néant./ ⟨...⟩ Les blancs débarquent. Le canon! Il faut se soumettre au baptême, s'habiller, travailler.« (Rimbaud: Oeuvres complètes, S. 224).

109,34–109,35 auferstehen in einem braunen oder schwarzen Gehirn] Die mit dem Rimbaud-Zitat »Die Weißen kommen« verknüpfte Kritik mentaler Kolonisation entspricht der Neokolonialismustheorie, die Frantz Fanon in seinen Büchern »Peau noire, masques blancs« (Paris 1952; dt. u. d. T. »Schwarze Haut, weiße Masken«. Frankfurt am Main: Suhrkamp 1980) und »Les damnés de la terre« (Paris 1961 ⟨mit einem Vorwort von Jean-Paul Sartre⟩; dt. u. d. T. »Die Verdammten dieser Erde«. Frankfurt am Main: Suhrkamp 1966) entwickelt. Der Katalog der Bibliothek verzeichnet allerdings nur den Titel: Aspekte der Algerischen Revolution. Frankfurt am Main: Suhrkamp 1969 (edition suhrkamp 337).

114,13 andrer Zustand] Anspielung auf den Begriff des »andren Zustands« bei Robert Musil und insbesondere in seinem Roman »Der Mann ohne Eigenschaften«.

115,32–115,36 Safaga ... Phosphatgesellschaft] Verarbeitung eines Zitats aus Ingeborg Bachmanns Ägypten-Reiseführer (vgl. Kommentar zu S. 93,15); der Text lautet dort: »Safaga ⟨...⟩. Schöne Berge um und über 2000 m. Safaga, kleiner ehem. engl. Hafen. Phosphatgesellschaft. Übernachten möglich (im Zelt neben dem Mil.-Posten)« (S. 535).

116,21–116,22 Die arabische Wüste ist von zerbrochenen Gottesvorstellungen umsäumt] Zitatparaphrase aus dem in Ingeborg

Bachmanns Bibliothek erhaltenen Werk von T. E. Lawrence: Die sieben Säulen der Weisheit. München: List 1936, S. 13: »Der Saum ihrer Wüsten war mit Trümmern von Glaubenslehren übersät.« (zitiert nach der Ausgabe München: List 1978)

117,13 Breughelfiguren aus Holland] Die Anspielung gilt den Bildern Pieter Breughels d. Ä. (um 1520–1569).

124,25–124,26 Sulfonamid- und Phlegmoneversuche, Fleckfieberimpfstoffversuche, Lost- und Phosgenversuche] Auszüge aus dem Inhaltsverzeichnis der Dokumentation: Medizin ohne Menschlichkeit. Dokumente des Nürnberger Ärzteprozesses. Hrsg. und kommentiert von Alexander Mitscherlich und Fred Mielke. Frankfurt am Main: Fischer 1960 (vgl. auch Kommentar zu S. 178,22–178,23).

126,14 Anklagevertreter MacHaney] Mitscherlich (vgl. Kommentar zu S. 124,25–124,26) erwähnt mehrfach den Anklagevertreter bei den Nürnberger Ärzteprozessen James MacHaney.

Textstufe I: frühe Entwürfe

144,4 Tot ist, wer liebt, nur der Geliebte lebt] Echtes oder fiktives Zitat als emphatische Umkehrung von Rilkes zentraler »Umwertung« der Liebe, v. a. in den »Aufzeichnungen des Malte Laurids Brigge«: »Schlecht leben die Geliebten und in Gefahr. Ach, daß sie sich überstünden und Liebende würden. Um die Liebenden ist lauter Sicherheit« (Sämtliche Werke, Bd. 6. Frankfurt am Main: Insel 1966, S. 924), und: »Geliebtsein heißt aufbrennen. Lieben ist: Leuchten mit unerschöpflichem Öle. Geliebtwerden ist vergehen, Lieben ist dauern.« (S. 937)

146,20 Enigma] vgl. Kommentar zu S. 106,29

147,4–147,6 der Saum ... gesäumt] vgl. Kommentar zu S. 116,21–116,22

148,30 Unter hundert Brüdern dieser eine] vgl. Kommentar zu S. 20,11–20,12.

151,21 Dante ... Inferno] Der erste Teil von Dante Alighieris Hauptwerk »Divina Commedia« (1321) trägt den Titel »Inferno«.

Textstufe II: Entwurfsreinschriften

154,4 Wallischen] ›Wallische‹ ist die in Tirol übliche Bezeichnung
für Italiener, vom althdt. walahisc (fremdländisch, romanisch).

154,5–154,6 Alfin sei giunto. Sai. Sono finita, e stanca e morta e
muta] deutsch: Endlich bist du angekommen. Weißt du. Ich bin
am Ende und müde und tot und stumm.

155,36 Unsere Literatur möchte kühn sein] Erste Anspielung auf
die poetologische Einleitung der Erzählung »Die Rache einer
Frau« aus dem Zyklus »Les Diaboliques« (1874) von J. A. Barbey
d'Aurevilly, die in späteren Vorreden weiter ausgefaltet wird
(vgl. Kommentar zu S. 197,11–197,14).

156,14–156,15 jenseits von Gut und Böse] Titel des 1886 er-
schienenen philosophischen Werks in Aphorismen von
Friedrich Nietzsche. Der Katalog von Ingeborg Bachmanns
Bibliothek verzeichnet die Ausgabe: Friedrich Nietzsche: Werke in drei Bänden. Hrsg. von Karl Schlechta. München: Hanser,
5. Aufl. 1966.

160,20–160,21 wallischen] vgl. Kommentar zu S. 154,4

160,22–160,24 Alfin ... muta] vgl. Kommentar zu S. 154,5–154,6

166,37 Unter hundert Brüdern dieser eine] vgl. Kommentar zu
S. 20,11–20,12

168,26 Wer ist hier gestorben. Kitchener] Der britische Feldmar-
schall Horatio Herbert Kitchener (1850–1916) fand beim Un-
tergang des Panzerkreuzers »Hampshire« bei den Orkney-Inseln
den Tod.

168,37 Staatsereignis, Politikerschiff] vgl. Kommentar zu S. 100,34

169,11 Kitchener] vgl. Kommentar zu S. 168,26

169,12–169,13 les blancs arrivent. Die Weißen kommen] vgl.
Kommentar zu S. 109,30

169,17–169,18 ich bin von niedriger Rasse] vgl. Kommentar zu
S. 75,23–75,24

171,20 ihres anderen Zustands] vgl. Kommentar zu S. 114,13

176,21–176,22 Der Saum ... umsäumt] vgl. Kommentar zu
S. 116,21–116,22

177,36 Innenministerium Schuschniggs] Von 1923 bis 1938 war
das Innenministerium – ab 1929 mit der Bezeichnung »Mini-

sterium für die sachliche Leitung der inneren Angelegenheiten«
– dem Bundeskanzleramt unterstellt. Amtsinhaber unter
Schuschnigg: Emil Fey (1934–35), Eduard Baar-Barenfels (1935–
36), Edmund Glaise-Horstenau (1936–38), ab Ende Februar
1938 bis März 1938 auf Druck Hitlers Arthur Seyß-Inquart.
Emil Fey, der österreichische Heimwehrführer (1886–1938),
Vizekanzler und Innenminister der österreichischen Republik
(1933–35), verübte beim Einmarsch der deutschen Truppen zusammen mit seiner Familie Selbstmord.

177,36 Schuschnigg] Kurt (Edler von) Schuschnigg (1897–1977)
war 1932–34 Justizminister, 1933–36 Unterrichtsminister, 1936
Landwirtschaftsminister, 1934–38 Bundeskanzler und Heeres-
minister, 1936–38 Führer der »Vaterländischen Front«.

178,22–178,23 Bayle, Mitscherlich und dem Office of Chief of
Council for War Crimes] Anspielung auf die Titel: François
Bayle: Croix gammée contre caducée. Les expériences humai-
nes en Allemagne pendant la deuxième guerre mondiale. ⟨Paris⟩
1950; und: Medizin ohne Menschlichkeit (vgl. Kommentar zu
S. 124,25–124,26). Mitscherlich gibt in dem Vorwort zu dem
Band »Medizin ohne Menschlichkeit« (S. 17) an, daß das Office
of Chief of Council for War Crimes, Nürnberg, eine ausführ-
liche Dokumentation des Prozesses gegen die SS-Ärzte, For-
scher und drei hohe Staatsbeamte herausgegeben hat und weist
außerdem (ohne Titelangabe) auf die Studie von François Bayle
hin. Aus dem Briefwechsel zwischen Ingeborg Bachmann und
Klaus Piper (Dezember 1965 – Februar 1966) geht hervor, daß
Ingeborg Bachmann auf ihren Wunsch hin unter anderem die
Bücher von Bayle und Mitscherlich durch Vermittlung des Piper-Verlags erhalten hat. Darüber hinaus wurde für Ingeborg
Bachmann durch eine Mitarbeiterin des Piper-Verlags eine Literaturliste zum Thema »medizinische Versuche an weiblichen
Häftlingen im Dritten Reich« erstellt.

179,9 Grawitz, Clauberg, Brandt] Dr. med. Grawitz war Reichs-
arzt der SS und Polizei; Prof. Dr. med. Clauberg war SS-Bri-
gadeführer (und entwickelte die Methode der Sterilisation
durch Einspritzung einer Reizflüssigkeit in die Gebärmutter);
Prof. Dr. med. Karl Brandt war Reichskommissar für das

Sanitäts- und Gesundheitswesen, Begleitarzt Hitlers, General-
leutnant der Waffen-SS (er wurde in Nürnberg zum Tode verurteilt).

179,12 Stelle: B. Excusez-moi si je pleure] Bayle (vgl. Kommentar
zu S. 178,22–178,23) zitiert diese Zeugenaussage eines jüdischen
Häftlings, der in Auschwitz Opfer der Versuche von Kastration
durch Röntgenbestrahlung mit nachträglicher Entfernung der
Hoden war (S. 708).

179,25–179,26 Schweigrohr, caladium, gez. Pokorny, gez. Himm-
ler] Mitscherlich (vgl. Kommentar zu S. 124,25–124,26) zitiert
einen Brief des Angeklagten Dr. Adolf Pokorny an Heinrich
Himmler vom Oktober 1941. Mit Bezugnahme auf die Veröffentlichung des Biologen Dr. Madaus (Radebeul-Dresden)
heißt es dort unter anderem: »Madaus fand, daß der Saft des
Schweigrohrs (caladium seguinum) ⟨...⟩ besonders bei männli-
chen, aber auch bei weiblichen Tieren nach einer gewissen Zeit
dauernde Sterilität erzeugt«; er schlägt »sofortige Versuche an
Menschen« vor (S. 236).

179,26–179,29 vorne ... Staates] In der Studie von Bayle (vgl.
Kommentar zu S. 178,22–178,23) findet sich das entsprechende
Foto des Großglockner-Gipfels auf S. 1.

179,32 unter hundert dieser eine] vgl. Kommentar zu S. 20,11–
20,12

180,26–180,27 The Medical Case. Trials of War Criminals] Die
Literaturliste zum Thema »medizinische Versuche an weiblichen
Häftlingen im Dritten Reich« (vgl. Kommentar zu S. 178,22–
178,23) enthält auch die Titel: Trials of War Criminals before
the Nuernberg Military under Control Council Law No 10,
Nuernberg Oct. 46 – April 49 (Band 1 und Band 2, Teil 1: The
Medical Case). Washington 1949.

181,1 Komotau] In der Studie von Bayle (vgl. Kommentar zu
S. 178,22–178,23) ist der Brief von Adolf Pokorny an Himmler
als Faksimile abgebildet (S. 678).

181,3 Lackenbach] Mitscherlich (vgl. Kommentar zu S. 124,25–
124,26) zitiert einen Brief vom 24. August ⟨1942⟩ des stellver-
tretenden Gauleiters von Niederdonau an Himmler bezüglich
der Versuche mit Caladium seguinum; es wird darauf hinge-

wiesen, daß »die notwendigen Untersuchungen und Men-
schenexperimente ⟨...⟩ in Zusammenarbeit mit dem pharmako-
logischen Institut der Wiener medizinischen Fakultät an Insassen
des Zigeunerlagers Lackenbach in Niederdonau vorgenommen
werden könnten« (S. 239).

181,10 Prof. Clauberg] vgl. Kommentar zu S. 179,9

181,11 Jordan] Der Name Jordan ist möglicherweise angeregt
durch den Film »Mordprozeß Dr. Jordan« von Erich Engels
(BRD 1949). Der Film erzählt den authentischen Fall eines Ju-
stizirrtums, den die Titelgestalt, der wegen Mordes an seiner
Schwiegermutter zu lebenslanger Haft verurteilte Tropenarzt
Dr. Jordan, nach vorzeitiger Entlassung öffentlich aufklärt. In
diesem Film wirkte u. a. die Schauspielerin Annerose Siedler
mit, die Ingeborg Bachmann im Goldmann/Rottwitz-Roman
erwähnt.

184,8–184,9 war 1526 die Schlacht bei Mohács] Anspielung auf die
Schlacht bei Mohács am 29. August 1526, in der die ungarischen
Truppen unter Lájos II. (Ludwig II.) von den Türken unter
Süleyman II. geschlagen wurden; dies führte in der Folge zur
türkischen Belagerung Wiens 1529.

187,21 Turandot] Opern von Ferruccio Busoni (1917) und Gia-
como Puccini (1926)

187,21 Lohengrin] Romantische Oper Richard Wagners (1850)

189,13 Breasted] vgl. Kommentar zu S. 34,25

190,5–190,6 Der Spruch der Medici odiate e aspettate] In Balzacs
»Katharina von Medici« flüstert zu Beginn des Kampfes um die
Macht einer ihrer Gefolgsleute Katharina »die Worte zu, die
sprichwörtlich werden sollten und die eins der Gesichter dieses
großen königlichen Charakters verdeutlichen: ›Odiate e aspettate!‹ (Hasset und wartet!)« (zitiert nach: Honoré de Balzac: Die
menschliche Komödie. Gesamtausgabe in zwölf Bänden. Hrsg.
und eingeleitet von Ernst Sander. Lizenzausgabe Gütersloh:
Bertelsmann o. J., Bd. 12, S. 117). Der Katalog von Ingeborg
Bachmanns Bibliothek verzeichnet 22 Balzac-Titel, darunter
auch »Katharina von Medici« (Übersetzt von Paul Hansmann.
Reinbek bei Hamburg: Rowohlt 1955).

195,35 Blaubart] vgl. Kommentar zu S. 56,22

195,35 Landru] Der ›Fall Landru‹ zählt zu den berühmten Mord-
fällen der französischen Kriminalgeschichte und wurde von
Claude Chabrol 1962 unter dem Titel »Landru« (deutsch: »Der
Frauenmörder von Paris«) verfilmt.

Textstufe III: erste Reinschrift

197,7 Denn es ⟨ist⟩ nichts ungeheurer als der Mensch] Vgl. So-
phokles: Antigone, V. 332: »Ungeheuer ist viel. Doch nichts ist
ungeheurer als der Mensch.«

197,11–197,14 ein paar Seiten … kein Scherz] Die Anspielung gilt
der poetologischen Einleitung der Erzählung »Die Rache einer
Frau« aus dem Zyklus »Les Diaboliques« (1874) des französischen Erzählers J. A. Barbey d'Aurevilly (1808–1889), dessen
Kritik an einer Literatur, die den ›verborgenen Verbrechen‹ der
modernen Gesellschaft nicht gewachsen ist, obwohl die Litera-
turkritik ihr zu Unrecht ›Kühnheit‹ vorwirft, Ingeborg Bachmann im weiteren zitiert. Ihren Exzerpten liegt neben dem
französischen Original die Übersetzung von Melanie von Berthof (»Die Teuflischen«, zuerst Wien und Leipzig 1907) zugrunde, die Ingeborg Bachmann in einem nachgelassenen literatur-
kritischen Fragment wie folgt zitiert: »⟨⟩ im ganzen und großen
vielleicht, durchaus möglich und plausibel, aber nicht der Kern,
für einen unbefangenen Bewunderer ein abstruser Gesichts-
punkt. / Dazu, trotz der Analyse der Diaboliques und vor allem
Le dessous des cartes keine Erwähnung von Vengeance d'une
Femme, die ein atemraubendes Meisterwerk ist, auch nachdem
man sie zum zehnten ⟨Mal⟩ liest, und eine der wenigen halt-
baren Theorien enthält. Nie habe ich ohne Erschütterung den
Anfang gelesen, der in der deutschen Übersetzung furchtbar
nivelliert wird, ein Fräulein hat dort hardi mit frech übersetzt,
und mit dem Wort kühn wäre alles gerettet gewesen.« (N1942)
Das Motiv der Kühnheit leitet Barbeys Entwurf einer Literatur
als »Sittengeschichte« (»Die Teuflischen«, S. 356) ein: »J'ai sou-
vent entendu parler de la hardiesse de la littérature moderne«

(Oeuvres complètes, Bd. 1. Genf 1979, S. 331). Ingeborg Bachmanns Barbey-Rezeption steht in einem engen Bezug zur ihrer
Auseinandersetzung mit Honoré de Balzacs Entwurf einer Literatur als Sittengeschichte in seiner Einleitung zu dem Zyklus
»La comédie humaine«. Hier schließen auch die poetologischen
Reflexionen Barbeys in den »Diaboliques« an. Das nachfolgen-
de Zitat aus Balzacs Novelle »Albert Savarus« veranschaulicht
exemplarisch die Nähe zwischen den poetologischen Konzep-
tionen Balzacs, Barbeys und der »Todesarten«-Poetologie der
Franza-Vorreden, deutet zugleich aber auch den historischen
und literarhistorischen Abstand an, der Ingeborg Bachmanns
Projekt von denen des 19. Jahrhunderts trennt: »›Die lediglich
moralischen Verbrechen, die der menschlichen Justiz kein Ein-
greifen gestatten, sind die infamsten und abscheulichsten‹, sagte
der Abbé de Grancey streng. ›Gott bestraft sie oftmals hienie-
den: darin beruht das Geheimnis der furchtbaren Unglücksfälle,
die uns unerklärlich vorkommen.‹« (Honoré de Balzac: Albert
Savarus. In: Die menschliche Komödie. Gesamtausgabe in zwölf
Bänden. Hrsg. von Ernst Sander. Lizenzausgabe Gütersloh: Bertelsmann o. J., Bd. 2, S. 122). Die Reflexion über die verborgenen geistigen und moralischen Verbrechen des gesellschaftli-
chen Zusammenlebens verbindet die »Todesarten«-Poetologie
darüber hinaus mit Bertolt Brechts »Buch der Wendungen«
»Me-ti«, in dem sich u. a. der folgende Abschnitt mit der
Überschrift »Viele Arten zu töten« findet: »Es gibt viele Arten zu
töten. Man kann einem ein Messer in den Bauch stechen, einem
das Brot entziehen, einen von einer Krankheit nicht heilen,
einen in eine schlechte Wohnung stecken, einen durch Arbeit
zu Tode schinden, einen zum Selbstmord treiben, einen in den
Krieg führen usw. Nur weniges davon ist in unserem Staate
verboten.« (Bertolt Brecht: Gesammelte Werke in 20 Bdn. Hrsg.
vom Suhrkamp-Verlag in Zusammenarbeit mit Elisabeth
Hauptmann, Bd. 12. Frankfurt am Main: Suhrkamp 1967,
S. 466)

197,14–197,18 die Literatur ... ohnegleichen] »La littérature, qu'on
a dit si longtemps l'expression de la socicté, ne l'exprime pas du
tout, – au contraire; et, quand quelqu'un de plus crâne que les

autres a tenté d'être plus hardi, Dieu sait quels cris il a fait pousser! Certainement, si on veut bien y regarder, la littérature n'exprime pas la moitié des crimes que la Société commet mystérieusement et impunément tous les jours, avec une fréquence et une facilité charmantes.« (J. A. Barbey d'Aurevilly: Oeuvres complètes, Bd. 1. Genf 1979, S. 331).

197,18–197,31 Die extreme Zivilisation ... der Sitten stattfinden] Das durch eine Sofortvariante aufgehobene Stichwort der »modernen Literatur« fällt zwischen der vorigen und der folgenden Passage (J. A. Barbey d'Aurevilly: Oeuvres complètes, Bd. 1, S. 332), aus der Ingeborg Bachmann ausführlich exzerpiert: »L'extrême civilisation enlève au crime son effroyable poésie, et ne permet pas à l'écrivain de la lui restituer. ⟨...⟩ Cependant, les crimes de l'extrême civilisation sont, certainement, plus atroces que ceux de l'extrême barbarie par le fait de leur raffinement, de la corruption qu'ils supposent, et de leur degré supérieur d'intellectualité. L'Inquisition le savait bien. A une époque où la foi réligieuse et les moeurs publiques étaient fortes, l'Inquisition, ce tribunal qui jugeait la pensée, cette grande institution dont l'idée seule tortille nos petits nerfs et escarbouille nos têtes de linottes, l'Inquisition savait bien que les crimes spirituels étaient les plus grands, et elle les châtiait comme tels... Et, de fait, si ces crimes parlent moins aux sens, ils parlent plus à la pensée; et la pensée, en fin de compte, est ce qu'il y a de plus profond en nous. Il y a donc, pour le romancier, tout un genre de tragique inconnu à tirer de ces crimes, plus intellectuels que physiques, qui semblent moins des crimes à la superficialité des vieilles sociétés matérialistes, parce que le sang n'y coule pas et que le massacre ne s'y fait que dans l'ordre des sentiments et des moeurs...« (ebd., S. 334f.)

198,7–198,8 denn ... ohne Dramen leben] Vgl. J. A. Barbey d'Aurevilly, »Le dessous de cartes d'une partie de Whist«, in der Übersetzung von M. v. Berthof: »ich ahnte eines jener furchtbaren, grausamen Dramen, die sich im Geheimen abspielen, obwohl das Publicum dessen Schauspieler täglich vor Augen hat; eine jener ›blutigen Komödien‹, wie Pascal sagt, nur dass sie bei verschlossenen Thüren, hinter einem dichten Vorhang aufgeführt wurde, dem Vorhang des Privatlebens und der Häuslichkeit.« (»Die Teuflischen«, S. 183)

198,10–11 Denn es ist nichts ungeheurer ... Schöpfung] vgl. Kommentar zu S. 197,7

198,13 Rimbaud ... die Weißen landen] vgl. Kommentar zu S. 109,30.

199,9 die Mörder unter uns] Anspielung auf den DEFA-Film »Die Mörder sind unter uns« (1946) von Wolfgang Staudte

199,23 Denn nichts ist ungeheurer als der Mensch] vgl. Kommentar zu S. 197,7

199,35 Zeit ohne Dramen] vgl. Kommentar zu S. 198,7–198,8

200,29–201,29 die Mörder noch unter uns] vgl. Kommentar zu S. 199,9

201,9–201,16 Die Verbrechen ... schrecklich] vgl. Kommentar zu S. 197,18–197,31

201,25 Zeit ohne Dramen] vgl. Kommentar zu S. 198,7–198,8

202,7–202,8 Cru de Ptolémée ... nur nach Sonnenuntergang zu raten] Verarbeitung von Zitaten aus Ingeborg Bachmanns Ägypten-Reiseführer (vgl. Kommentar zu S. 93,15); der Text lautet dort: »Auch die ägyptischen Weine werden von Touristen sehr geschätzt. ⟨...⟩ Folgende Sorten werden empfohlen: ⟨...⟩ Cru de Ptolémée ⟨...⟩. Im Sommer oder überhaupt in der heißen Zeit möge man darauf achten, möglichst nicht vor Sonnenuntergang Alkohol zu trinken« (S. 21).

202,8–202,10 verkieselten Holz ... Mergel und Kalk] Verarbeitung von Zitaten aus Ingeborg Bachmanns Ägypten-Reiseführer (vgl. Kommentar zu S. 93,15); der Text lautet dort (Abschnitt »Geologie«): »In den Mokattambergen südlich von Kairo (Nummulitenkalk) ⟨...⟩ sind ›versteinerte Wälder‹ (verkieseltes Holz) anzutreffen. Im Süden von Edfu ⟨...⟩ dehnt sich bis zum Sudan ein mehrere tausend Quadratkilometer großes Sandsteingebiet, das aus dem sogen. ›nubischen Sandstein‹ besteht. ⟨...⟩ Östlich und westlich davon Ablagerungen von nubischem Sandstein, Mergel und Kalk und zum Niltal hin Kalkstein« (S. 33f.).

203,18–203,19 Ägypten ist das Geschenk des Nils] Vgl. Herodot: Historien, II, 5. In Ingeborg Bachmanns Bibliothek enthalten ist

die Ausgabe: Herodot: Historien. Übersetzt von A. Horneffer.
Neu herausgegeben und erläutert von H. W. Haussig. Stuttgart:
Kröner 1963. Vgl. hierzu auch Friedell: Kulturgeschichte Ägyp-
tens und des alten Orients (Kommentar zu S. 61,33), S. 105:
»Ägypten ist nach einem Wort Herodots, das seither immer
wieder zitiert worden ist, ›ein Geschenk des Nils‹«.

203,23–203,25 Bei 12 Ellen ...Juli] Wahrscheinlich Verarbeitung
von Zitaten aus Ingeborg Bachmanns Ägypten-Reiseführer
(vgl. Kommentar zu S. 93,15); der Text lautet dort (Abschnitt
»Bewässerung«): »Der römische Schriftsteller Plinius schreibt:
›Bei 12 Ellen Hunger, bei 13 Genüge, bei 14 Freude, bei 15
Sicherheit, bei 16 Ellen Überfluß.‹ Im Mai/Juni hat der Nil
seinen niedrigsten Stand. Im Juli/August und September, fast
durch 90 Tage, überflutet der Strom die Ufer« (S. 37).

Paralipomena zur Textstufe IV

208,32–209,5 Binswanger über Uexküll ... zu Hause) ist] Exzerpte
aus dem Aufsatz: Ludwig Binswanger: Über die daseinsanalyti-
sche Forschungsrichtung in der Psychiatrie. In: ders.: Ausge-
wählte Werke und Aufsätze, Band 1: Zur phänomenologischen
Anthropologie. Bern 1947, S. 190–217. Die Zitate lauten dort:
»Vorher muß ich noch erwähnen, daß ich selbst an der damaligen Heideggerschen Lehre insofern Kritik, und zwar positive
Kritik geübt habe, als ich dem In-der-Welt-Sein als Sein des
Daseins umwillen meiner selbst, von Heidegger bekanntlich als
Besorgen oder Sorge bezeichnet, das Über-die-Welt-hinaus-
Sein als Sein des Daseins umwillen Unserer, von mir als Liebe
bezeichnet, entgegengesetzt habe« (S. 195), und: »Wir können es
v. Uexküll, der ja nicht Philosoph ist, nicht verübeln, wenn er
sich, wie die meisten Menschen, über den Wesensunterschied
von Tier und Mensch hinwegsetzt, die eigentliche Bruchfläche
zwischen ihnen nicht ›heilig hält‹.« (S. 198)

209,29–209,30 sehen wie Münzen aus, Herodot hielt das für Geld
der Pyramidenbauer oder Speisereste von Linsen] Bemerkungen
über Nummuliten sind bei Herodot nicht nachzuweisen.

Textstufe V: Lesungsvorlagen 1967

210,4–210,16 Verbrechen ... erfassen] Die Passage paraphrasiert die
  Zitate aus J. A. Barbey d'Aurevillys Erzählung »Die Rache einer
  Frau« in den frühen Vorrede-Entwürfen (vgl. Kommentar zu
  S. 197,11–197,14).
210,12–210,13 die Literatur ... ohnmächtig] Die Kritik des Vor-
  wurfs der »Abscheulichkeit« der modernen Literatur nimmt
  noch einmal Barbey d'Aurevillys Stichwort der nur vermeintlich
  »kühnen«, tatsächlich aber den sublimen Verbrechen der Moderne gegenüber ohnmächtigen Literatur auf (vgl. Kommentar
  zu S. 197,14–197,18). Der Vorwurf selbst spielt auf Emil Staigers
  Preisrede »Literatur und Öffentlichkeit« an (gehalten in Zürich
  am 17.12.1966 anläßlich der Verleihung des Literaturpreises der
  Stadt Zürich an Emil Staiger), in der Staiger der modernen Literatur vorwarf, sie ›sympathisiere‹ »mit dem Verbrecherischen,
  Gemeinen«, in ihr wimmle es »von Psychopathen, von gemein-
  gefährlichen Existenzen, von Scheußlichkeiten großen Stils und
  ausgeklügelten Perfidien«, sie kalkuliere geradezu mit der »un-
  geheure⟨n⟩ Macht des Scheußlichen« (in: Sprache im technischen Zeitalter, 22 ⟨1967⟩, S. 93). Staigers Rede und Max
  Frischs Replik (in der »Weltwoche« vom 24.12.1966) entfachten
  den »Zürcher Literaturstreit« (vgl. die Dokumentation in: Sprache im technischen Zeitalter, 22 ⟨1967⟩).
211,13–211,14 die Literatur ... sehr wenig kühn] vgl. Kommentar
  zu S. 197,14–197,18
211,32–211,33 Die Verbrechen ... einer hohen Zivilisation] vgl.
  Kommentar zu S. 197,14–197,18
216,14–216,15 Die Weißen kommen] vgl. Kommentar zu
  S. 109,30
216,20–216,21 ihr andrer Zustand] vgl. Kommentar zu S. 114,13

248

Nachwort

Als Ingeborg Bachmann im Januar 1966 zunächst »Bruchstücke«, im März desselben Jahres dann bereits ganze Kapitel aus einem unveröffentlichten Roman vorstellte, in dessen Mittelpunkt eine Figur namens Franziska Ranner (Franza) stand, nannte sie dieses Buch noch »Todesarten«. Zwei Monate nach diesen Lesungen, die vom Rundfunk aufgezeichnet worden sind, war aus dem Romantitel bereits der Titel eines Prosazyklus' geworden; »Todesarten« war nun der »erste« Titel, unter den alle im weiteren geplanten Texte zu stehen kommen sollten. Zum Franza-Roman schrieb sie ihrem Verleger Klaus Piper am 3. Juni 1966 in diesem Zusammenhang: »Wegen des zweiten Titels bin ich jetzt wieder zu meinem ursprünglichen zurückgekommen. DAS BUCH FRANZA. (Die anderen waren: FRANZA oder DER FALL FRANZA)«. Bei der Formulierung »Das Buch Franza« blieb sie bis zuletzt, obwohl Verleger und Freunde versuchten, sie zu dem Titel »Der Fall Franza« zu bewegen. Der Roman selbst wurde Ende 1966 jedoch unabgeschlossen zurückgestellt und blieb ein Fragment.

Bekannt geworden ist der fragmentarische »Todesarten«-Roman »Das Buch Franza« erst nach Ingeborg Bachmanns Tod durch die vierbändige Ausgabe der »Werke« (1978)[1], die ihn unter dem Titel »Der Fall Franza« aus dem Nachlaß veröffentlicht hat. In dieser Ausgabe wurden die beiden schon sehr weit ausgearbeiteten Kapitel »Heimkehr nach Galicien« und »Die ägyptische Finsternis« durch eine Vorrede und eine kleine Auswahl von Entwürfen zum Kapitel »Jordanische Zeit« sowie (in einem Anhang) durch einige Entwürfe zu dem früheren »Wüstenbuch« ergänzt. Dieser Text ist im Rahmen der kritischen Edition von Ingeborg Bachmanns »Todesarten«-Projekt (1995)[2] auf der Grundlage aller verfügbaren

---

[1] Ingeborg Bachmann: Werke. Vier Bände. Herausgegeben von Christine Koschel, Inge von Weidenbaum, Clemens Münster. München, Zürich: Piper 1978.
[2] Ingeborg Bachmann: »Todesarten«-Projekt. Kritische Ausgabe. Vier Bände in fünf Bänden. Unter Leitung von Robert Pichl herausgegeben von Monika Albrecht und Dirk Göttsche. München, Zürich: Piper 1995, hier: Band 2 »Das Buch Franza«.

Nachlaßtexte und Zeugnisse einer historisch-kritischen Revision unterzogen worden, die jetzt der neuen Einzelausgabe zugrunde liegt. Die vorliegende Neuausgabe beruht mithin auf der gesicherten, veränderten und erweiterten Textgestalt des Romans »Das Buch Franza« in der kritischen Edition.

Aus der Konzeption der Taschenbuchausgabe als Lese- und Studienausgabe ergeben sich gegenüber der kritischen Edition allerdings eine Reihe von Unterschieden: Zum einen entfallen die kritischen Apparate, die Überlieferungsbeschreibung und die detaillierte Rekonstruktion der Textentstehung, zum anderen wird die Anordnung der überlieferten Entwürfe und Fassungen des Romanfragments der veränderten Zielsetzung angepaßt. Während der Aufbau der kritischen Edition dem Prozeß der literarischen Arbeit Ingeborg Bachmanns folgt, tritt in der vorliegenden Einzelausgabe die jüngste überlieferte Fassung, die sogenannte Hauptfassung, als Lesetext an den Anfang; frühere oder ergänzende Entwürfe und Notizen aus dem Nachlaß der Autorin werden als zusätzliches Studienmaterial nachgestellt. Das erste Kapitel »Heimkehr nach Galicien« und die beiden Teile des dritten Kapitels »Die ägyptische Finsternis«, die Bachmann im März 1966 bei ihren Lesungen vorgetragen und danach im Hinblick auf die geplante Drucklegung weiter bearbeitet hat, sowie (in der Folge ihrer Entstehung) die unmittelbar nach den Lesungen entstandenen Entwürfe zum zweiten Kapitel »Jordanische Zeit« bilden als Hauptfassung den Lesetext. Der sich anschließende Materialteil »Aus den Entwürfen zum Buch Franza« bietet eine weitgehende, chronologisch geordnete Auswahl aus den übrigen im Nachlaß überlieferten Entwürfen, Notizen und Reinschriften. Es sind dies zunächst (mit einer Ausnahme) alle Entwürfe, die vor der Hauptfassung entstanden sind, und hier insbesondere die Entwürfe und frühen Reinschriften aus der Zeit der Züricher Lesung sowie die in dieser Zeit entstandenen ersten Entwürfe zum Kapitel »Jordanische Zeit«. Aus der folgenden Arbeitsphase, in der bereits die Reinschriften zu den beiden großen Kapiteln entstanden, werden dagegen nur die drei umfangreichen schriftlichen Vorreden und der Mittelteil des Kapitels »Die ägyptische Finsternis« vollständig in den Materialteil aufgenommen. (Der Mittelteil des ›ägyptischen‹

Kapitels ist nur in diesem fragmentarischen Entwurfszustand überliefert und wurde sehr wahrscheinlich auch nicht mehr bis zu jenem Stadium ausgearbeitet, das die in den Lesungen vorgetragene Hauptfassung erreicht.) Die Notizen, Studien und Reinschriftfragmente zum »Buch Franza«, die noch nach der Hauptfassung entstanden sind, werden wiederum vollständig wiedergegeben. Die Auswahl spart also lediglich Reinschriften zu den Kapiteln »Heimkehr nach Galicien« und »Die ägyptische Finsternis« (Teile I und III) aus, die der Hauptfassung bereits sehr nahe stehen (insbesondere jene Fassungen, die in der kritischen Edition als genetische Apparate zur Hauptfassung ediert sind und mit diesen Apparaten entfallen, sowie entsprechende Vor- und Zwischenstufen zur Hauptfassung), und die sich wiederholenden kurzen mündlichen Vorreden der Lesungen vom März 1966. Die im Anhang folgenden Erläuterungen zum »Buch Franza« basieren in bearbeiteter Form auf dem Sachkommentar der kritischen Edition.

Anläßlich von Ingeborg Bachmanns erster Lesung aus dem Franza-Roman kommentierte der Züricher »Tagesanzeiger« am 11. Januar 1966, die Dichterin habe sich nunmehr »an die breite epische Form [...] herangewagt«. Tatsächlich mußte es der zeitgenössischen Öffentlichkeit so scheinen, als habe sich die Lyrikerin und Hörspielautorin auf dem Weg über die Erzählungen allmählich an die Gattung Roman herangearbeitet. Zwei Jahre zuvor, im Frühjahr 1964, war ein Sammelband mit dem Titel »Gedichte, Erzählungen, Hörspiele, Essays« erschienen, der die damals bereits veröffentlichten Werke zusammenfaßte. Bekannt geworden ist Bachmann jedoch vor allem mit den beiden Gedichtbänden »Die gestundete Zeit« (1953) und »Anrufung des großen Bären« (1956). Der Erzählband »Das dreißigste Jahr« hatte ihr zwar im Oktober 1961 den »Literaturpreis 1960/61 des Verbands der Deutschen Kritiker« eingetragen, dennoch blieb sie für viele Literaturkritiker und Leser in den sechziger und siebziger Jahren (für einige sogar bis zum heutigen Tage) eine »gefallene Lyrikerin« (Marcel Reich-Ranicki). Erst in den achtziger Jahren nach der Öffnung des literarischen Nachlasses wurde deutlich, daß Bachmann zu keiner Zeit ihres literarischen Schaffens ausschließlich Lyrikerin war.

In Wahrheit reichen ihre kontinuierlichen Bemühungen um die erzählende Prosa und auch um die Großform Roman bis in die späten vierziger und frühen fünfziger Jahre zurück. Rückblickend sagte sie 1969 in einem ORF-Statement: »Schon ehe ich die Erzählungen geschrieben habe, diesen Erzählungsband ›Das dreißigste Jahr‹, hab' ich gewußt, daß es ein Buch für mich geben wird, daß man später natürlich einen Roman nennen wird«, und zu diesem Zeitpunkt wußte sie auch schon: »Für mich ist es kein Roman, es ist ein einziges langes Buch. Es wird mehrere Bände geben, und zuerst einmal zwei, die wahrscheinlich gleichzeitig erscheinen werden. Es heißt ›Todesarten‹ und ist für mich eine einzige große Studie aller möglichen Todesarten, ein Kompendium, ein Manuale«.[3]

Bachmanns literarische Arbeit in dem Jahrzehnt vor ihrem überraschenden Tod 1973 galt diesem »einzigen langen Buch«, jenen erzählenden Prosatexten, in denen sie die Spannungsfelder von privatem und gesellschaftlichem Leben, Individual- und Zeitgeschichte und nicht zuletzt das Zusammenleben von Mann und Frau im Zeichen fundamentaler Verletzungserfahrungen gestaltet hat. Neben den zu Lebzeiten veröffentlichten »Todesarten«-Texten – dem Roman »Malina«, den »Simultan«-Erzählungen und dem Prosatext »Ein Ort für Zufälle« – entstanden in dieser Zeit Entwürfe zu drei weiteren Romanen (»Todesarten«, »Das Buch Franza«, Goldmann/Rottwitz-Roman), zu mehreren Erzählungen (»Requiem für Fanny Goldmann«, »Rosamunde« u. a.) und zu anderen Prosatexten (»Wüstenbuch« u. a.), die im Nachlaß erhalten sind. Diese Prosatexte aus den Jahren 1962 bis 1973 sind durch die vielfältige Wiederaufnahme und Variation rekurrenter Themen, Motive, Situationen und Figuren aufs engste miteinander verflochten (vgl. die Übersichtsskizze am Ende der vorliegenden Ausgabe). Einige dieser Texte sollten der Intention der Autorin nach darüber hinaus einen engeren »Todesarten«-Zyklus bilden, als dessen »Ouvertüre« der 1967 begonnene und 1971 veröffentlichte Roman »Malina« gedacht war.

---

[3] Ingeborg Bachmann. Wir müssen wahre Sätze finden. Gespräche und Interviews. Herausgegeben von Christine Koschel und Inge von Weidenbaum. München, Zürich: Piper 1983, S. 66.

Wenn es zum Zeitpunkt der Lesungen im Frühjahr 1966 auch so scheinen konnte, so war das »Buch Franza« doch nicht der erste Roman, den Bachmann unter dem programmatischen Titel »Todesarten« konzipiert hat. In der Verlagskorrespondenz taucht »Todesarten« erstmals 1963 als Einzeltitel für einen im Nachlaß fragmentarisch überlieferten Zeitroman der Wiener Nachkriegzeit auf, der um eine Figur namens Eugen kreist. Dieser chronologisch erste »Todesarten«-Roman kann in werkgeschichtlicher Hinsicht als Schaltstelle betrachtet werden, in der die Themen und Motive der fünfziger Jahre in das »Todesarten«-Projekt transformiert werden. Das Romanfragment »Das Buch Franza«, das bis zum Frühjahr 1966 ebenfalls noch »Todesarten« hieß, ist seiner Entstehung nach also bereits der zweite der »Todesarten«-Romane. Seine Anfänge gehen in eine Übergangsphase des »Todesarten«-Projekts zurück, in der die Arbeit an dem ersten »Todesarten«-Roman um die Figur Eugen vermutlich bereits die Idee eines Romanzyklus hervorgebracht hatte, der Eugen-Roman selbst jedoch offenbar zurückgelegt und insbesondere das 1964 (nach Bachmanns Ägyptenreise) begonnene »Wüstenbuch« wieder aufgenommen wurde.

Die Arbeit am »Buch Franza« begann im Sommer/Herbst 1965 dann mit der Umformung tragender Motive des Eugen-Romans und mit der Einbindung des »Wüstenbuchs« in die entstehende Bruder/Schwester-Konstellation des Romans um Franziska Ranner. In den frühen Entwürfen unternahm Bachmann also einerseits unterschiedliche literarische Versuche mit einer Geschwister-Konstellation, wozu auch der Versuch gehört, die Geschichte der Frau von ihrem Bruder erzählen zu lassen, der hier noch – anders als später Martin Ranner – selbst unter Angst- und Wahnzuständen leidet (S. 144–146). Andererseits erprobte sie aus der erneuten Arbeit am »Wüstenbuch« heraus die Wüste als Darstellungs- und Reflexionsraum der vorgängigen Zerstörung Franzas (S. 146f.). Ein bemerkenswertes Dokument autoreflexiven Hinschreibens auf tragende Motive des Franza-Romans und einer partiellen Neuorientierung im Schreibprozeß ist mit einem Text überliefert, der Geologie und Geschichte verknüpft und das in der Frühphase zentrale Inzest-Motiv entwirft (S. 150f.). Aus einer Synthese von Elementen des früheren »Todesarten«-Romans um die Eugen-Figur mit diesen Neuansätzen nahmen die Grundzüge des Franza-Romans dann in der zweiten Jahreshälfte 1965 Gestalt an.

Eine erste Zäsur im Arbeitsprozeß am Franza-Roman stellte die Lesung anläßlich einer »Literarischen Matinee« am 9. Januar 1966 im Theater am Hechtplatz in Zürich dar. Aus dieser Zeit ist auch eine – damals wahrscheinlich aus Zeitmangel nicht gelesene – erste Vorrede erhalten, in der Bachmann das Weiterwirken des Faschismus in der Gegenwart als zentrales Thema des entstehenden Romans bezeichnet (S. 154–156). Bei der Lesung in Zürich trug sie ein »Rohmanuskript« vor, wie sie es nannte, in dem der spätere Handlungsverlauf – das Zusammentreffen der Geschwister in Galicien und die sich hier noch direkt anschließende Wüstenreise – bereits in seinen Grundzügen vorgeformt ist. Diese Züricher Fassung ist mit ihrem Umfang von lediglich dreiundzwanzig Typoskriptseiten jedoch noch weit entfernt von dem Text der Lesungen in Hamburg, Hannover, Berlin und Lübeck im März 1966. Zwar ist nicht auszuschließen, daß die Autorin wegen der begrenzten Lese- und Aufnahmezeit in Zürich nicht ihr gesamtes »Rohmanuskript« vortrug (auch die im vorliegenden Text S. 162 und S. 172–174 eingerückten Nachlaßfragmente wurden bei der Lesung ausgespart), dennoch kann davon ausgegangen werden, daß der zunächst noch »Todesarten« genannte Franza-Roman Anfang Januar 1966 im ganzen nicht wesentlich weiter gediehen war.

Ein besonders auffälliges Kennzeichen der Romanentstehung ist es, daß sich das relative Gewicht der beiden Hauptfiguren, der Geschwister Franza und Martin Ranner, im Verlauf der Arbeit am »Buch Franza« stark verändert. In der Vorrede aus dem Umfeld der Züricher Fassung schreibt Bachmann noch, daß Franza »nur ein Fall [sei], der später nie wieder auftaucht«, der Bruder dagegen, der hier noch (wie später Malina) Historiker ist, die eigentliche Hauptfigur, die »langsam und auf Umwegen« ins Zentrum gestellt werden solle (S. 156). Dies deutet darauf hin, daß Bachmann zu diesem Zeitpunkt noch geplant hat, aus der Figur des überlebenden Bruders jene Zentralfigur des »Todesarten«-Projekts zu entwickeln, zu der nur wenig später die neugewonnene Figur Malina wird. Die Autorin hat diesen Plan, Martin Ranner zur »Hauptfigur« werden zu lassen, jedoch im Umkreis der Lesungen vom März

1966 wieder fallen lassen. Im Laufe des Arbeitsprozesses wurde Franzas Bruder nicht zuletzt dadurch, daß er bis zum Schluß, wenn auch mehr als das »Fossil« Jordan, so doch im Grunde recht wenig von ihrer Leidensgeschichte versteht, deutlich relativiert. Martin Ranner trat also hinter die Gestalt seiner Schwester Franza zurück, und zwar in dem Maße, wie diese eine eigene Sprache gewann.

Aus dem später so genannten Kapitel »Jordanische Zeit« hat Bachmann in Zürich nicht gelesen. Wenn zu diesem Zeitpunkt überhaupt schon Entwürfe hierzu entstanden waren, dann hatten sie im Januar 1966 ganz offensichtlich noch nicht den gleichen Grad der Ausarbeitung erreicht wie jene in Galicien und Ägypten spielenden Kapitel, die den ›Rahmen‹ der Reisestruktur bilden. Das Mittelstück des Romans, für das die Autorin zuletzt die Kapitelüberschrift »Jordanische Zeit« vorgesehen hat, gehört neben dem späteren zweiten Teil des ›ägyptischen‹ Kapitels zu den am deutlichsten unfertig hinterlassenen Teilen des »Buchs Franza«. Die Autorin hat seine Verlaufsstruktur immer wieder verändert und Neuansätze erprobt.

Der Beginn der Arbeit am Kapitel »Jordanische Zeit« steht in engem Zusammenhang mit Bachmanns Auseinandersetzung mit den Opfern des Nationalsozialismus. Kurz vor der Lesung in Zürich hatte sie ihren Verleger Klaus Piper in einem Brief vom 27. Dezember 1965 um Alexander Mitscherlichs Buch über die Nürnberger Ärzteprozesse gebeten (»Medizin ohne Menschlichkeit«) und um »eins, wo die KZ-›Experimente‹ an Frauen vorkommen«; wegen der Feiertage hat sie die gewünschten Bücher jedoch erst Mitte Januar erhalten. In einem Brief vom 10. Februar 1966 an den Verlagsleiter Hans Rössner berichtete sie dann, daß sie »das französische Werk (von Bayle) über die Ärzteprozesse zu studieren angefangen« habe. Die in dieser Zeit entstandenen Entwürfe zum späteren Kapitel »Jordanische Zeit« kreisen um die historischen und mentalitätsgeschichtlichen Querverbindungen zwischen dem Nationalsozialismus und seinen Opfern, den Methoden der Psychiatrie und dem Verhältnis der Geschlechter in der modernen Gesellschaft. Sie weisen vielfältige Spuren der genannten Lektüren auf. Ein erster Entwurf (S. 177–179), der erste, in dem das »Fossil«, mit dem Franziska verheiratet ist, einen Namen erhält, hebt vorübergehend den in Zürich vorgestellten Erzählrahmen auf und erprobt einen Romananfang um die Figur eines mit den Verbrechen des Nationalsozialismus beschäftigten Psychiaters, der hier noch Baronig heißt. Bachmann scheint diesen Versuch einer grundlegend anderen Romanstruktur jedoch rasch wieder zugunsten ihres ursprünglichen Konzepts aufgegeben zu haben.

Während der Handlungsrahmen schon in der Rohfassung vom Januar 1966 auf eine Mitteilung jener Ereignisse angelegt ist, die zu Franzas Zusammenbruch geführt haben, wird die spätere Kapitelstruktur erst im Umfeld der Lesungen vom März 1966 festgelegt. Die frühen Entwürfe zeigen, daß Bachmann zunächst geplant hat, den größten Teil des Berichts über Franzas Ehe mit Jordan, ihre »Jordanische Zeit«, in das ›ägyptische‹ Kapitel einzubetten. Die Einrichtung eines eigenen Kapitels »Jordanische Zeit« mit der Schiffsreise als dem Schauplatz der Retrospektive sowie die Einfügung dieses neuen Kapitels zwischen dem ›galicischen‹ Kapitel und den ›ägyptischen‹ Teilkapiteln erfolgten, zumindest in schriftlicher Fixierung, erst im Umkreis der Lesungen Ende März 1966.

Zum Zeitpunkt dieser Lesungen sind das gesamte Kapitel »Heimkehr nach Galicien« und im wesentlichen auch der erste Teil des Kapitels »Die ägyptische Finsternis« nicht mehr weit von der jüngsten überlieferten Fassung, der Hauptfassung, entfernt. Damit liegt der Schwerpunkt der Arbeit am »Buch Franza«, vornehmlich an dem Kapitel »Heimkehr nach Galicien« und an dem mehrteiligen ›ägyptischen‹ Kapitel, in der relativ kurzen Zeit zwischen Mitte Januar und Ende März 1966. Bis Ende März entstanden umfangreiche und zum Teil mit vielschichtigen Korrekturen versehene Reinschriftfassungen des Kapitels »Heimkehr nach Galicien« sowie des ersten und dritten Teils des Kapitels »Die ägyptische Finsternis«. Sie kommen der jüngsten Textgestalt schon sehr nahe. (In der kritischen Edition des »Todesarten«-Projekts wurden diese Reinschriftfassungen, in denen sich besonders die intensive Arbeit am sprachlichen Detail dokumentiert, in der Form kritischer Apparate erfaßt, die in der vorliegenden Taschenbuchausgabe jedoch entfallen.) Neben den Reinschriften für die großen Kapitel und Kapitelteile entstanden in der Zeit zwischen den beiden Lesungen im Januar und März drei Vorrede-Entwürfe zum

Franza-Roman (S. 196–201) und ein Entwurf zum Mittelteil des dreiteiligen ›ägyptischen‹ Kapitels (S. 202f.), der neben einer kurzen handschriftlichen Notiz der Autorin (S. 116,23–24) als einziger Anhaltspunkt für die geplante Weiterarbeit an der ›Station Wadi Halfa‹ in der Mitte dieses ›ägyptischen‹ Kapitels gelten kann.

Die drei Vorrede-Entwürfe sind von zentraler Bedeutung für die sich entwickelnde »Todesarten«-Poetologie, die Bachmann hier in Anlehnung an J. A. Barbey d'Aurevillys Erzählungen »Les Diaboliques« ausformuliert (vgl. dazu die entsprechenden Sacherläuterungen). Darüber hinaus geben sie Aufschluß über die konzeptionellen Verschiebungen, die der Roman in den Monaten Januar bis März 1966 erfährt. Wenn Bachmann die Vorrede, die ihr immerhin der Mühe von mindestens drei Neuansätzen wert war, im März dann doch nicht mehr verwendete, so liegt dies offensichtlich daran, daß der Romangrundriß, den diese Vorreden voraussetzen, durch die im März vorgetragene Romanfassung in einigen Punkten bereits überholt war. So sollte der Roman der Januar-Vorrede zufolge beispielsweise noch »Wien zum Schauplatz« haben (S. 156), im März war hieraus bereits die dreipolige Konstellation Wien, Galicien und die Wüste geworden, und Franza schiebt sich im März, wie dargestellt, als Hauptfigur vor ihren Bruder: »Die Schwester nun, die er [Martin] findet und bis zu ihrem Tod begleitet, wird hier beschrieben« (S. 196). Daß sich Martin Ranner zugleich vom Historiker zum Geologen wandelt, unterstreicht die mit dieser Schwerpunktverschiebung einhergehende Veränderung der Figurenkonzeption.

Dennoch hat Bachmann ihre Absicht, Martin Ranner zur Zentralfigur des geplanten »Todesarten«-Projekts zu entwickeln, offenbar noch nicht sofort aufgegeben. In der Zeit, als sie die Vorreden schrieb, ist dieses Vorhaben zunächst nur über die Grenze des Franza-Romans hinausgeschoben worden – und in diesem Punkt weicht das in den Vorreden formulierte Konzept von der Romanfassung der März-Lesungen ab. In allen drei Vorreden erscheint Martin noch als ein »Geologe«, der später »Historiker« wird, und damit als eine Figur, die über den Franza-Roman hinaus weiterentwickelt werden sollte.

Bald darauf ging Bachmann jedoch einen anderen Weg. Die Darstellung Martin Ranners in der Fassung der Lesungen vom März 1966 läßt eine tiefgreifende Veränderung seines Lebens durch den Tod der Schwester, wie sie sich in einem erneuten Studium ausdrücken sollte, nicht mehr erkennen. Martin Ranner wird am Ende des Franza-Romans mit dem Hinweis, daß er nicht mehr an seine ›ägyptischen‹ Erfahrungen denke, ins Unbestimmte eines wahrscheinlich gewöhnlichen Lebens entlassen. Wenn Bachmann einige Jahre später nach dem Erscheinen des Romans »Malina« angab, daß sie »immerzu nach dieser Hauptperson gesucht« habe, nach Malina,[4] dann dürfte sie auch an ihre Versuche gedacht haben, Franziska Ranners Bruder zu einer solchen Hauptfigur zu entwickeln. Offenbar hat sich Martin Ranner als ungeeignet für diese Rolle erwiesen. In den zwischen Januar und März 1966 entstandenen Vorreden zum »Buch Franza« spiegelt sich jedoch das Ringen der Autorin um eine Hauptfigur, das bald danach zu einer Neuschöpfung im Figurenensemble des »Todesarten«-Projekts führen sollte. Im Sommer/Herbst 1966 hat Bachmann der ermordeten Schauspielerin Maria Malina aus ihrer Erzählung »Requiem für Fanny Goldmann« einen Bruder zur Seite gestellt, der im folgenden Jahr zur Zentralfigur des »Todesarten«-Projekts avancierte.

Auch bei den vier Lesungen aus dem Franza-Roman im März 1966 stellte Bachmann keine Passagen aus dem Kapitel »Jordanische Zeit« vor, zu dem inzwischen jedoch umfangreiche Entwürfe entstanden waren. Zu diesem Zeitpunkt war dieses Kapitel bereits als Mittelteil zwischen dem Kapitel »Heimkehr nach Galicien« und dem dreiteiligen Kapitel »Die ägyptische Finsternis« geplant, so daß zumindest der Hauptteil des Rückblicks auf die Geschichte von Franzas Zerstörung, auf ihre »Jordanische Zeit«, nunmehr auf der Überfahrt von Genua nach Ägypten angesiedelt werden sollte.

Nach der Lesereise verbrachte Bachmann, wie aus einem Brief an Adolf Opel vom 31. Mai 1966 hervorgeht, etwa zwei Monate in Baden-Baden, wo sie an dem Kapitel »Die ägyptische Finsternis« weitergearbeitet hat. Gleichzeitig schrieb sie dort Entwürfe zum

---

[4] Bachmann: Gespräche und Interviews, S. 99

Kapitel »Jordanische Zeit«, die das Schiff als Schauplatz der Retro-spektive einführen. In dieser Arbeitsphase wurde auch die Kapi-telüberschrift »Jordanische Zeit« festgelegt. Nach Bachmanns Rückkehr nach Rom Ende Mai 1966 lag der unvollendete Roman nun als ganzer schon annähernd in der zuletzt überlieferten Form vor.

Der eingangs zitierte Brief an Klaus Piper vom 3. Juni 1966 klärte die Titelfrage und markierte damit zugleich den Punkt, an dem »Todesarten« von einem Romantitel endgültig zum »ersten« Titel, zum Zyklustitel, wurde. Der Franza-Roman heißt von da an definitiv »Das Buch Franza«. Nur einmal noch, und zwar kurz vor der Veröffentlichung des »Malina«-Romans, als Bachmann das »Buch Franza« zwar schon seit einigen Jahren beiseite gelegt hatte, offenkundig aber weiterhin von seiner Publikation ausging, ist nochmals ein anderer möglicher Titel in Erwägung gezogen wor-den, nämlich »Das Buch Jordan« – in Analogie zu dem damals für den »Malina«-Roman geplanten Titel »Das Buch Malina«.[5] Bald darauf kehrte Bachmann jedoch wieder zu ihrem ursprünglichen Titel »Das Buch Franza« zurück.[6]

Im Sommer 1966 schrieb die Autorin – möglicherweise im Hinblick auf eine für den 3. September geplante »Klausur« mit dem Lektor Otto Best[7] – noch die jüngste, in dreizehn fortlaufen-den Typoskript-Seiten überlieferte Fassung des Kapitels »Jordani-sche Zeit«. Über diesen langen Kapitelanfang hinaus sind im Herbst 1966 jedoch nur noch einige wenige Entwürfe zum ›jor-danischen‹ Kapitel entstanden. Neben der Arbeit am Franza-Ro-man hatte Bachmann im übrigen an der Erzählung »Requiem für Fanny Goldmann« gearbeitet,[8] in der eine Schauspielerin namens Maria Malina eine wichtige Rolle spielt. In der Übergangsphase des Sommers bzw. Herbsts 1966 entstand ein früher Entwurf zu Maria Malinas Bruder, der diese Figur als Erzähler Martin Ranners

---

[5] Besuchsnotiz Siegfried Unselds vom 13.10.1970 nach einem Gespräch mit Bachmann in Rom.
[6] Brief an Klaus Piper vom 14.11.1970.
[7] Brief Klaus Pipers an Bachmann vom 22.7.1966.
[8] Brief Klaus Pipers an Bachmann vom 12.10.1966.

und seiner ermordeten Schwester zeigt.[9] Diesen Gedanken, den Roman »Das Buch Franza« von der Malina-Figur erzählen zu lassen, hat Bachmann jedoch offenkundig nicht weiterverfolgt.

Als die Autorin angesichts der zuletzt für März 1967 ins Auge gefaßten Veröffentlichung des »Buchs Franza«[10] und der wiederholten Bitte des Verlegers um Unterzeichnung des diesbezüglichen Verlagsvertrags im Sommer/Herbst noch einmal konzentriert zu dem Roman zurückkehrte, den sie trotz einiger Hinweise auf Zweifel offenbar bereits für weitgehend abgeschlossen hielt, führte die selbstkritische Lektüre zur vorläufigen Aufgabe des Romanprojekts. Ein Brief an Klaus Piper vom 20. November 1966 sprach noch zurückhaltend davon, daß sie »nach einer etwas katastrophalen Einsicht, nicht die ›Reparatur‹, sondern das Neumachen [probiere]«. Ein ausführlicher Brief an den Lektor Otto Best vom 25. November 1966 erläuterte jedoch das ganze Ausmaß der Wende: »[...] ich habe es [das Manuskript; d. Hg.] wiedergelesen, nach Monaten, nur um nachzuschauen, was da zu korrigieren, zu verbessern ist. Aber der Schock war groß, denn ich habe plötzlich begriffen, daß es so nicht geht. Es sind nicht nur die schlechten Stellen, und manche Seiten, die mich stören [...], das Manuskript kommt mir wie eine hilflose Anspielung auf etwas vor, das erst geschrieben werden muß.« Der Eindruck, »daß das Buch nicht geschrieben ist«, führt zu dem Vorsatz: »Ich werde das ganze Buch deswegen neu schreiben.«

Auch wenn es in dem entsprechenden Brief an den Verlagsleiter Hans Rössner vom 22. Dezember 1966 heißt, es gehe »weniger ums Zerstören des Vorhandenen als um ein richtiges Verarbeiten dessen, was schon da ist«, so folgte darauf doch keine weitere Überarbeitung des »Buchs Franza«. In der nächsten Zeit war Bachmann auf der Suche nach einer ganz neuen ästhetischen Struktur für jene Darstellungsintention, die nach dem Urteil der Autorin vom Herbst 1966 im »Buch Franza« noch keine befriedigende Gestalt gefunden hatte. Es ist dies gleichzeitig der Punkt des Übergangs von dem zweiten »Todesarten«-Roman um Franziska

---

[9] Vgl. in der kritischen Edition des »Todesarten«-Projekts Bd. 3.1, S. 8f.
[10] Brief an Klaus Piper vom 3.6.1966.

Ranner zu den »Todesarten«-Projekten um Fanny Goldmann und
Malina.

Die wenigen überlieferten jüngeren und zudem exzerpthaften
Texte des Franza-Romans, die im Winter 1966/67 entstanden sind
(S. 210–216), sind also nicht als der Versuch einer Neuaufnahme
des »Buchs Franza« zu verstehen, sondern lassen in Verbindung mit
Anspielungen auf den Züricher Literaturstreit (vgl. die Sacherläuterungen) darauf schließen, daß sie im Hinblick auf eine geplante
Lesung im Frühjahr 1967 entstanden. Zu berücksichtigen ist überdies die im Frühjahr 1967 vollzogene Trennung vom Piper-Verlag,
der jedoch auf seiner Option für den erwarteten Roman bestand.[11]
In der Endphase ihrer Arbeit an »Malina« hat Bachmann im August
1970 schließlich vorgeschlagen, diese Option durch einen Band
mit Erzählungen unter dem Titel »Simultan« einzulösen. In ihrem
zusammenfassenden Brief an Klaus Piper vom 14. November 1970
schrieb sie die Zurückstellung des Franza-Romans mit dem Hinweis auf die durch »Malina« entstandene »Verschiebung meiner
Baupläne« fest: »anstatt des Romans (DAS BUCH FRANZA ist zudem
in einer Schublade verschwunden und wird von mir, aus verschiedenen Gründen, noch lange nicht oder überhaupt nicht veröffentlicht werden, ich weiß es selber noch nicht) übergebe ich
Ihnen das Manuskript meiner neuen Erzählungen [...]«. Damit hat
Bachmann zugleich auch dem Verlag gegenüber, der das Franza-
Fragment betreut hatte, die Konsequenz gezogen aus dem Kon-
zeptionswandel des »Todesarten«-Projekts am Übergang zum
Goldmann/Rottwitz-Roman und insbesondere zu »Malina«.
Schon die letzten Reinschriften des Kapitels »Jordanische Zeit« aus
dem Sommer 1966 gehören in die unmittelbare Vorgeschichte des
»Malina«-Romans, der nicht zuletzt aus der aufgegebenen Absicht,
den Franza-Roman neu zu schreiben, hervorgegangen ist. Andere
Elemente des Franza-Romans hat Bachmann in der »Simultan«-
Erzählung »Das Gebell« neu konfiguriert. Wenn sie in ihrem Brief
an Klaus Piper vom 14. November 1970 die Möglichkeit einer
späteren Veröffentlichung des »Buchs Franza« auch weiterhin of-

---

[11] Vor allem Brief Klaus Pipers an Bachmann vom 19.4.1967.

fen hält, so wäre dies also nur unter erheblicher Umarbeitung des
überlieferten Materials denkbar gewesen.

Zu Ingeborg Bachmanns Lebzeiten war der Roman »Das Buch
Franza« so gut wie unbekannt. Die Autorin hat in der Mitte der
sechziger Jahre mit der Arbeit daran begonnen, sie hat Teile davon
einem begrenzten Publikum in mündlicher Form vorgestellt, und
bald danach hat sie dieses »Buch über ein Verbrechen«, wie sie den
Franza-Roman in einer der Vorreden nennt (S. 200), in einer
Schublade verschwinden lassen. Als das Romanfragment mehr als
zehn Jahre nach seiner Entstehung erstmals publiziert wurde, traf
es dagegen schon bald auf ein lebhaftes Interesse. Nicht zuletzt die
Wiederentdeckung der 1973 verstorbenen Autorin als vermeintli-
che Vordenkerin zeittypischer feministischer Fragestellungen trug
in den achtziger Jahren dazu bei, daß dieser Roman über eine
tödlich endende »Reise durch eine Krankheit« sehr schnell zu einem ihrer bekanntesten und am meisten gelesenen Werke avancierte. Das liegt sicher auch daran, daß das »Buch Franza« – im
Vergleich mit dem in vieler Hinsicht rätselhaften und ›schwierigen‹
»Malina«-Roman – die Problemstellungen gesellschaftlicher und
zwischenmenschlicher Gewalt, den verborgenen Zusammenhang
zwischen patriarchalischer Gesellschaftsstruktur, katastrophischer
Geschichte (Faschismus bzw. Nationalsozialismus) und individuel-
ler Leiderfahrung noch sehr viel deutlicher und direkter themati-
siert und metaphorisiert und daß er in der Auseinandersetzung mit
dem Neokolonialismus eine besonders eindringliche Kritik der
modernen westlichen Zivilisation und ihrer zynischen Rationalität
formuliert.

Das, was Bachmann in ihren »Todesarten« darstellen und bewußt
machen wollte, die »Krankheit unserer Zeit«, wie sie es in einem
Interview nach dem Erscheinen des »Malina«-Romans nannte,[12]
besteht zweifellos weiter. Dennoch wird man den Roman »Das
Buch Franza« heute anders lesen als bei seiner ›Entdeckung‹ Anfang der achtziger Jahre, als es in gewisser Hinsicht noch immer als
ein Buch gelten konnte, das in der Gegenwart spielte und zu dieser

---

[12] Bachmann: Gespräche und Interviews, S. 72.

Gegenwart Stellung bezog. Mit zunehmender Distanz zu der Ent-
stehungszeit von Bachmanns »Todesarten« gelangt jetzt auch jener
historische und soziale Kontext der sechziger Jahre in den Blick,
der den Roman »Das Buch Franza« hervorgebracht hat.

Münster, im Dezember 1997

                          Monika Albrecht und Dirk Göttsche

Das »Todesarten«-Projekt im genetischen Überblick

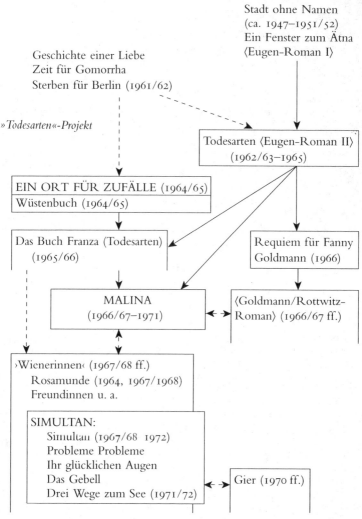

Vorgeschichte

Stadt ohne Namen
(ca. 1947–1951/52)
Ein Fenster zum Ätna
⟨Eugen-Roman I⟩

Geschichte einer Liebe
Zeit für Gomorrha
Sterben für Berlin (1961/62)

»Todesarten«-Projekt

Todesarten ⟨Eugen-Roman II⟩
(1962/63–1965)

EIN ORT FÜR ZUFÄLLE (1964/65)
Wüstenbuch (1964/65)

Das Buch Franza (Todesarten)
(1965/66)

Requiem für Fanny
Goldmann (1966)

MALINA
(1966/67–1971)

⟨Goldmann/Rottwitz-
Roman⟩ (1966/67 ff.)

›Wienerinnen‹ (1967/68 ff.)
Rosamunde (1964, 1967/1968)
Freundinnen u. a.

SIMULTAN:
Simultan (1967/68 1972)
Probleme Probleme
Ihr glücklichen Augen
Das Gebell
Drei Wege zum See (1971/72)

Gier (1970 ff.)

Pfeile bedeuten genetische Bezüge, geschlossene Kästchen abgeschlossene
oder aufgegebene Werke, Majuskeln zu Lebzeiten veröffentlichte Werke.

Zeichenerläuterung

Diakritische Zeichen

⟨nur⟩   Emendation
⟨⟨nur⟩⟩   Konjektur (Lesehypothese)
⟨ ⟩   Textabbruch, Textverlust, Textlücke

*   Ein Sternchen am linken Rand markiert den Be-
                         ginn eines neuen Texts oder Entwurfs

PIPER

Die »Todesarten«, das große
Prosaprojekt Ingeborg Bachmanns, von dem sie zu Leb-
zeiten nur den Roman »Malina« und die »Simultan«-Erzäh-
lungen publizieren konnte, gehört zu jenen seltenen Werken
der Literatur, um die sich schon sehr früh Mythen gebildet
haben. Die wissenschaftliche Rekonstruktion dieses monu-
mentalen Werkes in einer historisch-kritischen Ausgabe ist
eine editorische Großtat und ein literarisches Ereignis ersten
Ranges. Erst jetzt ist es möglich, die Dimensionen und die
Bedeutung des Prosaschaffens von Ingeborg Bachmann in
seinem ganzen Umfang zu erkennen.

Ingeborg Bachmann »Todesarten«-Projekt

Kritische Ausgabe. Unter Leitung von Robert Pichl
herausgegeben von Monika Albrecht und Dirk Göttsche.
5 Bände in Kassette. 2862 Seiten. Halbleinen

Ingeborg Bachmann

»Hinter jeder Zeile, die sie geschrieben hat, steht ein Mensch, nicht viel stärker oder schwächer als der Leser selbst. Ingeborg Bachmann hat nach Musil, Schnitzler und Hofmannsthal ganz neue Dimensionen ausgelotet.«

Hellmuth Jaesrich

Anrufung des Großen Bären
Gedichte. 79 Seiten. SP 307

Das Dreissigste Jahr
Erzählungen. 192 Seiten. SP 1509

Die Fähre
Erzählungen. 98 Seiten. SP 1182

Der Fall Franza / Requiem für Fanny Goldman
192 Seiten. SP 1121

Frankfurter Vorlesungen
Probleme zeitgenössischer Dichtung. 105 Seiten. SP 205

Gedichte, Erzählungen, Hörspiele, Essays
357 Seiten. SP 2411

Die gestundete Zeit
Gedichte. 63 Seiten. SP 306

Die Hörspiele
Ein Geschäft mit Träumen · Die Zikaden · Der gute Gott von Manhattan. 160 Seiten. SP 139

Liebe: Dunkler Erdteil
Gedichte aus den Jahren 1942–1967. 61 Seiten. SP 330

Mein erstgeborenes Land
Gedichte und Prosa aus Italien. Hrsg. von Gloria Keetman. 160 Seiten. SP 1354

Sämtliche Erzählungen
486 Seiten. SP 2218

Simultan
Erzählungen. 211 Seiten. SP 1296

Vor den Linien der Wirklichkeit
Radioessays. 120 Seiten. SP 1747

Wir müssen wahre Sätze finden
Gespräche und Interviews. Hrsg. von Christine Koschel und Inge von Weidenbaum. 166 Seiten. SP 1105

Werke
Erster Band: Gedichte · Hörspiele · Libretti · Übersetzungen. Zweiter Band: Erzählungen. Dritter Band: Todesarten: Malina und unvollendete Romane. Vierter Band: Essays · Reden · Vermischte Schriften · Anhang. Hrsg. v. Christine Koschel, Inge von Weidenbaum, Clemens Münster. In Kassette. Zus. 2297 Seiten. SP 1700

SERIE PIPER

Birgitta Arens

Katzengold
Roman. 224 Seiten. SP 2421

Wie die Mächenprinzessin Sheherazade und die Florentiner Adelsgesellschaft des »Decamerone« Geschichten erzählen auf Leben und Tod, so tun dies auch ihre späten Nachfahren: Großmutter und Enkelin aus einem kleinen Dorf im Westfälischen. Während jene noch ihre Märchen und Novellen im Wettlauf mit dem Tod vortragen, ist dieser hier von Beginn an entschieden: Großmutter stirbt – doch mit ihr nicht die Erinnerung an ehedem, nicht die Lust der Enkelin, ihre Kindheit fabulierend an sich vorbeiziehen zu lassen. Erzählt wird von einer zukurzgekommenen Elterngeneration auf der angestrengten Jagd nach Glück. Von Papa, dem Aufsteiger ohne erlernten Beruf, von Mama, die nicht vergißt, wo sie herkommt, und stets das kleinere Übel vorzieht. Erzählt wird von der richtigen Liebe und falschen Freunden – und immer wieder vom Glück.

»Katzengold« ist eine autobiographische Fantasie, eine kunterbunte Familienchronik, ein spielerischer Roman. Birgitta Arens fügt in ihrem Roman Geschichten, Anekdoten und Erinnerungsfetzen zu einem Mosaik, das sich im Spiegelkabinett der Imagination bricht. Kolportage mischt sich mit Märchen und Mythos, die Litanei mit dem Lied, die Tragödie mit Slapstickelementen. Zeiten und Perspektiven wirbeln in bunter Folge durcheinander, Selbstreflexion verschmilzt mit Traumvisionen. »Katzengold« kommt lustig und traurig daher, witzig, trivial und elegisch, literarisch meisterlich und unterhaltend zugleich – ein humorvoller, intelligenter Roman.

»Indem sie scheinbar private Lebensaugenblicke erzählt, schreibt Birgitta Arens auch eine Geschichte der Bundesrepublik Deutschland und des gar nicht so wunderbaren Lebens der Menschen im Wirtschaftswunderland.«
Die Zeit

Edgar Hilsenrath

»*Poet und Pierrot des Schreckens.*«
Der Spiegel

Bronskys Geständnis
Roman. 205 Seiten. SP 1256

»›Bronskys Geständnis‹…ist ein Alptraum-Report und eine flagellantische Satire zugleich…«
Der Spiegel

Das Märchen vom letzten Gedanken
Roman. 509 Seiten. SP 1505

»Ein Thomas Mannscher Geist der Erzählung bewegt sich mühelos in Raum und Zeit, raunt von Vergangenem und Künftigem, raunt ins Ohr eines Sterbenden, der in der Todessekunde alles erfahren will: wie Vater und Mutter lebten und starben, wie das armenische Volk lebte und starb.«
Der Spiegel

Moskauer Orgasmus
Roman. 272 Seiten. SP 1671

Nacht
Roman. 448 Seiten. SP 1137

»Hilsenrath ist ein Erzähler, wie ich seit Thomas Mann und dem Günter Grass der Blechtrommel keinen mehr kennengelernt habe.«
Südwestfunk

Der Nazi & der Friseur
Roman. 319 Seiten. SP 1164

Zibulsky oder Antenne im Bauch
Satiren. 160 Seiten. SP 1694

»Hilsenrath ist vielleicht der einzige wirklich anarchische Erzähler, ein vehement die Wahrheit suchender Außenseiter unserer ausgetrockneten Intimsphäre.«
Rheinische Post

Jossel Wassermanns Heimkehr
Roman. 320 Seiten. SP 2139

Edgar Hilsenraths Roman läßt voll sprühendem Witz und leiser Trauer die einzigartige Welt der osteuropäischen Juden noch einmal auferstehen: »Indem er von einem Schtetl namens Pohodna am Pruth erzählt, erzählt der Roman zugleich von etwas anderem, das nicht erzählbar ist und dennoch in der Art des Erzählens, die Hilsenrath gewählt hat, unerwartet gegenwärtig wird: die Vernichtung. Die Vernichtung inmitten all der Schnurren und Schwänke aus Kaiser Franz Josephs Zeiten, über die herzlich gelacht werden darf. Hilsenrath ist mit seinem neuen Roman ein ganz außerordentlicher Balanceakt gelungen.«
Lothar Baier, Die Zeit

Michael Köhlmeier

Moderne Zeiten
Roman. 218 Seiten. SP 1942

»Vergnüglicher kann man Zeiten und Beziehungen, Wirklichkeit und Dichtung kaum durcheinanderwirbeln...«

Neue Zürcher Zeitung

Die Musterschüler
Roman. 570 Seiten. SP 1684

In einem gnadenlosen Frage- und Antwortspiel wird eine alte Schuld wieder aufgedeckt: Vor 25 Jahren hat eine Schulklasse einen Mitschüler grausam zusammengeschlagen. Nun muß sie dafür Rechenschaft ablegen.

»Michael Köhlmeier hat Schuld und Scham, Macht und Moral nicht pathetisch hochstilisiert. Vielmehr wickelt er den vielfach verknoteten Handlungsfaden straff, ja flott ab und genießt komische Situationen und witzige Pointen. Sein Stil ist elastisch, mal trocken-lakonisch, manchmal auch bildhaft-mehrdeutig. Und, was am wichtigsten ist, er legt seine genau beobachteten und präzise charakterisierten Figuren nicht fest, sondern läßt ihnen den Spielraum, sich zu verändern.«

Frankfurter Allgemeine Zeitung

Die Figur
Die Geschichte von Gaetano Bresci, Königsmörder.
135 Seiten. SP 1042

»...eine präzise kleine Studie über die Einsamkeit des Menschen bei der Tat.«

Süddeutsche Zeitung

Spielplatz der Helden
Roman. 348 Seiten. SP 1298

»Michael Köhlmeier ist ein Schelm geblieben, darüber hinaus hat er sich zu einem Erzähler von Rang entwickelt.«

Frankfurter Allgemeine Zeitung

Trilogie der sexuellen Abhängigkeit
123 Seiten. SP 2547

In drei ganz alltäglichen Geschichten nimmt sich Michael Köhlmeier der drei klassischen Stationen auf dem Weg zwischen Liebe und Tod an: die Bewährungsprobe der Begierde, der Verlust der Liebe, verbunden mit der Raserei der Eifersucht, schließlich die Lust an der Rache, die mit dem Tod auf die Liebe antworten will. Mit ironischem und feinnervigem Gespür läßt er das Bild des verzweifelten, tragischen, verletzlichen und dabei auch immer lächerlichen Verliebten entstehen.

Sten Nadolny

Die Entdeckung der Langsamkeit
Roman. 359 Seiten. SP 700

»Dieses Buch kommt, scheint's zur richtigen Zeit. Nadolnys heute ganz ungewöhnliche ruhige Gegenposition im gehetzten Betrieb der Politiker und Literaten hat etwas Haltgebendes und unangestrengt Humanes.«

Der Tagesspiegel

Netzkarte
Roman. 164 Seiten. SP 1370

»So unterschiedlich die Hauptdarsteller in seinen Büchern auch sind, eines verbindet sie: der besondere Blick auf das kleine Abenteuer und das große Erleben… Das Staunenkönnen zeichnet Sten Nadolnys Helden wie ihn selber aus, und er lehrt es seinen Lesern neu.«

FAZmagazin

Ein Gott der Frechheit
Roman. 288 Seiten. SP 2273

»…Jenseits der tradierten Heldengeschichten vom Götterboten Hermes spinnt Nadolny seine Handlungsfäden zu einer amüsanten göttlichen Komödie unserer neunziger Jahre weiter. Mit Hermes begreifen wir die politischen Veränderungen in Osteuropa ganz anders. Es ist der Blick des Fremden, der uns unsere unmittelbare deutsche Gegenwart mit neuen Augen sehen läßt.«

Focus

Das Erzählen und die guten Absichten
Münchner Poetikvorlesungen im Sommer 1990, eingeleitet von Wolfgang Frühwald. 136 Seiten. SP 1319

Neben den intuitiv-schöpferischen Kräften, die dem romantischen Bild des Dichters entsprechen, interessiert ihn ganz besonders die Rolle der bewußten, logisch begründbaren Erzählziele und -entscheidungen. Dementsprechend zieht er sich bei seiner Abwehr »guter Absichten« nicht hinter die unangreifbare Forderung nach schöpferischer Souveränität zurück, sondern stellt den »guten« die »notwendigen« Absichten des Erzählens entgegen.